国家社会科学基金项目：多维贫困视角下的长江上游地区
大型水库移民精准脱贫研究（16XSH007）

水库移民多维治理与可持续发展：
理论、实证与路径

SHUIKU YIMIN DUOWEI ZHILI
YU KECHIXU FAZHAN:
LILUN SHIZHENG YU LUJING

何思妤 等／著

中国财经出版传媒集团
经济科学出版社
Economic Science Press

图书在版编目（CIP）数据

水库移民多维治理与可持续发展：理论、实证与路径/何思妤等著. —北京：经济科学出版社，2021.6
ISBN 978-7-5218-2626-5

Ⅰ. ①水… Ⅱ. ①何… Ⅲ. ①长江流域－上游－水库工程－移民安置－研究 Ⅳ. ①D632.4

中国版本图书馆 CIP 数据核字（2021）第 116652 号

责任编辑：孙怡虹　刘　博
责任校对：杨　海
责任印制：王世伟

水库移民多维治理与可持续发展：理论、实证与路径
何思妤　等著
经济科学出版社出版、发行　新华书店经销
社址：北京市海淀区阜成路甲 28 号　邮编：100142
总编部电话：010-88191217　发行部电话：010-88191522
网址：www.esp.com.cn
电子邮箱：esp@esp.com.cn
天猫网店：经济科学出版社旗舰店
网址：http://jjkxcbs.tmall.com
北京季蜂印刷有限公司印装
710×1000　16 开　18.25 印张　340000 字
2021 年 6 月第 1 版　2021 年 6 月第 1 次印刷
ISBN 978-7-5218-2626-5　定价：78.00 元
（图书出现印装问题，本社负责调换。电话：010-88191510）
（版权所有　侵权必究　打击盗版　举报热线：010-88191661
QQ：2242791300　营销中心电话：010-88191537
电子邮箱：dbts@esp.com.cn）

序

　　水库移民工作是重大的发展工程、民生工程，事关水利水电工程建设的成败，事关经济发展和社会稳定大局。改革开放特别是党的十八大以来，各级各部门、项目业主、设计、监理、评估单位坚持人民为中心的发展思想，严格依法依规推进水库移民工作，移民群众得到妥善安置，总体实现"搬得出、稳得住"。2020年6月，习近平总书记对金沙江乌东德水电站首批机组投产发电作出重要指示，对移民工作作出的重大贡献给予了充分肯定。但是需要关注的是，移民"能发展、可致富"问题需要长期努力才能解决，本质上是一个可持续发展的问题，一直受到各方面的广泛关注。

　　在我国水利水电资源开发中，长江上游地区水利水电技术可开发量达1.2亿千瓦，居全国之首。该地区集经济地理边缘性、社会地理复杂性和自然地理脆弱性于一体，是长江重要水源涵养区，也是典型的欠发达地区，加之移民规模大，涉及面广，情况复杂，导致移民工作难度加大。随着脱贫攻坚战的全面胜利，该地区经济社会发展发生了显著变化，水库移民生产生活发生了深刻变化。为巩固拓展脱贫攻坚成果、全面推进乡村振兴带来的新契机和新挑战，2021年5月，习近平总书记在推进南水北调后续工程高质量发展座谈会上强调："要继续做好移民安置后续帮扶工作，全面推进乡村振兴，种田务农、外出务工、发展新业态一起抓，多措并举畅通增收渠道，确保搬迁群众稳得住、能发展、可致富"。这为我们抓好移民后续帮扶、实现可持续发展指明了方向和实现路径。因此，深入开展长江上游地区水库移民稳定致富和可持续发展理论与实证研究，找到移民稳定脱贫增收、实现更高水平发展的工作模式和方法路径，也就显得紧迫而必要。

　　令人欣喜的是，四川农业大学何思好教授及其团队选取长江上游地区金沙江、雅砻江、嘉陵江、大渡河、岷江和乌江6大流域、9个县（区）、32个乡（镇）、41个移民村进行实地考察，深入分析了长江上游地区水库移民多维贫困现状、成因、经验与挑战，实证研究了水库移民三维资本与移民贫困问题，安置补偿政策优化与贫困治理问题，提出了以关注水库移民人口受益和发展机会创造为核心理念的水库移民可持续发展思路、政策框架及政策建议。在此基础上，何思好教授主持撰写了专著《水库移民多维治理与可持续发展：理论、实证与路径》，这个课题研究的重要成果，主要特色体现在三个方面：

第一，学术的前瞻性。尽管国内外学者在水库移民贫困治理与可持续发展问题研究上取得丰硕成果，但将长江上游地区大型水库移民作为一个整体开展多维贫困治理视角下的水库移民可持续发展研究仍相对匮乏。该研究重点关注如何更好地促进水利水电资源开发与移民可持续发展，这既是水利水电工程建设领域的关键问题，也是水库移民后续发展领域研究的重要问题，具有前瞻性、探索性和学科交叉性。

第二，视角的新颖性。率先提出"移民人口受益和发展机会创造、水利水电资源开发和移民可持续发展的权衡关系"这两大基本科学问题，从理论上较为系统地阐明了水库移民可持续发展的基本内涵和本质特征，剖析了水库移民可持续发展利益相关者及其基本利益诉求，诠释了水库移民可持续发展系统的构成要素和运行机制，搭建了水库移民可持续发展分析的理论框架，弥补了水库移民问题理论研究明显滞后于实践发展的不足，开拓了水库移民可持续发展研究的理论视角。

第三，内容的创新性。该书坚持宏观与微观、经济与社会、历史与现实相结合，全面分析了水库移民多维贫困的空间集聚及分布特征，为科学制订巩固脱贫成果方案、研判和应对潜在风险提供了决策参考，在理论和实践上都有诸多的新意。

总的看来，全书体系完整、结构清晰，观点鲜明、逻辑严谨，论证有力、结论科学，提出了具有理论性、针对性、可操作性的政策建议，对于发挥水利水电工程利民惠民功能有重大的现实意义，是一部理论研究与实践前沿紧密结合的精品力作，相信此书能够为理论研究者和移民工作者带来灵感启发和实战借鉴。

降 初
2021年6月

前 言

随着我国水利水电开发进入大规模、高强度、全流域密集开发新阶段，尤其是随着水利水电开发向偏远高山峡谷发展，向长江上游延伸，向少数民族腹心地带和省际界河挺进，有关长江上游水库移民多维治理及其可持续发展，日益成为新时期国内外水库移民问题研究和移民工作实践关注的重要议题。

本书紧扣可持续发展这一核心主题，重点围绕"贫困移民受益和发展机会创造"与"水利水电工程建设和水库移民可持续发展"两个实践前沿问题，遵循"理论研究—实证分析—路径探讨—政策建议"的总体思路，理论研究与实证分析相互支撑，精准扶贫与稳定脱贫有机联系，将精准识别、精准帮扶、精准管理和精准考核贯穿于水库移民项目规划设计、安置补偿、后期扶持、监测评估全过程。在强调从区域宏观上把握研究理论适应性与系统性的同时，又突出在重点、难点领域开展专题研究，提高针对性与应急性，从而为水库移民多维治理及可持续发展和后期扶持提供具有科学性、前瞻性、适用性的重要决策参考与政策依据。

本书以长江上游地区大型库区和移民安置区为选点区域，率先深入开展了长江上游地区水库移民的系统性经验研究，从宏观及微观、经济与社会、历史和现实等视角，全面分析水库移民多维贫困的空间集聚及分布特征，在深入剖析水库移民精准脱贫特殊挑战、诊断水库移民多维贫困治理重点与难点基础上，系统地开展了多维贫困治理与可持续发展相结合的经验研究，揭示了两者的相互影响。同时，深入分析了水库移民项目规划设计、安置补偿、后期扶持、监测评估全过程，为客观判断水库移民多维贫困治理程度、科学制订稳定脱贫方案，为客观认识和解决政策执行偏差，研判和应对潜在风险提供了重要决策参考和科学依据。这既是对当前众多理论探讨的一个有力验证，也弥补了水库移民贫困治理规范研究脱离实际、定量研究缺乏等局限。

理论研究方面，在深化对水库移民可持续发展利益相关者的认识基础上，诠释了精准脱贫的时代内涵，开展了水库移民可持续发展的系统论分析，阐明了水库移民后期扶持与精准扶贫、精准脱贫的辩证关系，在系统分析水库移民可持续发展系统的构成要素与运行机制的基础上，搭建了多维贫困视角下水库移民可持续发展理论的分析框架，丰富和发展了反贫困理论。

实证研究方面，从区域和特殊类型群体两个层面分析了水库移民多维贫困的空间集聚及分布特征，客观总结了水库移民的贫困表征，深入剖析其多维贫困的成因。同时，通过系统分析水库移民扶贫开发的特征、多维贫困治理的主要做法、初步成效与基本经验，研判水库移民多维贫困治理和可持续发展的特殊困难与挑战，从而厘清新阶段库区移民减贫与发展的重点和难点，构建库区移民稳定脱贫实证分析框架。在理论分析的指导下，聚焦实证分析框架中"贫困移民受益和发展机会创造"与"水利水电工程建设和水库移民可持续发展"两个实践前沿问题，有侧重地深入开展专题研究，重点就当前政策的完善、整合和协同提出有针对性、可操作性的具体建议。

从宏观来看，库区移民实现"搬得出"和"稳得住"已具备坚实的政策、民意和实践基础，但距离达成"能致富"这一最终目标任务依然存在一定的不确定性，伴随"被动扶"到"主动兴"的减贫战略转型驱动，必须重点解决好以下问题：

第一，建立水库移民多维贫困"协同治理"模式。一方面，长江上游地区大型水利水电工程主要分布在金沙江、岷江、雅砻江、乌江、嘉陵江等流域，跨省区市大型水利水电工程涉及40多座。其中，四川与重庆、云南、西藏、青海五省区市就涉及10多座大中型跨省区市水电工程。五省区市在贯彻执行国家宏观移民政策的基础上又分别颁布实施了本省区市配套建设征地移民规划安置和后期扶持政策体系，这样就造成"同库区不同政策、同移民不同标准"的现象。另一方面，受到区域地域条件和移民安置环境容量不足的限制，长江上游地区大型水库移民多数采取后靠安置的方式，这就导致库区和移民安置区多处于省际交界地区，远离政府行政核心区域和市场交易中心，需要区域间的协同治理。另外，长江上游地区大型水库移民致贫因子和贫困特征相互交织，呈现多维特性，这就需要涉及各个维度的各个部门相互配合，统筹协调，集中用于库区和移民安置区建设，形成聚合效应。协同治理主要是区域间、部门间和社会的协同。

第二，建立水库移民多维贫困"相机治理"模式。研究表明，贫困移民家庭的地域性和个体性特征差异较为明显，他们的贫困特征与致贫因素都是动态的、不断变化的，而目前大多数后期扶持政策是将移民农户看作同质的静态的样本，易导致"因户施策、因人施策"政策精准度偏离。本书首次在家庭生命周期的视角下测量了库区移民农户不同类型家庭生命周期的贫困脆弱性值，在比较分析不同类型家庭生命周期的移民农户贫困脆弱性差异性表现的基础上，分析了移民农户贫困脆弱性的生成机理，形成以家庭为监测单位的相机治理模式。

第三，建立水库移民多维贫困治理保障体系。本书提出"四个强化"来综合构建多维贫困治理的保障体系，即强化利益联结机制保障、强化协调联动组织保障、强化统筹整合资金保障、强化过程监管制度保障。

第四，聚焦库区和移民安置区精准脱贫、稳定脱贫，推进"五大统筹"。一是要统筹推进库区和移民安置区发展和精准扶贫，解决区域性贫困；二是要统筹贫困移民脱贫与临界移民奔小康；三是统筹扶贫资金投入与提升使用效益；四是统筹脱贫攻坚与防止返贫举措，加快构建稳定脱贫长效机制；五是统筹安排各类扶贫资源投入，切实发挥资源使用益贫效应。

第五，后扶贫时代，建立健全库区和移民安置区解决贫困的长效机制，强化水库移民后期扶持的"靶向"治理精度，以巩固拓展脱贫攻坚成果作为战略转型期的抓手，以提升区域整体发展能力作为目标导向，逐步同乡村振兴有效衔接。拓展脱贫攻坚成果是衔接乡村振兴的手段，通过动态调整帮扶对象，提出更高的帮扶标准，调整完善帮扶政策，变政策"悬崖效应"为"缓坡效应"，才能使水库移民安置区脱贫攻坚时期形成的体制成果和政策成果融入乡村振兴战略的体制和政策体系中，逐步实现水库移民后期扶持与乡村振兴的有效衔接。

需要说明的是，本书既是对研究团队多年从事库区移民减贫与发展相关研究的总结、凝练和升华，更是针对新时期库区移民多维贫困治理的重要性开展创新性和前瞻性研究的结果。囿于自身知识结构和研究能力，加之少数民族地区移民安置区移民居住分散、语言沟通障碍、交通不便、调研成本高等多种无法克服的困难，难以获得各库区和移民安置区区域大样本或时序数据，研究中存在以某一时间点或局部区域状况来反映整体状况、以当前建档立卡贫困户代替贫困人口等问题，研究结果与库区移民后期扶持的整体状况难免存在差异，研究结论尚需实践检验。移民群体受益和发展机会创造始终是水利水电工程建设必须考虑的重要问题，如何平衡水利水电工程建设和水库移民可持续发展等新兴议题日益受到广泛的关注，如何追踪库区移民减贫与发展的最新进展、如何衔接后小康时代的相对贫困问题、如何面向乡村振兴战略实施以及探讨不同移民安置模型下的移民减贫与发展的路径选择与制度创新仍需多学科、跨领域的专家学者、政策制定者和实践者的广泛参与，不断深化研究和成果分享，为中国乃至世界实现水利水电资源开发利用与水库移民可持续发展双赢做出积极贡献。

编者

2021 年 3 月 8 日

目 录

第1章 绪论 / 1

1.1 研究背景与意义 / 1
    1.1.1 研究背景 / 1
    1.1.2 研究意义 / 5

1.2 研究区域与对象 / 6

1.3 研究思路与内容 / 6
    1.3.1 研究思路 / 6
    1.3.2 研究内容 / 7

1.4 数据来源与研究方法 / 8
    1.4.1 数据来源 / 8
    1.4.2 研究方法 / 9

理论篇 / 11

第2章 概念界定与文献综述 / 13

2.1 概念界定 / 13
    2.1.1 水库移民 / 13
    2.1.2 贫困 / 13
    2.1.3 精准扶贫 / 20
    2.1.4 精准脱贫 / 20
    2.1.5 后期扶持 / 21

2.2 库区移民贫困问题研究 / 25
    2.2.1 库区移民贫困及致贫因素 / 26

2.2.2 库区移民贫困治理绩效评估 / 29
2.2.3 库区贫困移民脱贫对策 / 30
2.2.4 文献述评 / 31

第3章 水库移民可持续发展理论体系构建 / 33

3.1 水库移民可持续发展的辨析 / 33
    3.1.1 水库移民可持续发展的内涵 / 33
    3.1.2 水库移民可持续发展的特点 / 36

3.2 水库移民可持续发展的利益相关者分析 / 37
    3.2.1 水库移民可持续发展的利益相关者界定 / 37
    3.2.2 水库移民可持续发展的利益相关者分类 / 38
    3.2.3 核心利益相关者利益诉求 / 39

3.3 水库移民可持续发展的系统论分析 / 41
    3.3.1 水库移民可持续发展系统的构成要素 / 42
    3.3.2 水库移民可持续发展系统的运行机制 / 46

3.4 多维贫困视角下的水库移民可持续发展理论分析框架 / 47
    3.4.1 多维框架下的水库移民可持续发展实践逻辑 / 47
    3.4.2 多维贫困视角下的水库移民可持续发展分析框架 / 48
    3.4.3 研究结论与启示 / 50

实证篇 / 53

第4章 水库移民多维治理现状分析 / 55

4.1 库区概况 / 55
    4.1.1 区域概况 / 55
    4.1.2 移民基本情况 / 71

4.2 水库移民多维贫困测度 / 77
    4.2.1 多维贫困测量方法 / 78
    4.2.2 水库移民多维贫困测量 / 81
    4.2.3 研究结论与启示 / 88

4.3 水库移民多维贫困的空间分布特征及影响因素 / 90
    4.3.1 数据来源与测算方法 / 91

4.3.2 库区移民多维贫困的空间分布特征 / 94
4.3.3 库区移民多维贫困空间格局影响因素分析 / 99
4.3.4 研究结论与启示 / 101
4.4 水库移民多维贫困成因 / 102

第5章 水库移民特殊群体多维贫困分析 / 104

5.1 老水库移民多维贫困研究 / 104
5.1.1 四川省老水库移民概况 / 104
5.1.2 老水库多维贫困定量分析 / 105
5.1.3 案例分析 / 110

5.2 民族地区水库移民多维贫困研究 / 112
5.2.1 涉藏地区水库移民概况 / 112
5.2.2 涉藏地区水库移民多维贫困定量分析 / 114
5.2.3 案例分析 / 121

第6章 水库移民多维贫困治理的实践、经验与挑战 / 123

6.1 水库移民多维贫困治理实践 / 123
6.1.1 移民脱贫解困 / 123
6.1.2 基础设施建设 / 127
6.1.3 就业扶贫 / 128
6.1.4 生态扶贫 / 130
6.1.5 产业扶贫 / 131

6.2 多维贫困治理主要经验 / 132
6.2.1 简政放权，积极探索后期扶持项目管理的新模式 / 132
6.2.2 精准扶持，推动贫困移民脱贫攻坚深入开展 / 132
6.2.3 避险解困，整合资源帮扶特困移民脱贫解困 / 133
6.2.4 整治环境，多措并举美丽家园建设初见成效 / 134
6.2.5 强化监管，保障后期扶持资金安全及效益的发挥 / 134
6.2.6 规范推进，建立省级后期扶持监评长效机制 / 134

6.3 多维贫困治理成效分析 / 135
6.3.1 多维贫困治理成效概况 / 135
6.3.2 多维贫困治理成效的客观分析 / 136
6.3.3 多维贫困治理成效的主观分析 / 145

6.4 多维贫困治理面临的挑战 / 152
  6.4.1 脱贫攻坚难度指数高 / 152
  6.4.2 抗逆力弱返贫风险高 / 154
  6.4.3 激发脱贫内生动力难 / 155
  6.4.4 脱贫长效机制构建难 / 156

第7章 水库移民三维资本与移民贫困研究 / 158

7.1 三维资本对水库移民收入影响的理论分析 / 159
  7.1.1 三维资本 / 159
  7.1.2 三维资本对水库移民收入的影响 / 161
7.2 三维资本对水库移民收入影响的实证分析 / 164
  7.2.1 数据来源及变量说明 / 164
  7.2.2 研究方法 / 168
  7.2.3 实证研究结果 / 168
7.3 研究结论与启示 / 178
  7.3.1 研究结论 / 178
  7.3.2 启示 / 179

第8章 水库移民安置补偿政策优化与多维治理研究 / 180

8.1 库区移民社会保障安置政策优化 / 180
  8.1.1 现行移民养老保障安置实施概况 / 181
  8.1.2 移民社会养老保障优化研究 / 182
8.2 逐年货币补偿安置政策优化研究 / 184
  8.2.1 实施逐年货币补偿的意义及问题 / 185
  8.2.2 逐年货币补偿政策优化研究 / 186
  8.2.3 结论与建议 / 195
8.3 移民城镇化安置政策优化研究 / 197
  8.3.1 城镇化安置概念 / 197
  8.3.2 移民城镇化适应性分析 / 197
  8.3.3 结论与建议 / 200

第9章 稳定脱贫视角下水库移民精准脱贫风险分析 / 202

9.1 脱贫风险及其分析框架 / 202

9.2 静态风险分析 / 203
　　9.2.1 数据来源与模型构建 / 203
　　9.2.2 研究结果 / 205
　　9.2.3 结论与启示 / 218
9.3 动态风险分析 / 219
　　9.3.1 风险分类及动态转化 / 219
　　9.3.2 数据来源与方法介绍 / 222
　　9.3.3 结果及分析 / 222

道路篇 / 227

第10章　水库移民多维治理模式和保障体系研究 / 229

10.1 水库移民多维治理模式 / 229
　　10.1.1 "两轮驱动"治理模式 / 229
　　10.1.2 "三位一体"治理模式 / 231
　　10.1.3 "产业多元化"治理模式 / 234
10.2 水库移民多维治理模式构建 / 235
　　10.2.1 "协同治理"模式 / 235
　　10.2.2 "相机治理"模式 / 236
10.3 水库移民多维治理保障体系研究 / 245
　　10.3.1 强化利益联结机制保障 / 245
　　10.3.2 强化协调联动组织保障 / 250
　　10.3.3 强化统筹整合资金保障 / 251
　　10.3.4 强化过程监管制度保障 / 251

第11章　水库移民可持续发展对策与展望 / 254

11.1 对策 / 254
　　11.1.1 统筹推进长江上游库区和移民安置区发展与精准扶贫，
　　　　　解决区域性不平衡 / 254
　　11.1.2 统筹扶贫资金投入与提升使用效益，显著提升
　　　　　后期扶持成效 / 254

　　　　11.1.3　统筹脱贫攻坚与防止返贫举措，加快构建巩固拓展
　　　　　　　脱贫攻坚成果同乡村振兴的有效衔接机制 / 255
　　　　11.1.4　统筹安排各类扶持资源投入，切实发挥资源使用
　　　　　　　益贫效应 / 255
　11.2　展望 / 255
　　　　11.2.1　巩固拓展脱贫攻坚成果 / 256
　　　　11.2.2　与乡村振兴相衔接 / 257
　　　　11.2.3　本章小结 / 261

参考文献 / 264

后记 / 278

第1章

绪　　论

1.1　研究背景与意义

1.1.1　研究背景

中华人民共和国成立以来，我国共建成各类水库超过 8.6 万座，其中长江上游干支流已建、在建大型水利水电工程 46 座，[①] 水利水电工程的建设在防洪、灌溉、供水、发电以及综合利用等方面，发挥了巨大的经济效益和社会效益，对经济持续稳定发展具有十分重要的保障作用。受到生产生活方式改变和耕地等必要生产资料减少等综合因素的影响，部分移民生活陷入了绝对或相对贫困状态。开展库区移民多维贫困治理与可持续发展的研究，加强库区和移民安置区基础设施和生态环境建设、增加移民收入不仅关乎水利水电工程建设的成败，也是当下建立巩固拓展脱贫攻坚成果同乡村振兴有效衔接实现机制的重要任务，同时也是深入贯彻落实《水利部等 4 部委联合印发水库移民脱贫攻坚工作指导意见》的重要内容。随着我国水利水电开发进入大规模、高强度、全流域密集开发新阶段，尤其是随着水利水电开发向偏远高山峡谷发展、向长江上游延伸、向少数民族腹心地带和省际界河挺进，有关长江上游水库移民多维贫困治理及其可持续发展，日益成为新时期水库移民问题研究和移民工作实践关注的重要议题。

（1）从社会主义的本质看，消除贫困是实现共同富裕的必由之路，更是社会主义制度优越性的有力彰显。

社会主义的本质，是解放生产力，发展生产力，消灭剥削，消除两极分化，

[①] 水利部长江水利委员会相关统计资料。

最终达到共同富裕。① 社会主义的本质要求，坚持以人民为中心的发展思想，把人民对美好生活的向往作为奋斗目标，不断促进人的全面发展、全体人民共同富裕。② 随着精准扶贫、精准脱贫战略的深入实施，我国水库移民脱贫攻坚工作取得显著成效，据水利部移民司统计，2012 年库区移民贫困发生率达到 20.8%，远高于农村居民。党的十九大提出实施乡村振兴战略，对新时代"三农"工作做出重大部署，为从根本上解决水库移民长远发展问题带来了历史性机遇。经过不懈努力，全国贫困移民人口由 2012 年底的 498.34 万人减少至 2017 年底的 55.1 万人，贫困发生率下降至 2.2%。③ 然而，在充分肯定已经取得的巨大反贫困成绩的同时，也应清醒地看到，一方面，移民后期扶持产业发展缓慢，集体经济造血功能薄弱，基础设施建设供给滞后，移民脱贫人口可行能力不足、多维贫困凸显，移民融入难、适应难等问题在部分库区和安置区中依旧突出，脱贫后再返贫现象严重，据调查，长江上游库区移民往年返贫移民人口约占当年贫困人口的17%。④ 实现稳定脱贫、预防返贫，任务依然十分艰巨。另一方面，发展不平衡不充分的一些突出问题尚未解决，农村库区移民与非移民相比收入差距较大，移民群众的相对剥夺感日益加强，权利贫困、关系贫困等多维贫困问题愈加凸显。因此，消除包括一切形式的贫困，这既是实现共同富裕的必由之路，更是社会主义制度优越性的有力彰显。

（2）从国家治理体系和治理能力看，水库移民可持续发展是推进国家治理体系和治理能力现代化的客观要求。

长江上游水资源丰富，发展水电产业独具优势。据水利部统计，在中国 13 大水电基地中，有 7 个基地与长江流域相关，规划装机容量占 13 大水电基地总容量的 60% 以上，其中有 5 个水电基地集中分布在长江上游地区，规划装机容量占 13 大水电基地总容量的 50%。坚持以水电为主的能源开发，加快建设国家重要的优质清洁能源基地，是四川、云南、重庆等省市长期的既定方针，也是加快地方经济建设的重要举措。"十三五"期间，仅四川省大型水利水电工程投资将达到 6390 亿元。⑤ 水利水电工程建设，基础前提在移民，重点难点也在移民，通过逐年核定，2018 年全国水库移民后期扶持人口达到 2475 万人，大部分分布在

---

① 张积良. 中国特色社会主义共同富裕理论与实践研究 [D]. 济南：山东大学，2018.
② 习近平. 决胜全面建成小康社会 夺取新时代中国特色社会主义伟大胜利——在中国共产党第十九次全国代表大会上的报告 [N]. 人民日报，2017-10-28 (1).
③ 水利部移民司相关统计资料.
④ 根据课题组 2017 年对长江上游大型库区调查数据整理计算得到.
⑤ 四川省扶贫开发局（现为四川省乡村振兴局）相关统计资料.

长江上游15万个村，基本上每个县都有水库移民。① 据初步估算，2012~2026年全国增加水利水电工程移民300多万人，每年约需搬迁安置移民20余万人。② 仅四川省移民人口常年保持在110万人左右，在建拟建工程涉及移民50万人。③ 如此大规模的移民群体，再加上水库移民所涉及的社会重构和可持续发展是一项庞大而复杂的系统性工作，涵盖了政治经济、社会文化、资源环境、民族宗教等诸多领域。随着市场经济体制的不断深入、财产权利意识的不断强化，各级政府、水电开发业主、库区移民、安置地原住民等不同利益主体之间的博弈关系越发复杂，水库移民作为特殊的利益群体和实现巩固拓展脱贫攻坚成果同乡村振兴有效衔接的落后群体，既要在短期内迅速恢复生活秩序，又要在长期稳步提升可持续发展能力，这成为水库移民核心利益诉求。因此，"十四五"时期移民工作正处于各类社会矛盾的凸显期、各种利益诉求纠纷的易发期、移民搬迁安置方式的探索期、移民后期扶持及乡村振兴政策配套衔接调整期和移民权利意识的高涨期。在这样一个特殊时期，新老问题交织，利益关系错综复杂，在客观上要求具备国家治理能力现代化的战略意识，从理念、思维、制度、政策、行为等方面全面推进水库移民贫困治理能力现代化建设，实现巩固拓展水库移民脱贫攻坚成果，完善水库移民贫困治理体系，提升水库移民贫困治理效能，最终丰富发展和完善国家治理体系和治理能力，推进我国国家治理体系整体上向现代化迈进。

（3）从当前社会主要矛盾看，水库移民可持续发展是破解长江上游库区和移民安置区发展"不平衡不充分"的重要路径。

我国社会主要矛盾已经转化为人民日益增长的美好生活需要和不平衡不充分的发展之间的矛盾。我国社会主要矛盾的变化是关系全局的历史性变化，对党和国家工作提出了许多新要求。我们要在继续推动发展的基础上，着力解决好发展不平衡不充分问题。④ 习近平总书记指出，我国发展最大的不平衡是城乡发展不平衡，最大的不充分是农村发展不充分。⑤ 从城乡收入差距看，2017年我国城镇居民人均可支配收入为36396元，农村居民人均可支配收入13432元，农村居民人均可支配收入仅约占城镇居民的36.91%；从农村内部的收入差距来看，2017

---

① 水利部移民司相关统计资料。
② 唐传利. 关于水库移民工作几个重大问题的思考——在全国水库移民期刊工作暨理论研讨会上的讲话［J］. 老区建设，2014（1）：14-21.
③ 原四川省扶贫开发局相关统计资料。
④ 习近平. 决胜全面建成小康社会 夺取新时代中国特色社会主义伟大胜利——在中国共产党第十九次全国代表大会上的报告［N］. 人民日报，2017-10-28（1）.
⑤ 习近平. 把乡村振兴战略作为新时代"三农"工作总抓手［J］. 社会主义论坛，2019（7）：4-6.

年农村移民人均纯收入为全国农民人均纯收入的83%左右，仅为城镇居民人均纯收入的30%，移民住房面积只有全国农村平均水平的69%，仅有22%移民的收入达到或者超过当地居民平均水平；[①] 从移民村内部的收入差距来看，2017年底四川全省16649个移民村农村居民人均可支配收入12227元，其中移民人均可支配收入11041.06元。在四川全省移民村农村居民人均可支配收入平均水平以下的有890537人，占移民后扶人口总数的80.18%。[②] 综上所述，目前困扰水库移民长远发展的问题尚未消除，长江上游库区和移民安置区发展不平衡不充分问题十分突出。从规模来看，长江上游地区是精准脱贫移民人口的集中分布区，也是水库移民相对贫困治理任务艰巨地区，是巩固拓展脱贫攻坚成果，全面推进乡村振兴的重点和难点；从区域来看，长江上游库区和移民安置区幅员辽阔，点多面广，部分地区自然环境恶劣，生态脆弱，还有一些地方基础设施和公共服务严重缺失，欠发达和扶贫区域面积大，是中国农村贫困治理的重要战场；从贫困程度来看，水库移民多维贫困问题凸显，相对贫困治理难度大，存在脱贫不稳、易返贫的风险，是当前全面推进乡村振兴建设需要重点解决的"硬骨头"。多维并举实现贫困移民多维减贫，帮助水库移民又好又快发展，是促进长江上游库区和水库移民安置区充分发展、平衡发展的重要路径。

综上所述，深入系统开展长江上游大型水库移民多维贫困治理和可持续发展研究，既是深入贯彻习近平新时代中国特色社会主义思想和党的十九大精神，认真落实水利部关于贯彻落实乡村振兴战略，进一步推进大中型水库移民后期扶持政策实施工作等决策部署的必然要求，也是持续推进库区和移民安置区欠发达地区可持续发展，巩固拓展脱贫攻坚成果，实现全面乡村振兴的客观要求。在巩固拓展脱贫攻坚成果同乡村振兴有效衔接的历史时期，对长江上游大型库区和移民安置区坚决打赢脱贫攻坚战的先进经验、成功模式进行总结提炼，深入分析多维贫困治理机制对长江上游地区大型水库移民精准脱贫的影响机理，实证检验多维帮扶措施有效性，评价后期扶持项目的益贫效果，评估稳定脱贫面临潜在风险，确保攻克库区移民贫困堡垒具有代表性，研究结论具有说服力，提出的政策建议对其他库区乃至全国如何因地制宜、分类指导地探索完善契合库区和移民安置区区域经济、社会、文化特点的贫困治理战略、实践模式及其可持续发展路径，坚决打赢脱贫攻坚战都具有重要的理论借鉴和实践启示价值。

---

① 水利部移民司相关统计资料。
② 原四川省扶贫开发局相关统计资料。

1.1.2 研究意义

(1) 现实意义。

作为水利水电项目建设的必然伴生物,库区移民为经济社会发展做出了巨大贡献,他们在国家现代化建设中发挥着重要作用。我国政府为了改善库区移民生产生活,制定的"前期补偿后期扶持"方略及系列脱贫解困政策大幅减少了农村移民贫困人口,近十年来,库区移民生活水平普遍提高,不少移民摆脱了物质贫困,贫困发生率由 2012 年的 20.8% 下降为 2017 年的 2.2%,人均可支配收入比 2012 年提高了 89%,人均收入年增长速度快于全国农村居民 2 个百分点。[①] 然而,库区移民农户自我发展能力依然较低,且贫困现象呈现新的特征,家庭收入增长和政策补偿缓解了移民显性贫困,但非自愿迁移导致的能力受损使得隐性贫困仍较严重。而且,相较于原住民的贫困,库区移民的贫困治理更加复杂,库区移民的贫困不仅是经济单一维度的贫困,而是呈现出权利、能力、精神等多维度的贫困,它们相互作用、相互影响。与其他地区库区移民相比,长江上游地区水库移民的贫困及其治理有其独特性。第一,长江上游地区水库集民族地区、连片特困地区于一体,民族问题与贫困问题高度耦合,常规的后期扶持政策与贫困治理方式面临严峻挑战。第二,长江上游库区移民安置区幅员辽阔,点多面广,部分地区地处省际毗邻区,远离交易中心且市场分割严重,贫困治理难度大且协作能力要求高。第三,长江上游地区水利水电工程开发较早,情况复杂,老库区移民问题突出,历史遗留问题的化解与新政策的妥善落实已成为移民后扶工作急需攻克的重点和难点。因此,如何发挥政策的支持和干预作用,制定相应的引导性、激励性、保障性和规范性等政策,规制移民工作运行,从而促进在移民的规划设计、安置补偿、竣工验收、后期扶持等环节中突出多维贫困治理与精准脱贫的内容和行动,提升目标人口贫困治理路径、治理方略措施的益贫效果及贫困人口动态监测的精准性,确保目标减贫移民农户能真正从水利水电项目开发中受益,防止出现水利水电资源外部化和去贫困移民化的现象等问题就显得极为重要。本书的研究成果对更好地发挥长江上游大型水利水电工程项目优势,促进水库移民脱贫解困、美丽家园建设和增收致富工作,切实保障和改善民生,实现新形势下美丽中国、政治稳定、民族团结、社会和谐等建设都具有特殊、重要的现实意义与实践价值。

---

① 水利部移民司相关统计资料。

（2）理论价值。

虽然目前对库区尤其是大型水库移民后期扶持及可持续发展问题的研究已取得不少成果，但是将长江上游地区大型水库移民作为一个整体开展多维贫困治理实现可持续发展的理论研究鲜有专家学者涉及，不少问题都亟待深入研究。本书着力探讨水库移民工作包括规划设计、安置补偿、后期扶持等各个环节如何更有利于水库贫困移民农户受益和在新环境、新生活中可持续发展机会创造。这既是贫困研究的核心问题，也是水库移民经济研究等相关领域研究的重要组成部分，不仅能为贫困治理理论创新和水库移民理论拓展提供新的研究视角、路径和方法，更能将减贫工具设计、路径选择与制度安排等都向前推进一步。

综上所述，本书无论在理论还是在水库移民多维贫困治理实践上，都是处于前沿性并值得深入探讨的课题，有着重要的学术和实践价值，无疑是当前和未来一段时期亟须探讨和解决的重大课题之一。

1.2 研究区域与对象

本书以长江上游地区大型库区和移民安置区为选点区域，研究范围包括金沙江、雅砻江、嘉陵江、大渡河、岷江和乌江六大流域，并以在该区域建设的具备典型代表性的老水库移民、深度贫困地区水库移民和连片特困地区水库移民为重点研究对象。

1.3 研究思路与内容

1.3.1 研究思路

本书立足于国内大力实施精准扶贫、精准脱贫、绿色减贫发展和乡村振兴战略等宏观背景及其政策体系框架下，围绕研究主要目标与亟待解决的基本科学问题，本着"理论—实践—理论"的基本原则，遵循"理论研究—实证分析—路径探讨—政策建议"和"宏观分析—个案解析—微观考察"的总体思路，注重将历史文献回顾、定性分析、微观抽样调查与数据分析、对比分析与案例研讨相结合，在强调研究的理论适应性与系统性，构建多维贫困视角下水库移民可持续发展理论分析框架，深入分析长江上游地区大型水库移民多维贫困现状的基础上，选取长江上游地区陆续实施并具有典型代表性的老水库、深度贫困地区和连片特困地区水库移民为重点研究对象，聚焦水库移民多维贫困治理的四个理论与实践前沿问题：后期扶持益贫效应感知与多维贫困治理绩效监测评估、移民生计重建与稳定脱贫风险的评估，有侧重地深入展开实证研究，并就深化长江上游地区大型水库移民多维贫困治理模式、政策框架和配套政策进行探索性思考。简要技术路线如图1-1所示：

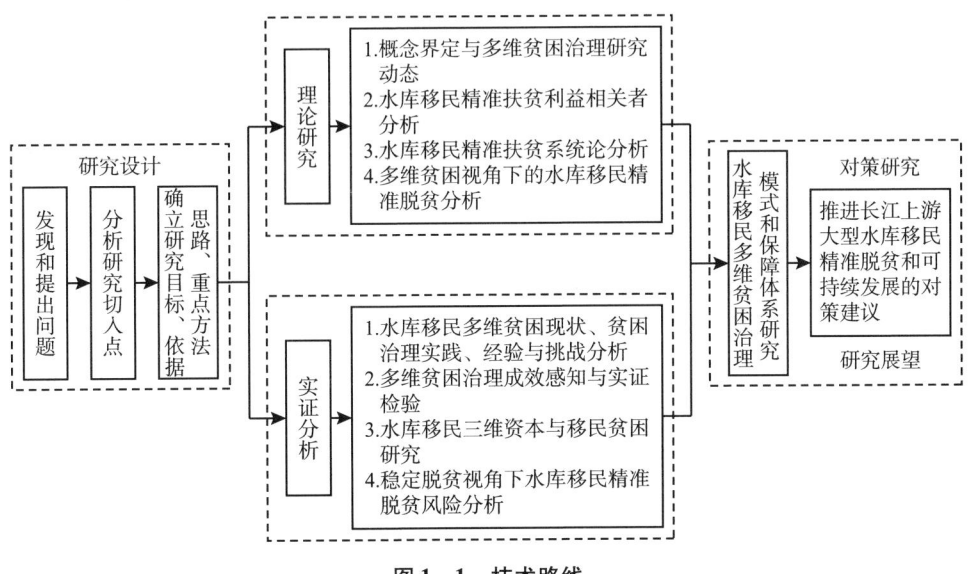

图1-1 技术路线

1.3.2 研究内容

本书共11章，逻辑结构分为四大部分：

第一部分为绪论，即第1章。主要介绍研究背景、研究意义、研究区域和对象、研究思路和内容、数据来源和方法。

第二部分为理论篇，即第2~3章。在对核心概念进行界定的基础上，通过对多维贫困、贫困治理与精准脱贫研究进展的梳理，提出深入开展水库移民多维贫困治理研究的两大基本科学问题，一是贫困移民受益和发展机会创造问题；二是水利水电工程建设和水库移民可持续发展的平衡问题。强调移民工作的规划设计、安置补偿、竣工验收、后期扶持等各环节中要突出精准扶贫、精准脱贫的内容和行动，围绕基本科学问题，从理论层面论述水库移民精准脱贫的扶贫主体、扶贫资源和扶贫方式以及与之紧密联系的动力系统、参与系统和环境系统，搭建多维贫困视角下的水库移民可持续发展理论分析框架，提出了水库移民可持续发展的理论预期和实证研究主题。

第三部分为实证篇，即第4~9章。围绕第二部分提出的理论与实践前沿问题，从实践层面，由宏观到微观深入分析和测度长江上游大型水库移民多维贫困现状，揭示长江上游大型水库多维贫困空间分布、贫困特征及成因，凝练水库移民多维贫困治理实践成效、经验，以及当前面临的新挑战。在对水库移民后期扶持政策实施评估，进一步揭示多维贫困治理与后期扶持之间的关联的基础上，主要利用课题组微观调研取得的第一手调查数据，对长江上游大型库区及移民安置区移民生计重建和稳定脱贫风险、水库移民前期规划、安置补偿、后期扶持和扶贫开发等问题开展实证研究，为深化水库移民多维贫困治理的政策创新提供实证支撑和科学证据。

第四部分为道路篇，即第10~11章。结合已有研究结论，立足长江上游大型库区和移民安置区在民族文化、经济和人口特征等多方面的独特性，针对研究发现的问题，提出长江上游地区大型水库移民多维贫困治理的模式、政策框架和配套政策。前瞻性研判后扶贫时代库区和移民安置区贫困治理面临的新形势，围绕巩固拓展脱贫攻坚成果和乡村振兴两大战略的科学逻辑，指出水库移民后期扶持有待进一步研究的问题及其未来研究方向。

1.4　数据来源与研究方法

1.4.1　数据来源

本书所使用的数据主要来源于两个方面：一是实地调查数据。课题组先后于2016~2019年多次深入金沙江、雅砻江、嘉陵江、大渡河、岷江和乌江6大流域，包括9个县（区）、32个乡（镇）、41个移民村进行实地考察，对400余个移民农户、130余个相关政府部门、项目业主、规划设计部门、主要施工单位等负责人和工作人员进行了问卷调查、座谈交流或深度访谈，构建了一个综合数据库，取得了第一手调查数据资料，后文所使用的数据均来自此数据库。二是公开出版的《中国农村贫困监测报告》（2012~2017年）、《中国统计年鉴》（2010~2017年）、《中国农村扶贫开发纲要（2011~2020年）》《中国县域统计年鉴》（2012年、2014年、2016年）、《四川农村年鉴》（2017~2020年）中的市（州）、县（市、区）等的部分数据，四川省、云南省、贵州省、重庆市等相关部门、相关市州（县、区）统计数据和相关政府工作报告、建档立卡数据、后期扶持规划报告、监测评估报告、研究报告、报刊及互联网数据，以及水利部、中国电建集团北京勘测设计研究院、成都勘测设计研究院、中南勘测设计研究院等项目规划设计报告、监测评估报告、规划调整报告、移民安置竣工验收报告、年度工作总结（2010~2018年）等材料。

1.4.2 研究方法

本书以经济社会学、发展经济学、移民经济学、人类学等多学科理论分析为根基，以实证研究为重点，注重理论分析与实证研究相结合、区域宏观与移民农户微观相结合、定性分析与定量分析相结合、理论研究与实践应用相结合。具体而言，主要采用以下研究方法：

一是文献研究法。通过梳理多维贫困和贫困治理的基本理论，得出当前国际国内研究的不足或薄弱点，提出了深入开展水库移民多维贫困治理研究的两大基本科学问题，进而为制定本书研究思路、技术路线、研究内容提供了认识基础；在侧重运用利益相关者理论、系统论、精准扶贫理论，定性分析利益相关者的类型及其基本利益诉求，水库移民精准脱贫系统的构成要素及其运行机制，多维贫困视角下的水库移民精准脱贫理论导向及其实践逻辑的基础之上，搭建了理论分析框架，为整个研究提供了理论基础和理论预期。

二是田野调查法。为使研究结果更为接近实际，课题组采用多种方法[①]相结合来设计调查问卷，并在进行预调查及多次修订基础之上，形成最终问卷。深入金沙江等六大流域调研，既包括对行业相关政府部门、项目业主、规划设计部门、主要施工单位等的负责人和工作人员进行座谈交流、焦点式访谈、问卷调查，也包括采取典型抽样与分层抽样相结合的方法，对移民农户进行入户问卷调查与半结构式访谈。

三是统计分析法。在强调理论分析和描述性统计分析的同时，运用Stata、Amos等软件，采用Logistic、有序Probit、A-F贫困"双重识别"、分位数回归模型等多种计量方法，对收集到的数据进行建模、分析、处理和实证研究。具体方法将在每一章节的方法介绍部分作详细说明。

四是比较分析法。此方法贯穿于本书研究的诸多部分，既包括不同区域之间，也包括不同安置方式和不同库区之间的对比分析，对不同规则和运作模式下的移民贫困特征、贫困治理效果进行了对比分析和讨论。

五是案例分析法。对库区移民多维贫困治理的成功案例和典型做法进行定性分析，识别案例中精准脱贫的内在逻辑。

---

① 课题组主要采用德尔菲法、李克特量表和小组讨论的方法设计调查问卷，并对问卷的信度和效度进行了检验，符合研究要求。

理论篇

第 2 章

概念界定与文献综述

2.1 概念界定

2.1.1 水库移民

由工程建设所引起的非自愿移民通常可称为工程移民，包括水利、电力、铁路、公路、机场、城建、工业、环保等工程的移民（施国庆，1999）。本书研究的水库移民指的是"水利水电工程移民"，因修建水利水电工程设施（通常指水库和水电站）而引起的大规模人口迁移，涉及迁移人口的社会经济系统重建，因而更显示其独具的复杂性。以中国户籍制度为参照，水库移民既包括农村居民，也包括城镇居民，而本书则主要研究水库移民中的农村居民。

水库移民一般都具有如下的共同特征：

第一，是一种由外在的强力作用而产生的移民，并非移民自愿做出主动迁移选择，一般是强制性移民或被动移民。

第二，水库移民往往规模较大，迁徙面广且带有明确的时限性。

第三，水库移民在搬迁过程中存在着复杂的赔偿问题，要求对水库建设涉及的移民的土地、房屋及其他土地附着物进行全面调查，掌握准确的基础数据，必须依据相关法律规定制定出一个政府、业主单位和移民都能接受的赔偿标准。

第四，水库移民往往会对受影响人口所在社区文化和社会组织结构产生重大影响，甚至使之解体。

第五，政府或业主单位必须在生产生活以及社区发展等方面对水库移民的长远发展予以综合考虑。

2.1.2 贫困

最早对贫困下定义的学者可追溯到战国时期的荀子，他说："多有之者富，少有之者贫，至无有者穷"，从物质财产多寡的角度来定义贫困与富有。

（1）贫困的概念。

随着对贫困问题研究的不断深入，从总体来看，人们对贫困的认识大致经历了以下四个阶段。

第一个阶段是对绝对贫困的认识和研究。这一界定方法源自英国学者朗特里（Benjamin Seebohm Rowntree），在其1901年出版的《贫困：城镇生活研究》（Poverty：A Study of Town Life）一书中，他从生物学的视角定义贫困，认为如果一个家庭所获得的生活必需品总和低于用于维持生理基本需要的最低数量，那么这个家庭就是贫困的。此后，美国学者雷诺兹（Lloyd G. Reynolds）和英国学者阿尔科克（Pete Alcock）对绝对贫困的内涵有更细致的描述（陈健生，2008）。按照托达罗（Michael P. Todaro）和史密斯（Stephen C. Smith）的理解，绝对贫困应该是不存在国界的，和国家的人均收入无关（Todaro & Smith，2000）。但更多的学者对此提出质疑：因为不同的身体条件、气候条件和工作习惯会引起最低支出水平存在差距，进而使其最低需求量（收入）不同（Sen，2001），存在国别差距。

第二个阶段是对相对贫困的认识和研究。这个概念是20世纪30年代以汤森（Peter Townsend）为代表的社会学家基于对绝对贫困存在性与可测量性的质疑而提出的，他们认为"贫困不仅仅取决于该个体拥有多少收入，还取决于社会中其他人的收入水平"，[①] 强调了收入的不平等。1958年，美国经济学家加尔布雷斯（John Galbraith）指出，"即使一部分人的收入可以满足生存需要，但是明显低于当地其他人的收入时，他们也是贫困的，因为他们得不到当地大部分人认可的体面生活所需要的基本条件"，[②] 并强调人们生活水平的相对性和差距性。1996年，世界银行将相对贫困定义为："某人或家庭与本国平均收入的比值，如将贫困线划定为平均收入的一半或分配额的40%，相对贫困线随着平均收入的变化而变化"。[③] 这个定义体现了相对贫困概念的动态性。

从某种程度上说，相对贫困概念比绝对贫困概念更有意义，它不仅定义社会人群的不同状态，还关注了社会公平性。在现代文明和民主社会中，生存问题得到解决后，公平问题就显得更为重要。关注相对贫困，就是关注社会公平，人类

---

① 张世勇. 生命历程视角下的返乡农民工研究——以湖南省沅江镇的返乡农民工为表述对象 [D]. 武汉：华中科技大学，2011.
② 邢成举. 乡村扶贫资源分配中的精英俘获——制度、权力与社会结构的视角 [D]. 北京：中国农业大学，2014.
③ 世界银行. 贫困与对策 [M]. 陈胜华译. 北京：经济管理出版社，1996.

社会能因此前进一大步。

2008年以前,在中国有全国性的绝对贫困和相对贫困(低收入)两条线;2008年以后"两线合一",用统一的贫困线标准来认定贫困人口。随着社会发展和人们生活水平的提高,我国收入贫困线也会不断提高。换句话说,在一段时期和一定地区内,绝对贫困是可以消除的,但相对贫困是永远存在和无法消除的。当前,我国东部一些发达地区已经解决了温饱和生存问题,部分人群面临的是出行难、就医难、上学难、住房难等的制约,以及增加收入困难、与社会平均收入水平差距拉大的问题,进入了相对贫困的阶段。

第三个阶段是对能力贫困的认识和研究。能力贫困是诺贝尔经济学奖获得者阿马蒂亚·森于20世纪70~90年代末在一系列论著中提出的概念。他认为"贫困不是单纯由低收入造成的,很大程度上是由基本能力缺失造成的",贫困的真正含义是贫困人口创造收入的能力和机会的贫困(Sen,2001)。阿马蒂亚·森所说的能力在我国译为"可行能力",它是"一种自由,是实现各种可能的功能性活动组合的实质自由"(Sen,2002),是与生活内容相关联的一个集合(能力集)(Sen,2006),包括教育、健康、营养等。为什么要从能力角度定义贫困呢?阿马蒂亚·森认为:"在分析社会公正时,个人的利益,也就是个人有实质性的自由去选择他认为有价值的生活的能力,是非常重要的"。[①]

阿马蒂亚·森对于贫困问题的研究成果和基本观点得到了广泛的认同,联合国开发计划署(UNDP)在《1996年人类发展报告》(1996 Human Development Report)中正式引入能力贫困的概念,用三个非收入指标(健康、识字、生育)来度量能力贫困,并在随后两年的《人类发展报告》中进一步提出人类贫困指数(human poverty index,HPI)HPI-1和HPI-2,与人类发展指数(human development index,HDI)共同从三个维度反映各国发展情况。

国内学者是在研究贫困成因的过程中引入能力问题。王小强和白南风(1986)在《富饶的贫困》中较早提出"素质贫困论",曾引起广泛关注。此后,从"自我发展能力"角度研究贫困问题的路径可分为两条:一是以某一贫困地区为对象,如田官平和张登巧(2001)、徐君(2003)对民族地区的自我发展能力的探讨,认为"区域自我发展能力是一个区域的自然生产力和社会生产力的总和,是对一个区域自然资本、物质资本、人力资本和社会资本积累状况的整体描述"(王科,2008)。二是以贫困人口为对象,如王景新(2002)、沈茂英(2006)、孙美璆(2009)以及王春萍(2008)对我国农村贫困人口和城市贫困

---

① 阿马蒂亚·森. 贫困与饥荒[M]. 王宇,王文玉译. 北京:商务印书馆,2001.

人口如何提高自身能力进行研讨。研究者认为,自我发展能力就是"贫困人口运用所学知识、技能,获取社会资源、利用社会资源,实现自身价值的能力"(沈茂英,2006;杨科,2009);相关学者还提出要通过发展教育和乡村文化产业,以及物质资本和组织资本建设(张兵,2008)等方式提高贫困人口的自我发展能力。能力包括基本生产能力、获取知识能力、参与决策能力、合理利用资源能力等(段世江和石春玲,2005);能力、收入与个人发展之间有着密切的联系(赵雪雁和巴建军,2009)。

第四个阶段是对权利贫困和社会排斥的认识和研究。学者们认为,从收入和资源禀赋的角度研究贫困只看到了问题的表象,而导致贫困的深层次原因应该是政治权利和社会权利的缺失。因此,权利贫困是更深层次的贫困,既是导致收入贫困的原因,也是能力贫困的延伸;当人们的物质生活提高到一定水平后,权利贫困就显示出其重要意义和作用。一些学者将脆弱性(vulnerability)、风险(risk)和发言权(voice)等引入其中,形成了富含政治意义的权利贫困概念。

西方学术界对权利贫困的论述建立在社会剥夺、社会排斥、脆弱性等现象上。社会学家从个人或家庭在社会中处于社会弱势(social disadvantage)的分析角度,将贫困区分为剥夺(deprivation,"missing out")和社会排斥(social exclusion,"left out")。社会剥夺是指"社会上一般认为或风俗习惯认同的应该享有的食物、基本设施、服务与活动的缺乏与不足,常常因为剥夺而不能享有作为一个社会成员应该享有的生活条件"[①]。剥夺这一概念主要用于识别谁是穷人并帮助设定贫困线,例如测量收入贫困。社会排斥则主要用于识别那些被排斥在福利制度之外的人,以及不能够参与到社会和经济活动中的人(Saunders,Naidoo & Griffiths,2007),是"个人、家庭和人的群体的资源(包括物质资源、文化资源和社会资源)有限,以致部分人被排除在他们的成员可以接受的最低限度生活方式之外"。关于脆弱性的概念"有两个方面,一是暴露于冲击、压力和风险之中的外在方面,二是孤立无助的内在方面,这两个方面都意味着缺失应付破坏性损失的手段"(Chambers,1995)。具体而言,外在的方面包括从不正常的降雨和流行病,到犯罪和暴力,再到家庭在结构上的脆弱性和国内冲突等;内在的方面,主要指缺乏发言权和政治权利,即无权无势、孤立无援的感觉,以及个体的心理素质缺陷。一般地,人们更多地从自然灾害、市场波动、政策调整、健康及家庭变故等方面理解脆弱性。当一个人遇到外部风险时,没有足够的能力来应

---

① 李增元. 分享与融合:转变社会中的农民流动与社区融合——基于温州的实证调查[D]. 武汉:华中师范大学,2013.

对，就会遭遇困境，从而陷入收入贫困之中。

综上所述，贫困不仅是一种价值判断，也是一种政策定义。随着对贫困理论的纵深研究，反贫困公共政策也在这个过程中不断被优化与完善，从强调提高收入对于满足人们基本生存需要的重要性到倡导通过制度的变革来促进机会公平，加强社会包容来消除社会排斥，[1] 这就突出了要让每个人发展机会的公平性。现阶段，我国的扶贫开发工作已经进入巩固脱贫成果、提高发展能力、缩小发展差距的新阶段，如何以新的理念、新的行动实现库区移民的精准脱贫是进一步彰显社会主义制度优越性的客观要求。

（2）贫困的测量。

从15～16世纪贫困问题引起关注之始，学者们就开始关注贫困的测度。贫困测度是随着对贫困概念的单维解读到包括能力、教育、机会等的多维解读几乎同步发展起来的。在20世纪70年代以前，均在单一的收入贫困标准下进行贫困的研究与测度。早期对多维贫困的研究主要集中在物质生活和质量指数层面（Morris，1979）。直到1983年，印度经济学家阿马蒂亚·森首次从多维的角度出发，用能力方法定义贫困，[2] 为后来的多维贫困测度方法的发展奠定了基础。1987年，哈根纳斯（Hagenaars，1987）构建了首个多维贫困指数，即从收入和闲暇两个维度进行评价贫困研究，开启了多维贫困研究与多维贫困测度新的研究视角。随着他的后继者们的加入，不断推动多维贫困测度方法日新月异的发展。比如，查克拉瓦蒂（Chakravarty）和津井（Tsui）构建了基于公理方法的多维贫困测量指标Ch－M指数；联合国开发计划署为了更好地描述人类的福利水平，相继采用了人类贫困指数、多维贫困指数（multidimensional poverty index，MPI）。[3] 此外，为了更为完整地反映贫困状态，学者们还从其他逻辑框架下构建了贫困测度体系，除了基本需求以外，纳入了社会排斥、不平等与脆弱性[4][5][6][7]等方面。比如，库杜埃尔（Aline Coudouel）等人将社会的不平等、脆弱性作为

---

[1] 王卓. 论暂时贫困、长期贫困与代际传递 [J]. 社会科学研究，2017 (2)：98－105.

[2] Sen A. Poverty and Famines: An Essay on Entitlements and Deprivation [M]. Oxford: Clarendon Press, 1982.

[3] Chakravarty, S. R. On Shorrock's Reinvestigation of the Sen Poverty Index [J]. Econometrica, 1997.

[4] 冈纳·缪尔达尔. 世界贫困的挑战：世界反贫困大纲 [M]. 顾朝阳等译，北京：北京经济学院出版社，1991.

[5] Gordon, D. et al. Povety and Social Exclusion in Britain [M]. York: Joseph Rowntree Foundation, 2000.

[6] Elbers, C., Gunning, J. W. Estimating Vulnerability. Department of Economics, Free University of Amsterdam Working Paper, 2003.

[7] Christiaensen, L., Boisvert, R. N. Measuring Household Food Vulnerability: Case Evidence from Northern Mali. Department of Applied Economics and Management, Cornell University Working Paper 2000205, 2000.

研究贫困的重要组成部分。[①] 查克拉瓦蒂（Chakravarty，2005）从收入、生命与教育三个方面构建了 Watts 多维贫困指数。2007 年 5 月，牛津贫困与人类发展中心（OPHI）的阿尔基尔（Sabina Alkire）和福斯特（James Foster）基于阿马蒂亚·森的可行能力剥夺理论发展了多维贫困的测量方法，简称为 A－F 方法，并在国际范围内得到广泛应用。[②]

与国外研究相比，国内贫困测度立足于中国国情，更注重多维贫困测度方法的探索与实际运用。既往研究的指标构建基本是按照研究区域的区域经济发展特点、人文特征与贫困特点构建的指标体系，因此，在指标构建上也没有统一的标准，主要基于统计年鉴、贫困监测等宏观数据、实地调研或中国微观数据库的大样本微观数据进行测度。比如，何思妤等基于老水库减贫成效和减贫经验，从健康、教育、政治参与、生活设施等 9 个维度构建了老水库移民多维贫困指标体系，利用实地调研微观数据对老水库移民进行了多维贫困测度。[③] 而杨帆等则是基于可持续生计视角，利用自然资本、物质资本、金融资本、人力资本和社会资本五个维度构建了生计资本指标体系，利用青海省县域层面的宏观数据进行了多维贫困测度。[④] 随着中国扶贫事业的推进，尤其是党的十八大以来，"中国式减贫"逐渐形成了以"精准"为核心的减贫方略。全国上下也形成了"精准"思维，微观大数据的可获得性助推了微观视角多维贫困的研究，也进一步助推了减贫事业的发展。比如，王小林与阿尔基尔（2009）构建了包括八个维度的指标体系，利用健康与营养调查微观大数据对东北、东、中、西部地区的 9 个省份进行了 A－F 方法的贫困测度。张庆红等（2015）基于新疆南疆三地州深度贫困地区的减贫经验与现实，构建了收入、教育、健康和生活质量四个维度的指标体系，采用了 A－F 方法对实地调研的微观大数据进行了贫困测度研究。另外，陈琦（2012）、王金营等（2013）均根据研究区域实际特征构建了指标体系，并基于微观数据进行研究。

贫困问题的有效解决需要建立在客观而可度量的贫困标准的基础上。[⑤] 在传

---

① Aline Coudouel, Jesko S. Hentschel, Quentin T. Wodon, Poverty Measurement and Analysis [M]. Washington D. C.：World Bank，1999.

② Chakravarty S. R. On the Watts Multidimensional Poverty Index and its Decomposition [J]. World Development，2008：366.

③ 何思妤，曾维忠. 老水库多维贫困测量 [J]. 农村经济，2016（5）：66－71.

④ 杨帆，庄天慧，龚荣发，曾维忠. 青海藏区县域多维贫困测度与时空演进分析 [J]. 统计与决策，2017（22）：121－125.

⑤ 郭君平，谭清香，曲颂. 进城农民工家庭贫困的测量与分析——基于"收入—消费—多维"视角 [J]. 中国农村经济，2018（9）：94－109.

统的减贫策略中，收入作为衡量贫困的标准是一种有效方法，然而，随着对贫困认识的不断深化，其内涵已经从最初的收入不足转向广义的人文贫困，从多个维度定义和识别贫困已经成为贫困治理的基础。[①]

阿马蒂亚·森较早提出多维贫困理论，按照阿马蒂亚·森的可行能力剥夺理论，对个体贫困程度的度量不应仅包括收入这一方面，还包括权利贫困与能力贫困，[②] 并将贫困的因素分析扩展到政治、文化、法律、制度等领域。阿马蒂亚·森用多维度量替代单一指标，关注贫困实质而非表象，代表了贫困测量与评价的最新趋势。对应于贫困内涵认知的多维化转向，多种测量方法得到了广泛运用。最具代表性的有以下几种：A-F 多维贫困测量方法[③④]、收入导向型[⑤]、双界法[⑥]、基于"能力"的动态测量[⑦]等。其中 A-F 多维贫困测量方法应用较为广泛。阿马蒂亚·森把发展看作是深化人们享受实质自由的过程，包括免受困苦，诸如饥饿、营养不良等的基本可行能力。[⑧] 他认为，人们因基本可行能力被剥夺而陷入贫困。

A-F 多维贫困的测量基于贫困识别和测量两个步骤。阿尔基尔和福斯特创建了"双临界值"识别和测量方法，该方法的核心在于构建"双临界值"，即通过设置单个维度的剥夺临界值以判断个体在该维度的贫困状况和确定所有维度的贫困临界值来识别多维贫困。该方法主要包括对"贫困的识别、加总和分解三个步骤"。[⑨]

另外是"收入导向型"。当前我国的贫困标准仍然主要以家庭人均纯收入为判断尺度，扶贫政策多以提高贫困人口的收入为导向，因此"收入导向型"的贫

[①] 杨振，江琪，刘会敏等. 中国农村居民多维贫困测度与空间格局 [J]. 经济地理，2015 (12): 148-153.

[②] Sen A. Poverty and Famines: An Essay on Entitlement and Deprivation [M]. Oxford University Press, 1981: 1-9.

[③] Alkire, S. Foster, J. Counting and Multidimensional Poverty Measurement [J]. Journal of Public Economics, 2011 (11): 476-487.

[④] 王小林，Alkire, S. 中国多维贫困测量：估计和政策含义 [J]. 中国农村经济，2009 (12): 4-10, 23.

[⑤] 张昭，杨澄宇，袁强."收入导向型"多维贫困的识别与流动性研究——基于 CFPS 调查数据农村子样本的考察 [J]. 经济理论与经济管理，2017 (2): 98-112.

[⑥] 方迎风，张芬. 多维贫困测度的稳定性分析 [J]. 统计观察，2017 (24): 84-89.

[⑦] 邹薇，方迎风. 关于中国贫困的动态多维度研究 [J]. 中国人口科学，2011 (6): 49-59.

[⑧] Alkire, S., Foster, J. Counting and Multidimensional Poverty Measurement [J]. Journal of Public Economics, 2010, 95 (7): 476-487.

[⑨] 王小林，Alkire, S. 中国多维贫困测量：估计和政策含义 [J]. 中国农村经济，2009 (12): 4-10, 23.

困测量方法具有较强的政策导向性。该方法一方面以收入维度为主，另一方面还综合考虑了非收入维度，比如健康、教育、卫生等维度对贫困家庭福利的影响，强化了非收入维度对贫困的识别。

总体来看，多维贫困测度方法目前还处于引进与吸收的探索阶段，而且每一种方法都有其适用的特定时空背景，因此可以满足全部公理化性质的贫困指数是不存在的。[1]

2.1.3　精准扶贫

精准扶贫的核心是："从实际出发，找准扶贫对象，摸清致贫原因，因地制宜，分类施策，开展针对性帮扶，实现最终脱贫。"[2]

精准扶贫针对我国扶贫实践工作中长期存在的"扶贫对象不明、贫困原因不清、扶贫资金与项目指向不准、扶贫措施针对性不强"等问题，精准回应了"扶持谁""谁来扶""怎么扶""如何退"四大重要减贫命题，是变"粗放漫灌"为"精准滴灌"，以定点、定时、定量消除贫困为目标，以政府、市场、社会、社区、扶贫对象协同参与为基础，以资源统筹、供需匹配为保障，对扶贫对象实施精准识别、精准扶持、精准管理的贫困治理模式。

2.1.4　精准脱贫

2015年11月27日至28日，习近平总书记在中央扶贫开发工作会议上强调："精准扶贫是为了精准脱贫。要设定时间表，实现有序退出，既要防止拖延症，又要防止急躁症。要留出缓冲期，在一定时间内实行摘帽不摘政策。要实行严格评估，按照摘帽标准验收。要实行逐户销号，做到脱贫到人，脱没脱贫要同群众一起算账，要群众认账"。[3]

与精准扶贫相比，精准脱贫更像是一种目标导向，即在设定时间节点与脱贫目标的前提下，精准脱贫是精准扶贫的最终实现效果检验。精准脱贫更加强调脱贫目标的实现性、脱贫措施的有效性、脱贫对象的认同性以及脱贫效果的稳定性。

对贫困移民进行精准扶贫的最终目标是要达到贫困移民的精准脱贫。移民贫困户和贫困人口的脱贫，其脱贫标准就是"要达到'两不愁'（不愁吃、不愁穿）和'三保障'（保障义务教育、基本医疗和安全住房）"，移民农户"人均纯

---

[1]　张全红，周强. 多维贫困测量及述评［J］. 经济与管理，2014（1）：24-31.
[2]　黄承伟. 深刻领会习近平精准扶贫思想，坚决打赢脱贫攻坚战［EB/OL］. http：//dangjian.people.com.cn/n1/2017/0823/c412885-29489835.html. 2017-08-23.
[3]　习近平再谈精准扶贫：我正式提出就是在十八洞村［EB/OL］. http：//politics.people.com.cn/.

收入达到和超过国家确定的贫困线"。① 需要注意的是,"精准脱贫"这一目标的重点在于"脱",而真正意义上的"脱贫"(即稳定脱贫)是不会"轻易返贫"的,这是检验精准脱贫成效的关键指标,也是脱贫质量的核心内涵。

2.1.5 后期扶持

非自愿移民活动的本质是强制性的社会变迁,即移民在外部力量下,短时间内生产生活产生了剧烈变化,其中移民的生产体系、社会结构和其他组织产生变化,使得移民原来的生产技能无法适应新的生产要求,生产方式无法得以延续,大批农业劳动力被剩余,生产性的收入被中断;原来紧密相连的家眷、社会群体被分散,相应的社会联系和脉络被削弱,移民成为新安置地的"边缘"群体。② 因此,非自愿移民原本在稳定传统的生产生活、社会网络中累积的人力资本、社会资本被强制性的移民搬迁所粉碎,并因为这些生计资本的缺失与不足,持续影响着他们运用这些资本获取福利的能力,直接影响移民的经济恢复和发展,甚至使移民陷入"介入性贫困"的陷阱。③

(1) 后期扶持政策的形成与完善。

改革开放以来,我国政府为了改善库区移民生产生活,对大中型库区移民采取前期补偿和后期扶持相结合的方式,相继出台了一系列政策和措施,旨在解决移民搬迁安置之后生产生活与发展问题,帮助其尽快恢复或超过原来的生活水平,实现"搬得出,稳得住,逐步能致富"的移民安置目标。从政策变迁的角度来看,库区移民后期扶持政策的制定与实施背景复杂、过程曲折,大体经历了起步、发展、确立和完善四个阶段。

第一,起步阶段:库区维护基金。后期扶持政策起源于 1981 年建立的库区维护基金。财政部和原电力工业部联合颁布了《关于从水电站发电成本中提取库区维护基金的通知》,通知规定从 1981 年 1 月 1 日开始,每度电提取 1 厘钱设立库区维护基金,专项用来解决中央直属水电站工程防护资金筹措的相关问题和因水库建设而导致的移民遗留问题。根据随文下发的《水电站库区维护基金管理暂行办法》(以下简称《办法》),对库区维护基金的使用范围做出了相应的要求,

---

① 国务院扶贫办:贫困人口脱贫要做到"两不愁、三保障"[EB/OL]. https://www.sohu.com/a/128131110_114731. 2017 – 03 – 07.

② Downing T. E., Garcia – Downing, C. Routine and Dissonant Culture: A Theory About the Psycho – Socio – Cultural Disruptions of Involuntary Displacement and Ways to Mitigate Them Without Inflicting Even More Damage [J]. Development and Dispossession: The Anthropology of Displacement and Resettlement. 2009.

③ Cernea, M. M. Involuntary Resettlement in Development Projects: Policy Guidelines in World Bank – Financed Projects [R]. World Bank Publications, 1988.

《办法》指出，库区维护基金仅适用于支付已经投产运营水电站的防护工程和困难移民群众的生活补助及安置区基础设施的建设等事项，并且受众对象多为中央直属水利水电工程移民群体。尽管如此，该项政策的颁布标志着国家层面的库区移民后期扶持专项政策开始实施。[1]

第二，发展阶段：库区建设基金。在这一时期，国家对后期扶持政策进行了一系列调整，一是首次提出"要把水库移民安置工作同库区开发建设结合起来"的工作思路。1986年7月发布的《国务院办公厅转发水利电力部关于抓紧处理水库移民问题报告的通知》指出，库区移民的生产生活与发展问题要与移民安置区的经济建设相一致，这一决策变救济生活为扶持生产，将过去的仅给移民发放生产生活补助的单一扶持向产业扶持、创业支持等多元扶持形式深化，不断确保移民共享发展机遇。二是明确了属地化的管理原则，提出"谁主管谁负责，谁受益谁负担"，中央直属的库区移民遗留问题由水利部负责协调，地方水库移民则由各级政府负责安排解决，初步建立起中央与地方协同的责任分工体系，基本涵盖了全部移民群众。三是提增建设基金的提取标准。财政部1986年发布的《关于增提库区建设基金的通知》中指出，库区建设基金的提取标准由1981年每度电提取1厘钱提高至每度电4厘钱，是之前标准的4倍。

第三，确立阶段：后期扶持基金。国务院1991年颁布实施《大中型水利水电工程建设征地补偿和移民安置条例》（以下简称《安置条例》），这是后期扶持政策首次以行政条例的形式被确立。接着原国家计划委员会、财政部、原电力工业部和水利部联合颁布了《关于设立水电站和水库库区后期扶持基金的通知》，对《安置条例》中关于库区建设基金的相关规定进行了细化，确定了人均后期扶持资金额度，决定从1996年1月1日起，对1986~1995年投产和1996年以前获国家批准建设的大中型水利水电库区移民每人每年发放后期扶持金250~400元不等。参照此范围，各省可根据实际情况自行确定后期扶持资金的提取标准，但每度电的提取标准最高不能超过5厘钱，提取时间为10年。2002年1月，国务院办公厅发布《国务院办公厅转发水利部等部门关于加快解决中央直属水库移民遗留问题若干意见的通知》，对1985年底前投产的中央直属水库移民的遗留问题提出了规划实施管理意见，并开启了后期扶持项目市场化运作的新模式，提出后期扶持项目进村、扶持到户，制定"移民扶持资金用于解决移民所需的基础设施和生产扶持项目，不能发放或补助给个人"的原则，发展水库移民社区新型农业生产模式。其后，水利部、财政部等部委先后出台《中央直属水库移民遗留问题

---

[1] 杨雪璐. 水库移民后期扶持配套政策框架体系 [M]. 郑州：黄河水利出版社，2017.

处理 2002—2007 年规划及总体规划工作大纲》《中央直属水库移民遗留问题处理规划实施管理办法》《库区建设基金征收使用管理办法》等配套性政策文件，对移民遗留问题处理实行"归口管理、政府领导、分级负责、社会监督"的管理体制，细化库区移民后期扶持项目管理、财务管理等相关规定，逐步形成了库区移民后期扶持政策体系。

第四，完善阶段：大中型水库移民后期扶持政策。针对前期后期扶持政策施行过程中出现的一些问题，比如各地帮扶"政策不统一、持扶标准偏低、移民直接受益不够"等多种原因，[①]国务院于 2006 年 5 月 17 日发布《国务院关于完善大中型水库移民后期扶持政策的意见》，对后期扶持政策做出了重大调整，整合了长期以来形成的与库区移民后期扶持相关的一系列政府性基金，形成了涵盖全国的统一的大中型库区移民后期扶持政策，对帮助库区移民脱贫致富，促进库区和移民安置区经济社会和谐发展发挥了重要作用。该政策提出了关于水库移民后期扶持的系列完善措施与处理意见，制定了相应规定，并对关于监督等政策执行的各项环节进行了系统规定。

同年，国务院出台《大中型水利水电工程建设征地补偿和移民安置条例》(2006 年版)，国家实行开发性移民方针，对移民采取"前期补偿、补助与后期扶持相结合的方式，使移民生活达到或者超过原有水平"，[②]对后期扶持规划、资金管理等做出了相应规定，并指出安置区要将水库移民后期扶持纳入当地国民经济与社会发展规划。据此，各级地方政府制定了一系列库区移民后期扶持的配套政策，比如湖南、安徽、湖北等省水库移民管理机构会同财政部门修订出台了相关水库移民后期扶持基金项目资金使用管理办法或实施细则。据不完全统计，从 2012~2018 年，全国有一半的省级相关部门制定完善的移民后期扶持制度办法超过 350 个，保持了移民管理制度建设快速发展势头。这些水库移民法规制度的制定实施，有力推进了依法移民工作的深入开展，政策的适用性和有效性大大增加，一定程度上提升了库区移民的生活水平，维护了库区与移民安置区的社会稳定。

(2) 现行后期扶持方式。

水利部《大中型水库移民后期扶持"十三五"规划纲要》指出，逐步建立

[①] 牟立. 水库移民后期扶持效果评价 [D]. 北京：清华大学，2014.

[②] 现行的《大中型水利水电工程建设征地补偿和移民安置条例》在 2006 年版的基础上进行了三次修订，分别是根据 2013 年 7 月 18 日《国务院关于废止和修改部分行政法规的决定》进行的第一次修订、根据 2013 年 12 月 7 日《国务院关于修改部分行政法规的决定》进行的第二次修订、根据 2017 年 4 月 14 日《国务院关于修改〈大中型水利水电工程建设征地补偿和移民安置条例〉的决定》进行的第三次修订，其中关于后期扶持的相关内容并未进行调整，仍然沿用 2006 年版的相关政策。

促进库区经济发展、水库移民增收、生态环境改善、农村社会稳定的长效机制，使水库移民共享改革发展成果，实现库区和移民安置区经济社会可持续发展。后期扶持的中长期目标的核心是从实际出发，瞄准扶持对象，因地制宜，其核心内涵集中体现在扶持方式上，从现行的后期扶持方式来看，主要采用两种形式来对库区移民进行扶持：

一是现金直补。按照《国务院关于完善大中型水库移民后期扶持政策的意见》的相关要求，对纳入扶持范围的大中型水库农村移民每人每年直补现金600元，作为库区移民生产生活补助，扶持期限为20年。① 据水利部移民司统计，通过逐年核定，2018年全国水库移民后期扶持人口达到2475万人，比2012年增加81万人，增长3%。2013~2018年中央进一步加大投入，累计下达大中型水库移民后期扶持基金1709亿元，平均每年投入285亿元，与2012年相比增加了54亿元，增长23%。后期扶持基金投入增速远远高于移民人口增速，投资扶持强度显著提升。

二是项目扶持。包括四个主要项目，分别是移民避险解困、移民增收致富、美丽家园建设和贫困移民脱贫攻坚。其中移民增收分为三个子项目实施，即基本口粮田及水利设施配套建设、生产开发项目和移民培训项目。美丽家园建设也分为四个子项目，即人居环境改善、基础设施建设、社会事业建设、生态及环境建设，主要对库区和移民安置区进行基础设施改造、基本农田保障、生态环境保护、特色产业扶持、移民技能培训和劳务输出等。据水利部移民司不完全统计，全国建成美丽移民村近1.5万个。2012~2018年全国共培育农民合作社1.2万多个、专业大户6.8万多户，建成"一村一品"移民村近6600个，培训移民劳动力330多万人次，移民的创业就业、致富增收能力进一步增强，移民生活水平显著提升。

（3）后期扶持与精准扶贫。

水库移民后期扶持政策自实施以来，有效推进了库区移民的各项工作，有力保障了国家水利水电工程的顺利实施，促进了库区和移民安置区经济社会和谐稳定发展。但由于政策、历史和自然禀赋等多方面原因，移民生产生活水平依然偏低。一些困扰库区移民长远发展的问题尚未消除，库区和移民安置区发展不平衡不充分问题十分突出。2016年，国家发展改革委、财政部、水利部和国务院扶贫开发领导小组办公室②四部委联合发布《关于切实做好水库移民脱贫攻坚工作

---

① 具体来说，对2006年6月30日前搬迁的纳入扶持范围的移民，自2006年7月1日起再扶持20年；对2006年7月1日以后搬迁的纳入扶持范围的移民，从其完成搬迁之日起扶持20年。

② 以下简称"扶贫办"，现为"国家乡村振兴局"。

的指导意见》，提出围绕贫困移民脱贫、特殊困难移民解困的目标，各级地方要将水库移民后期扶持工作和扶贫开发工作紧密结合起来，对困扰地方多年的重点水库历史遗留问题，给予政策、资金及项目上的倾斜；对处于贫困线下的移民人口，实施政策叠加、优先帮扶、重点帮扶。因此，现阶段对贫困移民进行精准扶贫是后期扶持的首要工作，贫困移民群体实现精准脱贫是对后期扶持的基本要求。精准扶贫政策与库区移民后期扶持政策相互衔接，互为依托，共同织就贫困移民精准脱贫的"保障网"。

2.2 库区移民贫困问题研究

新中国成立以来，中国政府一直关注贫困人口的脱贫，贫困减缓被认为是中国经济改革最成功之处。[①] 中国自改革开放以来，取得了累计减贫7亿多人，对全球减贫贡献率超过70%的巨大成就，[②] 并一直不断积极探索新的方法、新的思路，"中国式减贫"也将继续为全球减贫事业贡献智慧与力量，继续践行社会主义社会制度的本质特征与大国担当。尤其是党的十八大以来，习近平总书记以强烈的历史责任感，坚持问题导向和目标导向，亲自深入贫困地区看真贫、出实招，并主持召开重要会议破解脱贫攻坚重要难题，首次提出"精准扶贫"，并引领中国扶贫事业取得重大突破，举世瞩目。短短五年内，中国贫困人口由2012年底的9899万人减少到2017年底的3046万人，累计减少6853万人，同期贫困发生率从10.2%下降至3.1%，累计下降7.1个百分点，全国贫困移民人口也由2012年底的498.34万人减少至2017年底的55.1万人，贫困发生率下降至2.2%。[③] 2018年5月31日，中共中央政治局会议在审议《乡村振兴战略规划（2018—2022年）》和《关于打赢脱贫攻坚战三年行动的指导意见》时提出"要着力夯实贫困人口稳定脱贫基础……确保到2020年贫困地区和贫困群众同全国一道进入全面小康社会，为实施乡村振兴战略打好基础"。农村贫困问题的妥善解决是实现乡村振兴战略的前提。[④] 当前，库区移民贫困主要表现在介入型贫困和转型性次生贫困两个方面，两者之间互为关联，同属因经济社会结构转型等外

---

① Naughton, B. The Chinese Economy: Transitions and Growth [M]. Massachusetts Institute of Technology Press, 2007.
② United Nations Development Programme. The Millennium Development Goals Report 2015 [J]. Working Papers, 2015, 30 (10): 1043-1044.
③ 资料来源：水利部水库移民司统计资料。
④ 庄天慧，孙锦杨，杨浩. 精准脱贫与乡村振兴的内在逻辑及有机衔接路径研究 [J]. 西南民族大学学报（社会科学版），2018 (12): 113-117.

来力量的介入和冲击所引发的移民生计结构、社会结构、文化结构和消费结构等陷入转型困境所导致的贫困。介入型贫困主要来源于在政府主导的资源重新分配的过程中，移民自我发展能力的受损和人力资本积累发生了断裂，主要表现为移民不同规模、不同程度的福利缺失。转型性次生贫困则意味着库区贫困移民的稳定脱贫工作需要经历较长时间的规划与设计过程才能得以实现，因为完成生计转型、社会转型及文化观念等方面的转型本身就是一个相对漫长的过程，除了要充分发挥以政府为主导的贫困治理策略之外，还需要激发贫困移民人口内生动力和潜在的脱贫能力。不过，不能忽视的是，库区移民的贫困问题还有其原生性，这一点我们从老库区的高贫困率可以看出。[①]

因此，库区移民多维贫困人口是其主要的贫困样态，同时库区移民多维贫困的内涵和性质要求从多个层面和多个维度开展库区移民的脱贫攻坚工作，整合扶贫资源，实施超常规的贫困治理，这不仅是库区移民多维贫困特质的内在要求，也是库区移民精准脱贫工作特殊性的重要体现。在进入脱贫攻坚战决战决胜最后的关键时间节点，政府部门和学术界都积极投入深度贫困地区的研究中，群策群力，坚决打好打赢脱贫攻坚战。

反贫困研究一直备受学术界关注。中国改革开放以来，学术界对库区移民贫困治理的研究从未间断过。从研究主题看，主要为库区移民贫困的致贫原因、测度方法、减贫路径与动力机制、减贫政策以及与其他学科的交叉问题研究等，这些研究为本书提供了坚实的理论基础与实证经验。

2.2.1 库区移民贫困及致贫因素

非自愿移民的贫困现象是个世界性的普遍问题。[②] 关于工程移民造成的移民经济收入水平下降的案例在世界范围内普遍存在。莫汉蒂（Biswaranjan Mohanty，2005）针对移民工程移民的研究发现，工程的建设与发展直接导致了移民的资源转移，即移民丢失了部分的自然资本和社会资本，并且移民无法共享工程建设发展带来的利润。在印度，讷尔默达流域开发项目由于系统的移民政策的不确定性，移民群体主体性的缺失导致移民陷入贫困并且成为边缘化群体。[③] 相似的，我国的研究也发现，多数人在移民活动中遭受了不同程度的福利丧失。周晓春和

---

① 2013年四川省老水库移民人均纯收入占全省农民平均水平的65%，移民贫困发生率30.37%，高于移民贫困发生率13个百分点左右。

② The World Bank. World Development Report 1996: From Plan to Market [M]. Oxford University Press, 1996.

③ 段跃芳. 印度水资源开发过程中的非自愿移民问题 [J]. 南亚研究季刊, 2006 (4): 19-24.

风笑天（2002）发现移民在新社区的不适应感，需要一段时间过渡。杨云彦和石智雷（2008）以丹江口水库移民为样本，发现非自愿移民群体的贫困发生率远高于非移民群体。库区移民为国家水利水电工程建设做出了重大贡献和牺牲，多种制约因素的积累作用导致部分移民陷入贫困状态，现有研究认为库区移民的致贫因素主要包括：（1）自然环境约束和生态脆弱性（何思妤等，2017）。库区建成后，两岸山体常年浸泡，吃水比重加大，导致库岸山体稳定性减弱，滑坡、崩塌、边坡失稳、泥石流等自然灾害增多，由于库区还未建立起完善的减灾救灾保障机制，诸如泥石流、水灾、风灾等自然灾害将使库区移民的贫困脆弱性增加，进而提升因灾致贫率。证据表明，移民的贫困问题与自然灾害紧密相关，自然灾害在一定程度上使移民农户的生计遭受严重损失，移民农户的生产生活方式被迫改变，不利于可持续发展（何思妤等，2018）。同时，莫托莱布（Mottaleb）等的研究表明，自然灾害会对农户的支出行为产生影响，不利于农户人力资本长远发展。（2）搬迁使库区移民生计资本遭到破坏。（3）现有补偿方式的局限性。从对移民农户个体的补偿方式来看，主要是遵循"以失定补"的要求，按照移民搬迁导致的有形损失来给予相应补偿，但移民无形的生计资本，如人力资本和社会资本的问题常被忽略和搁置。移民的人力资本、社会资本作为一种非正式制度和无形资产，是弥补不完善的正式制度的重要组成部分，后者的组合形式和运用方式，是移民个体和家庭制定不同生计策略的依据，抵御外部冲击和从逆境中复原的能力，也直接关系到移民的贫富状况。[1] 现有的补偿方式不足以弥补移民的全部福利损失，[2] 无法达到其生计重建与恢复所需的资本投入，[3] 非自愿移民群体的贫困发生率远高于非移民群体。[4]（4）移民无法共享水利水电工程建设利益。切尔内亚（Cernea，2000）认为，水利工程的建设会造成移民福利丧失，这部分的损失属于移民被迫承担的外部成本。[5] 迪弗洛等（Esther Duflo et al.，2007）对印度一项非自愿移民项目进行研究，发现最终只有25%左右的非自愿移民恢复到了原先的生活和经济水平，并且，村落区位对贫困发生率有显著的影

---

[1] Bebbington, A. J., Carroll, T. F. Induced Social Capital and Federations of the Rural Poor in the Andes.//Grootaert, C., Van Bastelaer, T., Puttnam, R. The Role of Social Capital in Development: An Empirical Assessment [M]. Cambridge University Press, 2002.

[2] 盛济川，施国庆. 水库移民贫困原因的经济分析 [J]. 农业经济问题, 2008 (12): 43-46.

[3] 周真刚，周松柏，胡晓登. "黔电送粤中"水电真实移民成本问题研究 [J]. 中南民族大学学报（人文社会科学版），2003 (5): 102-104.

[4] 杨云彦，石智雷. 家庭禀赋对农民外出务工行为的影响 [J]. 中国人口科学，2008 (5): 66-72.

[5] Cernea, M. M. Risks, Safeguards, and Reconstruction: A Model for Population Displacement and Resettlement [J]. Economic & Political Weekly, 2000, 35 (41): 3659-3678.

响，例如下游村落移民共享大坝建设带来的外部收益，贫困发生率明显降低。而那些承担了大坝建设的外部成本的地区的移民，贫困发生率明显上升。[①] 坎伯（Ravi Kanbur，2004）认为水利水电建设工程是以移民损失为代价的发展。移民作为利益主体中相对贫困、弱势的群体，却无法享受到发展带来的收益，必然会引发强烈的资本利益重新分配的冲突。他从帕累托最优的视角，提出要均衡移民成本和收益，以及工程建设中各方利益的分配，并且，针对建立非自愿移民的特定安置补偿机制和脆弱性的安全防护网络。芬耐德斯（Femandes，1995）指出，移民根本无法成为工程建设的受益者，移民安置活动一般被视为工程建设相对独立的一部分，安置活动的预算与决策都独立于工程建设之外。因此，移民搬迁活动使移民财产因转移并形成了工程建设方的利润而受到了损失。[②]（5）安置地资源相对匮乏。《大中型水利水电工程建设征地补偿和移民安置要例》规定"农村移民安置后，应当使移民拥有与移民安置区居民基本相当的土地等农业生产资料"，有土安置是库区农村移民安置的主要方式，目前采取的措施主要是开垦利用"四荒"和调配非移民土地，但是大多数安置地都面临人多地少，存在资源承载力低和环境容量不足的问题。尤其是在涉藏地区腹地的高山峡谷和高原高寒地区，耕地资源匮乏，草场普遍超载，可利用后备资源匮乏，土地资源等环境容量严重不足，从而导致移民农户生产资源与生活物品自供能力缺乏。部分移民因基本生活难以维持，生产致富难度大（李文静等，2017）。（6）教育与培训供给数量与质量不足。主要体现在一是库区移民受教育的程度较低，据课题组调查，库区移民的初中及以上教育层次的入学率较低，不到50%。同时库区和移民安置区教育设施投入不足，师资力量匮乏。潘云良（2005）等的研究报告显示，农村地区的义务教育处于"贫困、学困、校困、师困、前景贫困"之中，限制了库区和移民安置区农村移民人口自我发展能力的形成和提升。二是移民技能培训供给不足，李文静等（2017）认为移民劳动技能缺乏导致劳动力水平低下是造成三峡库区移民贫困的主要原因。尽管就业技能与实用技术培训作为库区移民后期扶持主要的形式之一，但其实施效果并未达到预期。据调查发现，培训内容实用性与操作性均不强，并不能解决实际问题，移民劳务输出与外出就业率较低，导致移民增收乏力。[③]（7）权利贫困是库区移民贫困的重要诱因。权利贫困着眼于物质

[①] Duflo, E., Pande, R. Dams [J]. The Quarterly Journal of Economics, 2007, 5: 601-46.

[②] Thukral, E. G. Development, Displacement and Rehabilitation: Locating Gender [J]. Economic & Political Weekly, 1996, 31 (24): 1500-1513.

[③] 薛华梁. 水库移民贫困问题研究——以钟祥市柴湖镇为例 [D]. 武汉：华中师范大学，2016.

贫困背后的深层次原因,是对收入贫困的突破。①② 联合国开发计划署将"权利贫困"定义为个体缺少公民权、政治权、文化权和基本的人权而在社会上处于弱势地位。根据洪朝辉的定义,移民的权利贫困主要指其获取社会权利的机会与渠道的不足,移民的权利贫困主要表现在两个方面:一是绝大多数移民对库区移民搬迁规划安置补偿及后期扶持等政策与项目的制定与监督缺乏话语权与参与权;③二是迁入安置地后移民对当地基层组织治理参与不足,获取生产发展有效信息途径有限。权利贫困不仅使移民主动脱贫能动性降低,也使库区移民安置补偿及后期扶持相关工作存在片面性。李文静(2018)选择受教育权利、社会保障权利和耕地权利三个代理指标对三峡库区移民的权利贫困进行测量,结果表明其权利贫困发生率较高,为34.55%。(8)后期扶持政策制定和实施的内在缺陷。现行库区移民后期扶持政策总体上到户率不高,没有明显的"益贫性"特征,"省、市—县、乡、村—移民农户"三个层面均存在同质化倾向,最终导致项目到户益贫瞄准偏离、资金使用效率低下的问题(何思好,2019)。同时,由于库区移民后期扶持政策是一种上部嵌入型的支持政策,对库区的禀赋要求较为苛刻,无法适应发展条件的地区,政策的减贫增收效应较低(何思好,2019)。

2.2.2 库区移民贫困治理绩效评估

世界银行(1992)认为扶贫绩效评估的内容应包括相关性、目标实现程度、有效性、持续性、制度发展影响力、目标完成情况、世界银行参与度、贷款人参与度。国内学者根据中国国情以及区域特征,除了关注扶持的直接主体——移民群体的生活水平、生活环境的改善,还关注后期扶持项目的益贫性和"精准化",如何思好(2019)通过调查发现,部分库区和移民安置区的不同后期扶持项目依据自身特点采取了普惠式到户、选择具备特定条件的农户到户、项目间接带动等不同的到户方式,总体上到户率不高,各项目到户率存在较大差异,后期扶持项目没有明显的"益贫性"特征。"省、市—县、乡、村—移民农户"三个层面均存在后期扶持项目同质化倾向,最终导致项目到户益贫瞄准偏离、后期扶持资金使用效率低下的问题。孙良顺(2018)指出基于利益平衡与博弈妥协的考虑,移民管理机构存在政策执行失准的问题,导致移民需求未精准对接,后期扶持资金

---

① 王三秀,高翔. 民族地区农村居民多维贫困的分层逻辑、耦合机理及精准脱贫——基于2013年中国社会状况综合调查的分析[J]. 中央民族大学学报(哲学社会科学版),2019(1):19-30.

② 胡大伟. "权利贫困"及其纾解——水库移民利益补偿的困境与出路[J]. 大连理工大学学报(社会科学版),2012(6):114-118.

③ 严登才,施国庆. 农村水库移民贫困成因与应对策略分析[J]. 水利发展研究,2012(2):24-28.

使用绩效低等一系列困境，提出后期扶持项目要与移民需求精准匹配，实现后期扶持项目对移民减贫的持续带动。另外，还有学者基于后期扶持绩效评价的指标体系出发，构建了社会、经济、管理和机构能力建设等4个向度的指标体系，[1][2]将库区和移民安置区可持续发展的经济、人文、社会、组织层面纳入考察，为我国库区移民的可持续发展提供了参考。也有学者基于数据包络分析（DEA）构建水库移民后期扶持政策绩效体系，用因子分析法实证分析江西省各市移民后期扶持的投入产出总体效率水平，为提高后期扶持政策实施精准度提供参考。[3] 也有运用 Logistic 模型从移民后期扶持工作和移民生产生活恢复的角度来构建评价指标体系，包括后期扶持资金发放、项目实施、政策实施保障体系、实施效果分析等来评价后期扶持政策绩效，并在此基础上分析影响政策绩效的因素，针对性地提出提升政策绩效的建议。[4] 可见，我国尚未形成较为全面、系统的库区移民贫困治理评估指标体系，针对库区移民贫困治理绩效的研究仍处于积极探索阶段。

2.2.3 库区贫困移民脱贫对策

关于库区贫困移民精准脱贫的路径选择，学者们普遍认为库区移民的贫困属于多维度贫困的长期沉淀，主张采取综合性扶贫开发措施且多集中于定性研究。扶贫对策要充分考虑库区特殊性，根据移民区及安置区的现实情况，既要整村推进移民新村建设，完善基本公共服务，[5] 从培训、教育、就业等层面加大帮扶力度，[6] 提高帮扶实效，又要重点突出，针对移民低收入群体，构建长期稳定脱贫机制，既要注重从经济维度进行贫困帮扶，还要注重从移民权利角度对移民实施精准扶贫，从"工程思维"向"法律思维"转变，扭转"重工程，轻移民"的思想，建立公平的移民广泛参与的市场化补偿机制。[7] 龚一莼等（2019）对库区移民的支出型贫困问题、付少平等（2015）对移民生计空间再塑造问题、劳承玉

---

[1] 杨旋旋. 大中型水库移民后期扶持绩效评价研究［D］. 郑州：华北水利水电大学，2019.
[2] 牟立. 水库移民后期扶持效果评价［D］. 北京：清华大学，2014.
[3] 黄洪坤，张春美，王丽君. 基于 DEA 的水库移民后期扶持政策绩效分析——以江西省为例［J］. 新疆农垦经济，2014（6）：22 – 26.
[4] 郑瑞强. 大中型水库移民后期扶持政策绩效及影响因素分析［J］. 水电能源科学，2012（11）：141 – 145，218.
[5] 徐怀东. 移民的多样化安置与可持续生计体系构建——基于四川小井沟水利工程移民项目的案例研究［D］. 成都：西南财经大学，2014.
[6] 刘伟，黎洁，李聪，李树茁. 移民搬迁农户的贫困类型及影响因素分析——基于陕南安康的抽样调查［J］. 中南财经政法大学学报，2015（6）：41 – 48.
[7] 胡大伟. "权利贫困"及其纾解——水库移民利益补偿的困境与出路［J］. 大连理工大学学报（社会科学版），2012（6）：114 – 118.

等（2014）对四川省涉藏地区的禀赋特征及水库移民安置的特殊性进行了深入探讨与研究。而何思妤（2017）则针对库区移民对后期扶持的满意度评价结果提出将少数民族水电移民区后续产业发展内容列入大中型水电工程移民安置规划的设计规范中，将移民安置点建设与新农村、美丽家园建设相结合，与旅游产业发展相结合，整合各种资源，集中投入非竞争性的公共资源，弥补库区贫困移民在这些方面的福利缺失。另外，严登才（2013）则强调通过创建水库移民社区可规避矛盾，提高基层治理效率，进而减少贫困。

2.2.4　文献述评

综上所述，库区贫困移民及安置区具有生计资本断裂、经济机会欠缺、基础设施薄弱、地质条件复杂、生态环境脆弱等多种因素叠加的特点，是当前我国巩固拓展脱贫攻坚成果，全面推进乡村振兴的重点区域，备受政府部门和学术界的关注。但在精准扶贫、精准脱贫的大扶贫格局下，"中国式扶贫"虽已发展成熟，但更具"库区移民"特征的贫困群体的研究模式与研究经验依然欠缺，主要体现在以下几个方面：一是对库区移民的扶贫研究主要集中在描述定性层面，而定量研究相对较少，导致反贫困政策建议方面缺乏针对性，不利于政府具体政策的制定与实施。二是对库区和移民安置区地方性知识系统认识不足。库区移民贫困问题一般与民族地区高度耦合，对民族地区进行反贫困研究实践必须与地方性知识相协调，但目前来看对库区和移民安置区的地方性知识系统的运行机制还缺乏深入研究，地方性知识系统对反贫困的影响机理研究和民族地区内生动力发展相对较少。所以，应加强学科之间的合作，加大经济学、民族学与社会学层面的研究力度，注重地方文化保护，尊重区域差异，深入认识了解，才能更好地帮扶。三是政策措施的针对性有待提高。人类反贫困实践告诉我们，目前还不存在任何一种永远有效、放之四海而皆准的反贫困理论。同时库区贫困移民致贫因素的复杂性和库区、移民安置区社会文化的多元性决定了反贫困策略必须因地制宜、分类施策，精准到户到人。

因此，本书将重点从以下三个方面进行深入研究，以期为库区巩固拓展脱贫攻坚成果，全面推进乡村振兴战略提供理论指导和经验借鉴。第一，关注研究对象的异质性。从宏观长江上游大型库区、微观贫困移民群体两个层面入手，针对不同区域、不同贫困移民群体的贫困背景异质性，从经济、社会、文化层面构建研究体系，多层次、多角度地开展立体化研究，展现与描述长江上游库区移民多维贫困的总体状况和空间差异。第二，目前还没有研究者对库区移民后期扶持项目的总体益贫效果及贫困多维治理成效做系统化梳理，本书将重点对长江上游地区大型库区移民后期扶持项目的益贫性绩效及多维贫困治理成效进行梳理，对库区贫困移民脱贫风险和稳定性进行定量化的系统研究，以积极回应习近平总书记在打好精准脱贫攻坚战座谈会上提出的"提高脱贫质量"的纲领性要求。第三，本书将从研究方法上适当突破。将贫困研究由定性分析和简单的统计分析拓展到计量层面的量化分析，以期在准确把握库区低收入移民的基本特征与多维减贫成效的情况下，结合微观大数据下脱贫攻坚稳定性与风险的测度结果，为地方政府提供兼具启发性和针对性的库区移民巩固脱贫攻坚成果政策建议。

第 3 章

水库移民可持续发展理论体系构建

水库移民可持续发展作为一个经济学、管理学、社会学等多学科交叉的理论与实践前沿问题，是在推动水利水电开发和水库移民可持续发展实践中提出的。这需要针对当前研究与实践中的突出问题，进一步做出科学凝练与抽象，形成指导水库移民后期扶持项目发展及其项目扶贫开发的理论思想，为实证研究的深入开展和库区移民可持续发展实践提供更为有效的理论支撑和方法工具。为此，本章试图在深化对水库移民可持续发展的基本内涵、基本要素、本质特征、利益相关者和系统构成要素认识的基础上，深入分析水库移民可持续发展系统的构成要素及其水库移民后期扶持项目开发与扶贫相结合的动力机制，剖析水利水电项目开发对贫困社区和贫困人口扶贫作用机理，阐明精准扶贫时代内涵、理论导向与实践逻辑的基础上，搭建多维贫困视角下的水库移民可持续发展理论分析框架。

3.1 水库移民可持续发展的辨析

3.1.1 水库移民可持续发展的内涵

尽管有关水库移民后期扶持和贫困移民贫困治理的研究由来已久，但截至目前，尚未有对水库移民可持续发展内涵的统一的明确界定。有部分学者从水库移民后期扶持政策扶贫取向进行相关研究，比如，孙良顺（2019）认为，水库移民后期扶持政策目的在于将水库移民外援性扶贫向移民脱贫内生动力的转化，政策的精准耦合与互嵌就尤为必要，因此，他提出水库移民后期扶持政策要与精准扶贫支撑互补。也有学者从移民群体生计资本角度研究，李晓明（2017）认为，移民贫困群体精准脱贫的关键在于资本转换路径是否通畅，他认为要及时解决移民搬迁初期所面临的次生贫困与介入贫困问题，以免生计断裂造成资本转换路径受阻。此外，还有研究涉及基层社区治理，何得桂等（2016）认为水库贫困移民的精准扶贫与农村基层治理关联性很强，要解决移民搬迁中的"非结构性制约"问题就要优化农村基层组织治理体系，有力提高贫困移民脱贫攻坚成效。同时，孙良顺（2017）认为，要巩固脱贫攻坚成效，可以借助社区的发展，包括政策的优化和扶贫资源精准到位等，来提升贫困移民自我发展能力，摆脱贫困。本书认为，水库移民可持续发展是以水利水电资源开发为基础，以政府管理为主导，充分发挥市场机制的作用，构建益贫的帮扶机制，使贫困移民全面参与到水库移民安置规划设计、前期补偿和后期扶持项目当中，旨在为贫困移民的可持续发展创造机会，在促进水利水电产业发展及其项目开发可持续运营的进程中，最终实现水利水电发展与移民贫困人口脱贫致富双赢的一种扶贫模式，其基本内涵包括以下四个方面。

（1）以减贫为导向的水库移民工作发展方式。

从形式上看，水库移民可持续发展是水库移民安置规划设计、前期补偿和后期扶持与扶贫开发的结合体，也就是要围绕贫困移民脱贫、特殊困难移民解困的目标，充分发挥政府主导、社会广泛参与和市场机制资源配置的作用，开展移民避险解困、美丽家园建设和移民增收致富工作，对困扰地方多年的重点水库历史遗留问题，给予政策、资金及项目上的倾斜。对处于贫困线以下的移民人口，实施政策叠加，优先帮扶，重点帮扶，有针对性地发掘水库移民后期扶持项目的减贫潜力，达到水库移民贫困人口受益和发展机会创造的扶贫目标。围绕精准脱贫目标，补齐水利扶贫工作的短板，比如开展产业帮扶、技术培训、技术帮扶等工作，就要将"扶贫、益贫、脱贫"落到实处，即强调扶贫是出发点，益贫是主要抓手，脱贫是根本目标，形成以减贫为导向的水库移民工作发展方式和途径。

（2）重点在于贫困移民人口参与。

从本质上讲，水库移民可持续发展是一种系统性工作，需要各相关部门、各相关行业的密切配合，而贫困移民人口参与诸如后期扶持产业等相关项目是促进其增收减贫、提升自我发展能力的最有效途径，同时正是由于贫困移民的有效参与才更有利于水库移民精准扶贫项目的益贫绩效的充分发挥，从而避免库区和移民安置区项目开发与贫困移民减贫、发展脱节而出现精英俘获、精准扶贫目标偏离或被置换等风险。因此，实现水库移民可持续发展的重点就在于充分发挥贫困移民人口的主体作用，水库移民是非自愿移民，移民工作属于典型的社会管理，在不断完善"政府领导、分级负责、县为基础"的移民管理体制的同时，也要充分尊重移民的各项自主权利，比如知情权、参与权、监督权和表达权，充分尊重移民意愿，坚持尊重和引导并重，广泛倾听移民意见，发挥其自我管理的作用，调动其主观能动性与主动创造性，不断破解移民参与精准扶贫或产业发展相关项目的障碍，提升移民参与能力与参与程度，帮助其分享水利水电工程建设发展的经济效益与社会效益。

（3）核心是建立益贫机制。

水库移民益贫机制的构建决定着水库移民安置规划设计、前期补偿和后期扶持等各项工作的扶贫方向，更决定了移民尤其是贫困移民人口能否在水利水电开发中受益和发展。这必然要求在水利水电工程项目开发中构建贫困移民人口的净受益与保障机制，水库移民发展项目的实施不仅要遵循市场交易的基本规则，更要协调好扶贫目标与经济效益的关系，处理好移民与非移民、贫困户与非贫困户之间的关系，破解限制水利水电工程产业发展与库区、移民安置区减贫良性互动的难题，最大限度提高贫困移民农户在产业发展中的参与度与受益度，多措并举保障贫困移民农户受益。

（4）依赖于后期扶持产业可持续发展。

水库移民后期扶持根源于"搬得出，稳得住，逐步能致富"的开发性移民要求，是助力移民发展致富制度安排的产物，其典型特征是通过现金直发直补和项目扶持，实现应对搬迁带来的生计链条断裂和维护库区和谐稳定的双赢。后期扶持产业发展在促进库区和移民安置区经济发展、提升贫困移民人口自我发展能力、增加移民农户家庭收入中发挥着重要的作用。同时，后期扶持产业也肩负着库区贫困移民从"一次性扶贫"向"可持续发展"迈进的重要使命，因此，产业发展既要因地制宜、体现特色、突出比较优势、增强市场适应性和竞争性，更要探索后期扶持产业发展的健康运营机制，凸显后期扶持产业的益贫性。但是，从现实情况来看，当前库区产业发展呈现一些新特点：一是以种养业为主导、以初级产品生产和粗加工为经济来源的结构将不再适应发展需要，农业产业结构将更趋集聚化、品质化，更加注重布局协调与功能拓展。二是城乡进一步融合，库区和移民安置区青壮年人口流出加速，劳动力结构的转变要求更加发展劳动节约型、技术密集型产业，如机械化技术、互联网技术等，但这些技术的推广应用在贫困人群中更为困难。三是贫困移民人口的发展动力激发更难，产业资源的整合难度更高，更需要组织化带动，这迫切要求壮大库区和移民安置区的家庭农场、合作社等产业组织的实力和能力。这些新的特点使得后期扶持产业可持续发展在新时期面临更多的资源约束和困难，产业升级的内容和重点也不同于其他地区，贫困移民农户在产业转型升级中收入结构的变化同样不同于非贫困移民农户。因此，后期扶持产业可持续发展又必须充分考虑产业的益贫性，对产业布局、劳动力结构转变和贫困移民人口发展动力激发的特殊要求及其益贫性实现的现实困难，积极创建后期扶持产业可持续发展与反贫困相结合的利益联结机制，在推进水利水电项目可持续运营的进程中实现精准脱贫。

3.1.2 水库移民可持续发展的特点

（1）客体的明确性。

水库移民可持续发展以水库移民工作规划设计、安置补偿和后期扶持项目为前提，以实现"真扶贫、扶真贫"为目标，扶贫对象要在瞄准贫困地区，尤其是生态环境脆弱或气候敏感贫困的贫困移民人口聚居区基础上，进一步瞄准拥有一定自然资源使用权或具备劳动能力并愿意参与后期扶持项目开发的贫困移民人口，因地制宜、实事求是地采取切实可行的措施帮扶水库移民精准扶贫可扶之人，增加贫困移民人口受益与发展机会创造，提升贫困移民人口的脱贫能力。从根本上讲，水库移民精准扶贫的对象要瞄准库区和移民安置区的最贫困移民人口，例如在当前精准扶贫、精准脱贫进程中识别出的建档立卡贫困户和水利部认定的特殊困难移民户。

（2）主体的多元性。

水库移民可持续发展是造血式、开发式、开放型扶贫，是政府、项目业主、社会、移民社区和扶贫对象等参与扶贫开发的多元主体，依据水库移民脱贫攻坚相关要求，在市场和政策激励下，围绕水利水电工程建设项目开发，整合农业、水利、交通、新村、旅游、教育、文化等涉农资金和项目，集中用于项目实施地建设，切实形成聚合效应，形成积极参与、互助共赢的过程与结果。多元扶贫主体是抽象性和具体性的统一，既有抽象性的国家或地区，也有具体的行政机关、法人、非政府组织、社区和个人，具有明显的主体多元性、复杂性、分散性和动态性特征。

（3）效应的多维性。

水库移民后期扶持项目的益贫效应，既体现在对库区和移民安置区可持续发展能力等宏观尺度的影响，也体现在壮大移民社区集体经济、增强组织管理与发展能力、增进后期扶持产业与当地优势特色产业之间的互动等中观尺度的影响，更体现在对贫困移民人口经济收入、可行能力、发展机会创造等微观尺度的影响，既包括积极和消极影响，也包括短期与长期影响。尤其是对生态脆弱区和气候敏感带高度耦合的库区和移民安置区及其贫困移民人口非经济收益的益贫效应，还需要经过一定时间，在一定条件和范围内才能日渐显现，具有典型的多样性、空间异质性与时间动态性特征。

（4）鲜明的政策性。

一方面，作为市场机制主导下的产业发展等扶贫方式，单纯依靠市场"看不见的手"的力量引导扶贫,很难自动关注和达成扶贫核心目标,容易导致项目"扶富不扶贫",即扶贫当中的"效益外溢""精英俘获"问题。另一方面,要实现水库移民精准扶贫中的"扶",也就强调了水库移民后期扶持项目开发的非市场激励的社会公益性质。那么,充分考虑其社会公益性,切实发挥政府宏观调控、政策引导、整合资源、弥补市场失灵的作用,以行政与市场相结合的手段,在促进各相关利益主体合作共赢的基础上,切实赋予贫困移民人口知情权、参与权、决策权、管理权、监督权与收益权,保障贫困移民人口扶贫开发参与的主体地位,达成扶贫目标就显得至关重要。因此,水库移民精准扶贫又是一种市场化条件下的政府行为,具有鲜明的政策性。

3.2 水库移民可持续发展的利益相关者分析

实现水库移民可持续发展的过程,归根结底是各参与主体在特定制度环境中的行为结果。他们因水利水电工程开发而产生了复杂交错、相互作用的利益关系,并在其中扮演不同角色,发挥不同作用。水利水电工程及其项目开发参与主体对扶贫的认知、认同以及责任感、使命感,直接影响和决定水库移民精准扶贫的客观绩效。因此,厘清各参与主体的利益关系及其利益诉求,科学界定利益相关者,是水库移民生计变革与转型发展的前提。

3.2.1 水库移民可持续发展的利益相关者界定

利益相关者理论的萌芽始于多德(Dodd,1932),明确提出利益相关者管理理论的则是美国经济学家弗里曼(Edward Freeman)。他认为,利益相关者(stakeholder)就是:"能够影响一个组织目标的实现,或者受到一个组织实现其目标过程影响的所有个体和群体"。[1] 因此,基于对利益相关者理论的分析,水库移民精准扶贫利益相关者是指一切与水库移民扶贫开发产生关系的单位、组织或个人。从制度设计的角度来看,水库移民扶贫开发主要利益主体包括水库移民扶贫开发项目的委托方、承包方和代理方等,包括各级政府、移民管理机构、项目负责人、移民个体等。[2] 从水利水电工程建设的角度来看,水利水电项目开发,所涉及的主要利益相关者包括投资者、供应商、移民、政府、建设单位等直接相关者,还包括自然环境、生态环境以及未来几代人和非生物物种等间接利益相关

---

[1] Freeman, R. E. Strategic Management: A Stakeholder Approach [M]. Boston: Pitman, 1984.
[2] 孙良顺,王理平. 项目制下各利益主体博弈及其解释——以水库移民后期扶持项目为分析对象[J]. 河海大学学报(哲学社会科学版),2015(12):55-59,99.

者。移民作为主要利益相关者，注入了大量有形与无形资源，承担了工程建设带来的巨大风险，理应拥有剩余索取权与控制权。[①] 综上所述，水库移民精准扶贫的主要利益相关者，既包括直接从事或参与水库移民扶贫开发项目的政府及其主管部门、实体单位、项目实施社区及其移民农户和原住民等，也包括为项目规划、申报、立项、注册、实施和监测提供咨询、法律、技术等保障与服务的机构和人员，具体分类见表3-1。

表3-1　　　　　　　水库移民可持续发展利益相关者界定

利益相关者	具体内容
政府	各级政府及其发展改革委、水利、农业、扶贫、交通等相关主管部门
项目业主	水利水电项目投资企业
规划设计施工单位	水利水电工程及移民安置补偿等规划设计施工实体单位
第三方机构	水利水电工程及移民安置监测评估、竣工验收等第三方机构
移民社区/农户	项目实施社区、参与以及影响扶贫开发项目开发的移民农户
专家	提供规划设计、申报注册、监测评估、决策咨询等专业服务以及安置规划、后期扶持等技术指导和培训的专家
安置区原住民	搬迁移民迁入地原住农户
非政府组织	各级各类水库移民管理服务中介、库区环境保护协会、社会团体等
金融保险机构	提供水库移民融资、保险服务等的金融保险机构
社会公众	关心和支持水利水电工程开发或水库移民精准扶贫的自然人

3.2.2　水库移民可持续发展的利益相关者分类

目前，国内外利益相关者分类法比较通用的是米切尔评分法[②]。我们借鉴米切尔评分法，选取了紧急性、权利性、合法性三个指标对水库移民可持续发展主要利益相关者评分，再根据分值大小将利益相关者分为确定型、预期型、潜在型利益相关者三类，详见表3-2。

---

① 邓曦东，段跃芳. 中国非志愿移民的补偿制度创新研究——基于利益相关者视角的分析[J]. 经济学家，2008（3）：65-70.

② 贾生华，陈宏辉. 利益相关者的界定方法述评[J]. 外国经济与管理，2002（5）：13-18.

表 3-2　　　　　　　　水库移民可持续发展利益相关者分类

利益相关者	紧急性	权利性	合法性	类型
政府	高	高	高	确定型
项目业主	高	高	高	确定型
规划设计施工单位	高	中（递增）	高	预期型
第三方机构	中（递增）	高	低	预期型
移民社区/农户	高	低（递增）	高	确定型
专家	中	高	中	预期型
安置区原住民	高	低（递增）	高	预期型
非政府组织	中（递增）	低（递增）	中（递增）	预期型
金融保险机构	低（递增）	中	低（递增）	潜在型
社会公众	低（递增）	低（递增）	中（递增）	潜在型

不难看出，水库移民可持续发展的主要利益相关者中，政府、项目业主、贫困移民社区以及农户是水库移民精准扶贫的核心利益相关者，也就是说，他们与水库移民扶贫开发的利益关系更为密切，具有较高的主动性、重要性和影响力。规划设计施工单位、第三方机构、安置区原住民、专家和非政府组织在水库移民扶贫开发中居于次要地位，与核心利益相关者联系紧密，是间接的利益相关者。金融保险机构、社会公众等利益相关者的参与渠道、参与程度等当前还相当有限，但随着时代的发展、水库移民扶持制度变迁与机制创新，必然更加关注、关心和支持水库移民扶贫开发，属于潜在、相对边缘的利益相关者。

3.2.3　核心利益相关者利益诉求

实现水库移民多维减贫的过程，是在国家应对移民的强制性经济社会变迁，针对水库移民的各项政策和精准扶贫方略的鼓励下，个体理性支配下的多元主体参与和协同的过程。总体来看，各个主体具有基本一致的利益诉求，即在水利水电产业发展的过程中，分享由水利水电项目开发所带来的参与利益和社会福利，并实现水库贫困移民的可持续发展。但从单个个体来看，多元主体又显示出多重的利益诉求和关注点，有些甚至与脱贫目标相背离。如各级政府希望水利水电开发获得财政收入促进当地经济社会发展，而以电站实体为代表的项目业主则希望利润最大化，具体详见表 3-3。

表 3-3　　　　　　　　　核心利益相关者利益诉求

利益相关者	角色定位	利益诉求	关注焦点
政府	引导者、调控者 监管者、受益者	社会文化利益 生态环境利益 经济利益	水利水电开发和移民可持续发展的双赢 获得资金、技术，增加就业机会 促进区域经济社会发展，精准扶贫
项目业主	主导者、投资者 执行者、受益者	投资获利	水利水电开发利润最大化 项目开发可持续运作 树立公众形象、提高社会声誉
移民农户	参与者、受益者 受损者	分享参与利益	增加经济收入、提供就业机会 获得新技术 地方传统文化、自然景观受到尊重保护

（1）政府。

市场机制主导下的水库移民扶贫开发模式，决定了利益相关者难以自动关注和协同达成水库移民可持续发展目标，必然需要作为公共利益代表的政府积极介入。一是中央政府，尤其是代表中央政府的国家发展和改革委员会、水利部等，它们是水利水电工程与移民的政府主管机构，关注重点是国家利益和长远利益，是中国水利水电工程与移民体系相关法律法规、鼓励减贫的水库移民后期扶持项目规则及其管理细则等重要政策制定者，是规制市场运行，作出水库移民扶贫开发项目立项、审批和备案决策，推动应对水利水电工程建设和水库移民可持续发展双赢，促进后期扶持产业发展向有益于贫困人口受益和发展机会创造转变的政策引导者。二是省级政府，尤其省（市）发展和改革委员会、扶贫开发局、水利厅、交通厅、财政厅等相关政府主管部门，是推进水库移民扶贫规划、优惠政策等的决策者，也是通过相关的行政管理和行业管理，推动和督促扶贫目标达成的监管者。三是地方政府，主要是库区和移民安置区所在的市（州）、县、乡（镇）一级地方政府及其相关管理部门，实质性地代表政府行使对水库移民扶贫开发的属地管辖权，它们是水库移民可持续发展的管理者、调控者、监督者和受益者。它们在水利水电建设、移民规划、安置补偿和后期扶持产业等相关政策框架和有关部门的指导下，通过推动扶贫资源整合，推进水库移民规划、安置补偿、后期扶持项目开发与可持续发展规划的有机结合，平衡项目运作过程中各个利益相关者的不同诉求，维护库区和移民安置区移民农户的合法权益，督促目标减贫移民农户能够真正从项目开发中受益，进而实现区域经济社会发展、精准扶贫和民族团结等政绩目标。

（2）项目业主。

理论而言，作为管理者的政府应该是一个独立于交易双方的中间人，但根据我国国情，作为管理者的政府往往也是业主所有者，不过总体上看，国家作为投资主体的模式逐步被企业法人作为投资主体所代替。就水利水电工程项目而言，一方面，项目业主是主要投资方，在重点关注投入获得利润最大化的同时，往往会出于彰显社会责任、树立公众形象、提高社会声誉或慈善等因素考量，强调水利水电开发利益共享，并通过契约等方式，促成利益共享及扶贫目标达成，是水库移民扶贫开发的投资者和促进者；另一方面，具体牵头实施的企业，在水库移民扶贫开发中起着重要的纽带和桥梁作用，无疑是水库移民扶贫开发的关键主导力量，其在追求水利水电项目开发利润最大化的驱动下，通过强化扶贫目标，在赢取政府乃至社会等更多的资金、优惠政策的同时，提高项目实施移民社区及其移民农户参与扶贫开发的积极性，提高项目投资收益率，实现水库移民后期扶持项目开发可持续运营，是水库移民精准扶贫的投资者、执行者和主导者。

（3）移民农户。

移民社区农户既是水利水电项目开发最直接的重要参与者，也是分享开发利益的受益者，还是开发消极影响和潜在风险的承担者，更是水利水电项目开发多重绩效的评判者。一方面，水利水电工程开发成功建设和长期运营离不开移民农户的参与、支持和合作，其希望能够通过集体谈判和行动，优先获得务工机会、增加经济收益，习得新技术与新经验，权益主张能够被采纳和尊重，改善当地生产、生活和生态条件，减少对因搬迁而造成的传统生计、社会关系网络和生态环境的消极影响。另一方面，移民农户尤其是更加依赖于传统农业生计的贫困移民人口对项目实施绩效评判，不仅直接决定其持续参与的态度与行为，在赢得农户长期支持与合作，减少抵触情绪，避免对抗行为，巩固前期成果及其长期运营中起着关键性作用，而且对发掘水利水电工程减贫潜力，实现水利水电工程发展与移民可持续发展双赢目标至关重要。

3.3　水库移民可持续发展的系统论分析

水库移民可持续发展作为各部门联动共同推进的一项经济活动和扶贫模式，本质上是社会经济系统的子系统。正如前文所说，精准扶贫与精准脱贫之间的辩证关系集中体现为精准扶贫是手段，精准脱贫是目标；精准扶贫是过程，精准脱贫是结果；精准扶贫是量变，精准脱贫是质变；精准扶贫是战术，精准脱贫是战略。[1]

---

[1] 庄天慧，杨帆，曾维忠. 精准扶贫内涵及其与精准脱贫的辩证关系探析［J］. 内蒙古社会科学（汉文版），2016（3）：6-12.

因此，围绕水库移民可持续发展的目标，运用系统理论，主要探讨水库移民可持续发展的系统构成要素和运行机制，揭示水利水电项目开发与扶贫相结合的作用机制，具有积极的理论价值与实践意义。

3.3.1 水库移民可持续发展系统的构成要素

系统论指出，系统是由两个或两个以上的要素相互依赖、相互作用、相互摩擦而形成的具有特定功能的动态有机整体，各要素之间也存在着物质、能量与信息等的交换与流动。水库移民可持续发展系统并非是一个单向、静态、封闭运行的系统，而是在市场牵动、政府推动和社会助动下的一个动态、开放、复合系统，其构成要素包括水库移民主体、资源和方式以及与之紧密联系的动力系统、参与系统和支持系统，它们共同构成了水库移民可持续发展模式的运行系统，并不断相互作用，使其趋于稳定和完善，从而促使资本、技术、人才、信息等稀缺要素向贫困库区和移民汇聚，进而达成水库移民可持续发展的目标。其运行不仅取决于各个子系统的有效耦合，也取决于系统内各构成要素之间的相互作用和结合方式，以及外部环境对水库移民精准扶贫模式的支撑能力，是一个不断培育、完善和优化的动态过程，详见图3-1。

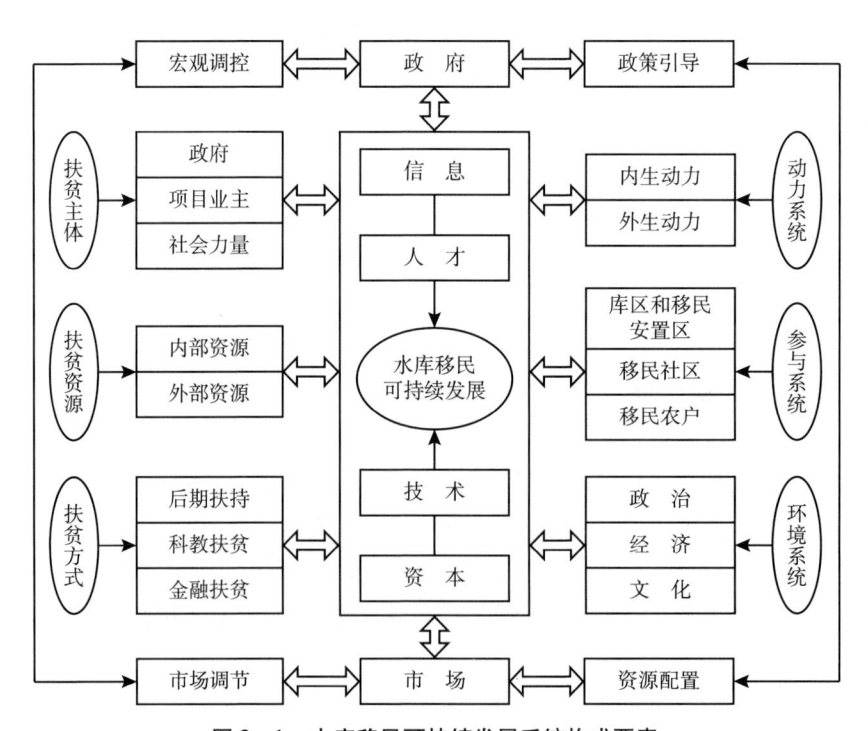

图3-1 水库移民可持续发展系统构成要素

(1) 主体。

水库移民后期扶持主体是指直接参与水库移民扶贫开发的各级政府机构、项目业主以及科研院所、非政府组织、金融保险机构、社会公众等社会各界力量，是一个不断发展与更新的"变量"。究其实质，水库移民后期扶持主体与其扶贫开发利益相关者既紧密联系又相互区别，具有同一性、差异性、阶段性和动态性的特征。在现阶段水库移民后期扶持产业发展依然面临多种挑战，许多项目开发实践尚处于试点、起步阶段的现实状况下，水库移民后期扶持尤其需要政府发挥更多的政策引导、制度约束、监督管理等作用，充分调动龙头企业、专业大户、社区精英等扶贫项目开发业主投身减贫实践的积极性和创造性。

(2) 资源。

水库移民扶持资源是其可持续发展模式运行的物质保障，按照来源的不同可以分为库区和移民安置区内部资源和外部资源。库区和移民安置区内部资源包括具有较高经济价值的虫草、松茸等山林资源，草地、气候、土壤等自然资源，丰富的劳动力资源以及在长期的历史发展过程中累积形成的本土物质和非物质文化资源。外部资源当然不仅仅局限于资金，既包括以水利水电项目开发和水库移民安置补偿、后期扶持等为核心的资金、技术、经营、管理和信息等市场配置资源，也包括政府为弥补市场失灵，发掘水利水电开发和后期扶持项目减贫潜力，达成贫困移民人口受益和发展机会创造的社会扶贫核心目标而制定的方针政策、发展战略、管理制度、凸显扶贫功能的安置补偿与后期扶持以及给予的具有引导性、激励性、保障性、优惠性和规范性的政策，还包括吸引社会力量参与扶贫所注入的资源。

(3) 方式。

水库移民后期扶持是一个开放系统，并没有普适性的标准模式，其扶贫方式会受水利水电工程建设标准等宏观因素，各级政府具体引导和支持政策、水利水电项目开发组织运作模式、水库移民安置补偿、后期扶持及其利益联结机制等微观因素的影响。但从根本上讲，水库移民后期扶持显然是一个兼顾市场取向与扶贫社会公益性质以及公平与效率的开发式、参与式扶贫方式，具有独特的优势和作用。在扶贫资源一定的情况下，与科教扶贫、行业扶贫、金融扶贫等多种扶贫方式融合，共同围绕实现水利水电资源开发与移民可持续发展的双赢目标，形成相互依赖、相互补充、相互促进、相互竞争的关系。

(4) 动力系统。

动力系统是推动水库移民精准扶贫模式建立、运转和发展演进的各种力量。通常按照动力形成的原因，可以划分为内生动力和外生动力；按照动力来源的不同，可以划分为市场驱动力和政府驱动力；按照动力作用方式的差异，可以划分为直接动力和间接动力；按照作用强度的不同，可以划分为主导动力和辅助动力。相关扶贫主体是各类动力的"结合点"，各扶贫主体通过资源和方式系统，驱动水库移民精准扶贫模式运转，在各类合力的持续作用下，又反作用于扶贫主体要素，产生新的动力，推动水库移民精准扶贫模式持续运行。在此，重点就动力形成原因视角下的水库移民精准扶贫动力系统做进一步分析。

第一，水库移民精准扶贫的内生动力。所谓水库移民精准扶贫内生动力，是指各扶贫主体主动践行符合精准扶贫理念及其原则的各种行为，进而实现水利水电资源开发与水库移民可持续发展双赢目标的内在力量，主要包括三个方面，一是经济利益牵动。不论是项目业主，还是设计规划施工单位，本质上都是追求经济利益的组织，即便是政府也在水库移民精准扶贫开发中存在各种各样的直接或间接利益。因此，经济利益既是维系各参与主体的纽带，更是推动水库移民扶贫模式运行的根本内在动力。二是减贫义务驱使。减贫既是水利水电资源开发的一项重要功能，也是兑现"搬得出、稳得住、逐步能致富"承诺，赢得库区和移民安置区移民农户广泛支持，确保水利水电工程项目顺利实施、长期运营的重要保证。三是树立公共形象。水利水电工程建设作为经济社会可持续发展的重要抓手，是我国推动包容性增长和低碳转型的重要途径，日益受到全国范围的高度关注。因此，无论是政府，还是私人部门，彰显社会责任，提升社会形象和提高社会声誉等也是其参与水库移民精准扶贫的内生动力之一。

第二，水库移民精准扶贫的外生动力。所谓水库移民精准扶贫外生动力是指，源自扶贫主体以外并对主体行为产生影响的各种外在力量。主要包括三个方面，一是法律法规的约束。在履行"搬得出、稳得住、逐步能致富"承诺与义务的进程中，通过制定既能达到与国际水库移民安置补偿与扶持规则接轨，又能满足新时期我国精准脱贫要求的移民生计可持续发展规则，完善水库移民规划设计、安置补偿、后期扶持等的计量、核证、监测、评估等相关法律法规，从而规范和约束水库移民精准扶贫主体行为，推进在水库移民工作的各个领域、项目开发的各个环节中突出精准扶贫、精准脱贫的内容和行动，推动水利水电资源开发与移民可持续发展"双赢"目标达成。二是政府政策干预。充分运用扶贫、财税、土地、金融、水利、交通等政策手段的支持和干预作用，在为水库移民后期扶持产业发展及其项目开发创造良好的政策环境的同时，不断对凸显扶贫功能的项目和行为给予大力宣传、支持和激励，对不利于库区和移民安置区自然资源合理开发和移民农户公平参与的行为进行调控和限制。三是社会需求拉动。从需求角度看，随着水利水电资源开发进程的推进，社会需求日益增长，水利水电产业发展潜力与商业机会巨大。全社会对以市场为导向的水利水电在防洪、发电等领域日益增长的需求是推动水库移民精准扶贫模式运行的强大外部推动力。

（5）参与系统。

水库移民精准扶贫参与系统，包括库区和移民安置区宏观、移民社区中观和贫困移民人口微观三个维度。从根本上讲，贫困移民人口参与是发掘水库移民后期扶持精准扶贫潜力的关键构成要素，但扶贫开发的参与者当然不应该也不可能局限于贫困移民人口。因此，包括贫困移民人口在内的移民安置补偿、后期扶持项目实施移民社区及其移民农户参与，不仅关系到水利水电资源开发项目可持续运营，更决定着扶贫目标实现，无疑是水库移民精准扶贫模式运作的关键。就水库移民后期扶持而言，移民农户参与方式主要包括四种，一是参与后期扶持项目规划。移民农户通过参与项目方案制订，就项目开发替代土地利用方案、选择、参与方式、利益分配方案、合同签订等与项目实体或专业大户、合作社等达成共识，更有效地体现当地大多数群众利益，提高项目规划科学执行的可行性。二是参与项目建设。既包括移民农户通过入股或土地流转，从事整地、栽植、抚育等劳务取得经济或非经济收益，也包括通过村集体落实后期管护措施，督促项目实体或专业大户、合作社等履行合同义务，避免或降低对项目可持续建设的消极影响。三是参与监测评估。在项目实施的不同阶段，尤其是在具备资质第三方监测评估机构开展核查监督的过程中，同步引入移民农户参与式减贫效果评估，是保障移民农户合理合法权益，提升积极效应，减少消极影响，矫正扶贫行动偏差，进而提高水库移民后期扶持效率的重要保证。四是参与利益分配。水库移民精准扶贫要实现的根本目标就是要让贫困移民人口在不损害非贫困人口和原住民利益，公平合理地分享项目开发所带来的参与利益，最大限度地享有政府市场干预，额外注入行政扶贫资源带来的主要福利，从而减缓或摆脱贫困。需要特别指出的是，移民农户参与水库移民扶贫开发既包括入股或土地流转、技术培训、劳务或后期管护等直接参与，也包括前期基线调查、中后期监测和评估等间接参与。

（6）环境系统。

水库移民精准扶贫的良性运行离不开外部大环境支撑，受地区、国家乃至国际等多种因素的影响。环境系统是水库移民精准扶贫运行的政治、经济和文化等外部环境的统一，包括宏观和微观、外在和内在两个方面。其中，政治环境，尤其是国家水利水电资源开发的战略取向、水库移民贫困治理的路径选择及其相关法律法规等，是水库移民精准扶贫模式有效运行的制度基础。经济环境，尤其是市场交易体系建设及水利水电产业发展，是水库移民精准扶贫模式运行的经济基础。文化环境是全社会践行生态文明理念，携手推动绿色发展与包容性增长的价值取向、思想观念、文化氛围，是水库移民精准扶贫模式运行的社会基础。

3.3.2 水库移民可持续发展系统的运行机制

从系统学理论看，水库移民可持续发展运行机制是指保持水库移民可持续发展系统整体正常运行的各要素发挥功能的作用过程、运行方式及其作用机理。

就结构功能而言，水库移民精准扶贫运行机制是若干基本功能的组合联动、有机统一和协调一致。主要包括五种，一是整合功能，连接水库移民精准扶贫各系统要素，使之成为一个有机整体，并具备相对的稳定性，能够进行一定的"自动化"和"自适应"调节。二是定向功能，使水库移民精准扶贫系统沿着既定目标方向运行，达成贫困移民农户受益和发展机会创造的核心目标。三是动力功能，为水库移民精准扶贫系统运行提供持续动力，推动扶贫主体协同、扶贫资源整合和扶贫方式联动，保持系统良性和可持续运行。四是调控功能，当系统运行出现偏差时，能够通过有效的数据传递、信息反馈和人为管理活动，不断纠偏并使之恢复正常。五是发展功能，在保障水库移民精准扶贫系统正常运行的同时，通过激励、竞争和协调促进其发展演进。就运行方式而论，水库移民精准扶贫运行机制是政府行政干预与市场机制共同作用的二元复合驱动运行机制。就扶贫逻辑观察，其作用机理主要表现在三个方面：

（1）推动扶贫主体多元化。

水库移民精准扶贫主体是推动水库移民精准扶贫模式运行的主导力量。对此，在精准扶贫、精准脱贫理念的指导下，不仅为项目业主履行社会责任、参与扶贫惠农，逐步转变成为扶贫主体搭建了一个有效的合作平台，水库移民后期扶持项目开发也越来越多地采取"经营实体+"的基本模式进行运作，比如"经营实体+移民农户"或者"经营实体+移民集体经济组织+移民农户"等模式，推动移民村集体经济组织、社区精英等成为反贫困主体。

（2）创新扶贫方式。

与以农林产品开发为主打的传统扶贫方式不同，水库移民精准扶贫着眼于移民避险解困、增收致富与美丽家园建设项目的实施，以搬迁安置、前期补偿和后期扶持等为载体，以提升移民生计能力可持续发展为核心，为破解移民安置区由于耕地面积少、土地质量较差、生存空间狭小、缺乏必要的生产资料等因素而导致的不利于传统农业耕作模式发展、贫困移民人口短期收益困难等突出问题提供了新的路径。移民农户不仅可以获得集体经济入股收益、个人劳务、家庭种养及其副产品收益,还可分享水利水电产业所带来的收益,创新了水库移民扶贫方式。

(3)突破贫穷与生态退化的恶性循环。

在长江上游地区,水库移民多采取后靠安置,移民往往是从原住民的河谷、平原等宜农、宜商地区后靠安置,迁往周边农地不充分、土地质量较差、生存空间狭小的高山地区,移民安置区与生态脆弱区高度耦合,贫困移民人口分布与生态环境脆弱区在地理空间尺度上呈现高度一致性,这些地区对气候和环境的依存度高,生态改善是治贫的根本和发展的根基,水库移民精准扶贫实现了扶贫开发与生态环境保护的有机结合。

3.4 多维贫困视角下的水库移民可持续发展理论分析框架

探索与关注贫困移民人口摆脱贫困的水库移民可持续发展核心观点,与贫困的多维治理理念高度契合。因此,有必要进一步从多维贫困理论视角,解析水库移民可持续发展的实践机制与研究分析框架,促使贫困移民人口净受益和发展机会创造的扶贫宗旨,转化为推动水利水电工程建设与移民可持续发展双赢的研究和实践指导。

3.4.1 多维框架下的水库移民可持续发展实践逻辑

从多维贫困治理实践导向来看,就是要将"实事求是、因地制宜、分类指导、精准扶贫"的核心理念,内化为推动水利水电资源开发与移民可持续发展双赢的实践。结合前文利益相关者分析,可以将多维框架下的水库移民可持续发展相关实践主体分为各级政府、项目业主、社区精英、贫困移民人口和第三方评估机构等五大类,分别在水库移民扶贫开发过程中,履行各自职责,不断将"精确识别、精确帮扶、精确管理和精准考核"的精准扶贫实践框架,贯穿到水库移民项目安置规划、前期补偿、后期扶持和监测评估等的全过程。其实践机制可以概括为,作为水库移民可持续发展管理者、调控者、监督者的各级政府,通过强化制度设计、扶贫资源整合,弥补市场失灵,制定瞄准和贴近贫困移民农户需求、鼓励项目实体尽可能多地吸收贫困移民农户参与的配套支持政策,全方位地对项目开发的各环节实行动态和跟踪管理,不断为推动水库移民精准扶贫由聚焦贫困地区的"单轮驱动型"向既有区域整体,又更加强调精准到人的"双轮驱动型"变革与转型,积极推进水利水电资源开发与水库移民可持续发展的双赢。作为项目开发主导者、执行者、投资者的项目实体,在相关政策允许、支持和充分尊重贫困移民人口主观意愿的前提下，结合移民社区、贫困移民平人口实际情况和利益诉求，处理好水利水电资源开发与水库移民可持续发展的平衡关系，积极、主动开展水库移民扶贫实践，并将实践中的先进经验和面临困难等向政府进行反馈，以便于政府调整政策。作为项目实施所属移民村村长、村支书、第一书记等基层工作者，参与项目实施的专业大户、专业合作社社长以及德高望重老者、宗族族长等社区精英，一方面应发挥自身影响力和示范作用，积极组织、带领贫困移民人口参与，共同分享参与利益；另一方面应将减贫效果、存在的问题等向政府进行反馈，以便调整政策。第三方评估机构是指区别于第一方（政府、项目实体、社区精英）和第二方（贫困移民人口）之外的第三方评价组织，通常包括独立第三方或委托第三方，往往是行业或民间咨询机构、专业评估组织等，其独立于利益相关者之外，以"旁观者"身份专业、客观、公正地对水库移民扶贫开发实践过程，包括目标人口瞄准、减贫路径、益贫效果等进行实事求是的评估。其评估结论既可以作为政府及时修订水库移民扶贫战略及其配套政策的决策参考，还能够推动项目实体、社区精英在具体实践中改进工作方式方法，更好地达成核心目标，具体如图 3-2 所示。

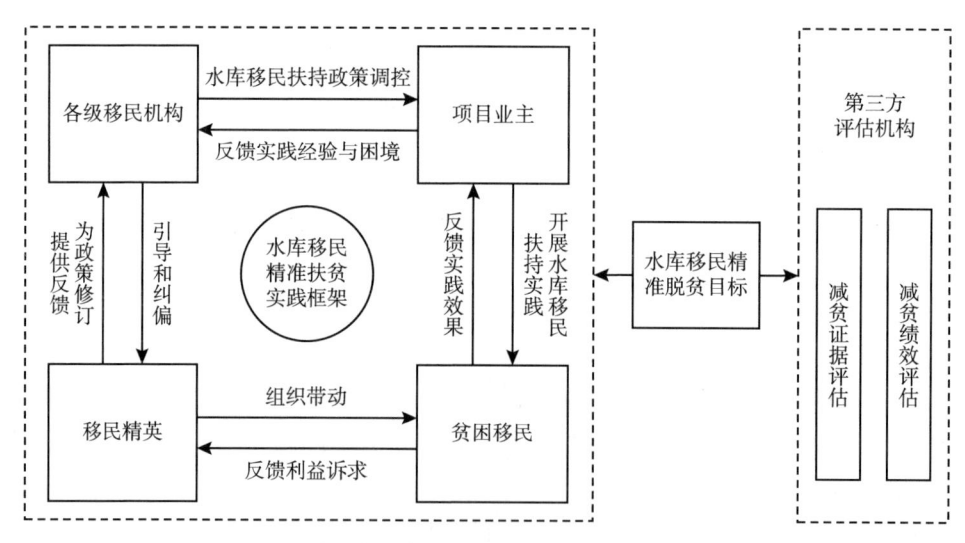

图 3-2 多维框架下的水库移民可持续发展实践逻辑

3.4.2 多维贫困视角下的水库移民可持续发展分析框架

综上所述，多维贫困视角下的水库移民扶贫开发，以水利水电资源开发与水库移民可持续发展双赢为目标，以水库移民工作规划设计、安置补偿和后期扶持项目为载体，以贫困移民人口参与机会与权益保障为核心，以水库移民可持续发展为归宿，以水利水电工程项目可持续发展和制度创新为支撑，是将精准识别、精准帮扶、精准管理和精准考核贯穿于水库移民项目规划设计、安置补偿、后期扶持、监测评估的全过程的一个有机整体。如何重建移民的生计资本，提高贫困人口在内的移民农户的社会适应性，破除适应障碍，尊重民族传统习俗、减缓文化冲突，发挥后期扶持项目的益贫性，降低稳定脱贫风险，以及优化安置补偿政策、突出扶持综合绩效和扶持效应移民农户感知第三方评估等共同决定贫困移民的可持续发展成效，这就是本书的理论分析框架，具体如图3-3所示。

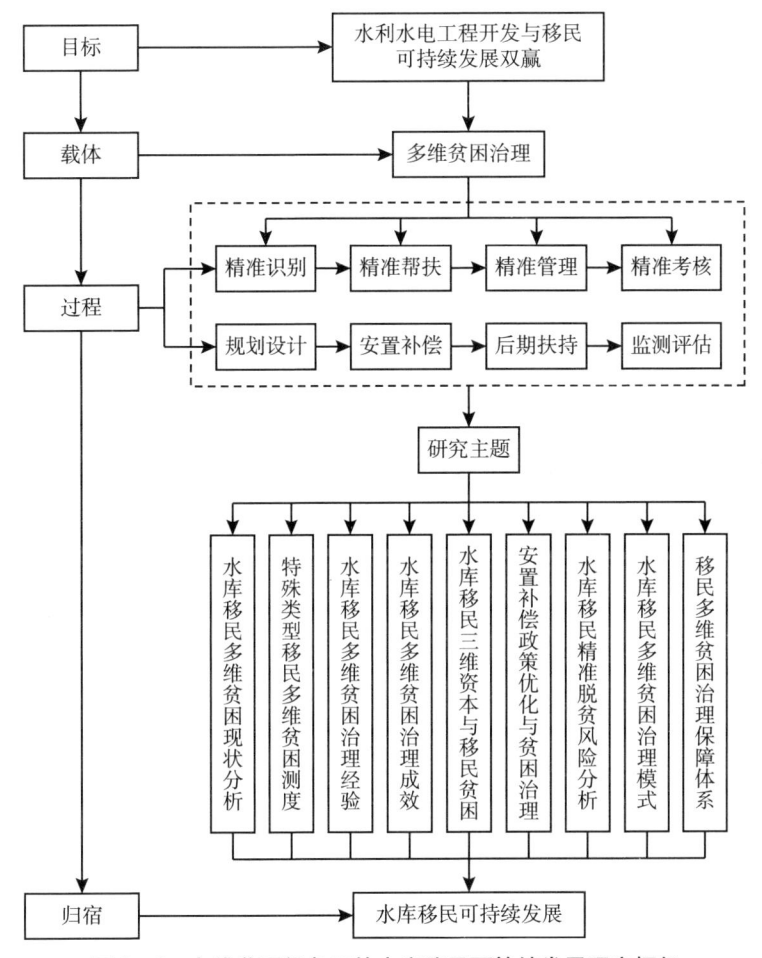

图3-3 多维贫困视角下的水库移民可持续发展研究框架

3.4.3 研究结论与启示

本章立足于我国大力发展水利水电资源和精准扶贫、精准脱贫的大背景，借鉴相关已有研究成果及其理论分析的基础上，搭建了多维贫困视角下的水库移民可持续发展的理论分析框架。主要研究结论与启示如下：

第一，水库移民后期扶持是一种开发式、参与式、造血式扶贫形式。水库移民可持续发展具有扶持客体明确性、主体多元性、效应多维性以及鲜明的政策性等典型特征，形成的内生动力包括减贫义务驱使、经济利益牵动和项目业主公共形象提升，外生动力包括法律法规约束、政府政策推动和社会需求拉动。

第二，水库移民可持续发展的核心是贫困移民人口有效参与。水库移民扶贫开发的受益者不应该也不可能局限于贫困移民人口，但贫困移民人口参与无疑是其获得收益、转变发展观念、提升发展能力的根本途径。水库移民可持续发展的核心理念是赋权和机会均等，通过水利水电项目开发为贫困移民人口提供公平参与机会、保障贫困移民人口获得合理参与收益，最大限度地享有外部扶贫资源注入所带来的福利。

第三，水库移民可持续发展是一项系统工程。水库移民可持续发展既是一项以扶贫为导向的产业经济活动，也是生态扶贫、绿色减贫体制机制创新的现实单元，更是一个在市场牵动、政府推动和社会助动下的动态、开放、复合系统，其构成要素包括水库移民主体、扶持资源和扶持方式及其与之紧密联系的动力系统、参与系统和支持系统。

第四，水库移民多维贫困治理具有典型的综合性。水库移民多维贫困治理包括经济和非经济维度，着眼于水库移民短期减贫增收与长远可持续发展，既体现了对库区和移民安置区经济社会发展、移民村级基层组织管理治理能力等的宏观尺度，同时也体现了对移民农户个体的收入、健康、教育等可行能力和发展机会创造的微观尺度，具有典型的多样性、空间异质性与时间动态性等特征。

以上结论具有明显的政策启示：一是水利水电资源开发与水库移民可持续发展双赢是水库移民精准扶贫、精准脱贫的前提。水利水电项目具有不可忽视的减贫潜力，但潜力能否转化为动力，有赖于水库移民精准扶贫的基本理念、凸显扶贫功能的水库移民配套政策及其行动。必须在推进水利水电产业可持续发展，尤其是水利水电项目可持续运营的进程中实现减贫脱贫。具体而言，就是要将包容性增长、绿色减贫和水利水电资源开发与水库移民可持续发展双赢的理念贯穿到水利水电产业发展战略及其顶层制度设计中，制定科学、系统的实施规划，提高水库移民精准扶贫的实效性和可持续性。

二是贫困人口有效参与是水库移民可持续发展的关键。水库移民可持续发展既要强调通过精英示范，带动贫困人口参与，避免扶贫资源的精英俘获，更要切实提高贫困移民人口的参与能力、参与机会和参与程度，确保贫困移民人口的需求在水利水电项目开发过程中被优先承认和区别对待，不断推动水库移民精准扶贫由聚焦贫困地区的"单轮驱动型"向既有区域整体，又更加强调到户到人的"双轮驱动型"变革与转型。

三是多维贫困治理资源整合是水库移民可持续发展的重要策略。水库移民可持续发展作为一项系统工程，仅仅依靠水利水电产业政策自身的引导是远远不够的，必须通过政府的适度干预，尤其是与各种扶贫、生态建设等政策相互融合，诱导和促进水库移民扶持主体协同、扶持资源整合、扶持方式集成，才能为达成贫困人口受益和发展机会创造注入新动力与新活力，提升减贫效率与实践成效。

四是益贫效果评价是水库移民可持续发展的重要保障。对于水库移民相关政策措施益贫绩效的评价，既要强调基于宏观层面，尤其是贫困移民人口直接、净受益和发展机会创造的客观评价，又要强调包括贫困人口在内的移民农户微观层面主观感知评价，特别需要关注水利水电工程的建设等外部原因，对绝对贫困人口在传统生计活动及其社会、经济、文化及环境适应性等方面的负面影响。

实证篇

第4章

水库移民多维治理现状分析

4.1 库区概况

4.1.1 区域概况

4.1.1.1 区域划分

长江上游指长江源头至湖北宜昌这一江段,长约4504公里,控制流域面积100万平方公里。① 长江上游是长江流域的水涵养区,也是长江流域的生态屏障。该河段主要支流多分布于左岸,如金沙江段左岸的雅砻江,川江段左岸的岷江、沱江、嘉陵江,从右岸汇入的仅有乌江。长江上游四大主要支流金沙江、岷江、嘉陵江和乌江流域总面积为88.3万平方公里。② 该河段落差大、峡谷深、水流湍急,水力资源开发潜力巨大,修建大型水库除了发电外还具有供水、防洪或航运等综合效益。由于长江上游地区多山地,河流落差大,部分河段还存在喀斯特地貌,水库修建存在较大考验。长江上游大型水库的选址主要依据的因素有:一是地形呈"袋"状,利于蓄积水体建成库容较大的水利水电工程;二是安全的前提下减少工程量和建设成本,利用等高线近于闭合或峡谷地带的先天优势;三是地质安全,并适当考虑"西电东送"的便捷程度;四是尽可能减少对自然生态的影响。

1990年前,长江上游水库建设规模相对较小,主要以中小型水库为主,其中大型水库共13项。随着西部大开发战略及"西电东送"战略的实施,1991年后长江上游的水库建设以大型水库为主,按2005年统计,长江上游已建大型水

---

① 水利部网站简介,http://www.mwr.gov.cn/szs/hl/201612/t20161222_776387.html.
② 张信宝,文安邦,D. E. Walling,吕喜玺. 大型水库对长江上游主要干支流河流输沙量的影响[J]. 泥沙研究,2011 (4):59 – 66.

库28项。截至2017年,长江上游大型水库已建、在建共46项。[①] 水库移民为国家水利水电工程建设作出了重大牺牲和贡献,很多贫困移民是因为生活环境改变和土地资源减少等而导致的次生贫困,随着国家脱贫攻坚战略的深入实施,库区扶贫开发难啃的"硬骨头"和全面建成小康社会的突出短板都将解决,由此长江上游大型水库的区域划分要充分结合经济地理科学和区域决策的内容。依据长江上游干支流已建、在建大型水利水电工程基本情况(见表4-1),本书从水库所在的省区市和流域两个要素进行区域划分。

表4-1　长江上游干支流已建、在建大型水利水电工程基本情况统计

序号	项目名称	项目建设地点	所在河流	工程状况	装机容量（兆瓦）	总库容（亿立方米）	建成时间（年）
1	梨园水电站	云南省丽江市玉龙县	金沙江	在建	2400	7.27	
2	阿海水电站	云南省丽江市玉龙县、宁蒗县	金沙江	已建	2000	8.06	2014
3	金安桥水电站	云南省丽江市古城区和永胜县	金沙江	已建	2400	8.47	2011
4	龙开口水电站	云南省大理州鹤庆县	金沙江	已建	1800	5.07	2014
5	鲁地拉水电站	云南省大理州宾川县、丽江市永胜县	金沙江	已建	2100	15.48	2014
6	观音岩水电站	云南省华坪县、四川省攀枝花市	金沙江	已建	3000	20.72	2016
7	金沙水电站	四川省攀枝花市西区、仁和区	金沙江	在建	500	0.85	
8	银江水电站	四川省攀枝花市东区、盐边县和钒钛高新区	金沙江	在建	345	0.31	
9	乌东德水电站	云南省昆明市禄劝县、四川省凉山州会东县	金沙江	在建	8700	58.63	
10	白鹤滩水电站	四川省宁南县和云南省巧家县境内	金沙江	在建	14400	190.06	

---

① 水利部移民司和长江水利委员会相关资料。

续表

序号	项目名称	项目建设地点	所在河流	工程状况	装机容量（兆瓦）	总库容（亿立方米）	建成时间（年）
11	溪洛渡水电站	四川省雷波县和云南省永善县	金沙江	已建	12600	115.70	2014
12	向家坝水电站	云南省水富县和四川省宜宾县	金沙江	已建	6000	49.77	2014
13	长江三峡水利枢纽工程	湖北宜昌夷陵区三斗坪镇	干流	已建	22400	393.00（正常蓄水分布以下）	2006
14	两河口水电站	四川省甘孜州雅江县	雅砻江	在建	3000	101.54	
15	牙根一级水电站	四川省甘孜州雅江县	雅砻江	前期工作	260	0.11	
16	牙根二级水电站	四川省甘孜州雅江县	雅砻江	前期工作	1080	2.54	
17	杨房沟水电站	四川省凉山州木里县	雅砻江	在建	1500	4.56	
18	卡拉水电站	四川省凉山州木里县	雅砻江	前期工作	1020	2.47	
19	锦屏一级水电站	四川省凉山州盐源县和木里县	雅砻江	已建	3600	77.60	2014
20	锦屏二级水电站	四川省凉山州木里、盐源、冕宁三县	雅砻江	已建	4800	0.14	2014
21	官地水电站	四川省凉山州西昌市	雅砻江	已建	2400	7.60	2013
22	二滩水电站	四川省攀枝花市盐边与米易两县交界处	雅砻江	已建	3300	58.00	2000
23	桐子林水电站	四川省攀枝花市盐边县	雅砻江	已建	600	0.91	2016
24	天龙湖水电站	四川省阿坝州茂县	岷江	已建	180	—	2004
25	金龙潭水电站	四川省阿坝州茂县	岷江	已建	180	—	2006
26	紫坪铺水利枢纽工程	四川省成都市西北的岷江上游	岷江	已建	760	11.12	2006
27	铜街子水电站	四川省乐山市	大渡河（岷江支流）	已建	650	2.00	1994
28	龚嘴水电站	四川省乐山市沙湾区与峨边县交界处	大渡河（岷江支流）	已建	770	3.10	1978

续表

序号	项目名称	项目建设地点	所在河流	工程状况	装机容量（兆瓦）	总库容（亿立方米）	建成时间（年）
29	双江口水电站	四川省阿坝州金川县和马尔康市交界处	大渡河（岷江支流）	在建	2000	31.15	
30	瀑布沟水电站	四川省雅安市汉源县和凉山州甘洛县交界处	大渡河（岷江支流）	已建	4260	53.90	2009
31	猴子岩水电站	甘孜藏族自治州康定市境内大渡河干流上游孔玉河段	大渡河（岷江支流）	在建	170	6.62（正常蓄水分布以下）	
32	长河坝水电站	四川省康定市境内的大渡河干流上游	大渡河（岷江支流）	在建	260	10.15（正常蓄水分布以下）	
33	大岗山水电站	大渡河中游上段的石棉县挖角乡境内	大渡河（岷江支流）	已建	260	7.42（正常蓄水分布以下）	2015
34	洪家渡水电站	贵州省毕节市黔西县、织金县	乌江	已建	600	49.47	2004
35	东风水电站	贵州省贵阳市清镇市、毕节市黔西县	乌江	已建	570	10.16	1995
36	索风营水电站	贵州省毕节市黔西县、贵阳市修文县	乌江	已建	600	2.01	2005
37	乌江渡水电站	贵州省遵义市播州区	乌江	已建	1250	23.00	1982
38	构皮滩水电站	贵州省遵义市余庆县	乌江	已建	3000	64.54	2011
39	思林水电站	贵州省铜仁市思南县	乌江	已建	1050	12.05	2009
40	沙沱水电站	贵州省铜仁市沿河县	乌江	已建	1120	9.10	2012
41	彭水水电站	重庆市彭水县	乌江	已建	1750	12.12	2009
42	碧口水电站	甘肃省陇南市文县	白龙江（嘉陵江支流）	已建	300	5.21	1997
43	宝珠寺水电站	四川省广元市利州区	白龙江（嘉陵江支流）	已建	700	25.50	1998

续表

序号	项目名称	项目建设地点	所在河流	工程状况	装机容量（兆瓦）	总库容（亿立方米）	建成时间（年）
44	升钟水库	四川省南充市南部县	西河（嘉陵江支流）	已建	—	13.39	1984
45	亭子口水利枢纽工程	四川省广元市苍溪县	嘉陵江	已建	1100	41.16	2014
46	草街航电枢纽工程	重庆市合川区	嘉陵江	已建	500	22.12	2010

资料来源：笔者根据水利部移民司和长江水利委员会相关统计资料整理所得。

按长江上游大型水库所在的主要省区市划分：一是云南省境内，大型水库主要分布于丽江市、迪庆州、丽江市、大理州、楚雄州、昆明市、昭通市、曲靖市等；二是四川省境内，大型水库主要分布于成都市、乐山市、宜宾市、攀枝花市、广元市、南充市、绵阳市、遂宁市、广安市、凉山州、甘孜州、阿坝州、雅安市等；三是贵州省境内，大型水库主要分布于毕节市、贵阳市、安顺市、遵义市、黔南布依族苗族自治州、铜仁市等；四是重庆市境内，大型水库主要分布于合川区、彭水县、酉阳县等；五是甘肃省境内，大型水库主要分布于陇南市；六是陕西省境内，大型水库主要分布于汉中市。

按长江上游大型水库所在的流域划分：一是金沙江流域，已建、在建水利水电工程12项，分别为梨园水电站、阿海水电站、金安桥水电站、龙开口水电站、鲁地拉水电站、观音岩水电站、金沙水电站、银江水电站、乌东德水电站、白鹤滩水电站、溪洛渡水电站、向家坝水电站；二是干流，已建、在建水利水电工程1项，为长江三峡水利枢纽工程；三是雅砻江流域，已建、在建水利水电工程10项，分别为两河口水电站、牙根一级水电站、牙根二级水电站、杨房沟水电站、卡拉水电站、锦屏一级水电站、锦屏二级水电站、官地水电站、二滩水电站、桐子林水电站；四是岷江流域，已建、在建水利水电工程10项，其中干流3项分别为天龙湖水电站、金龙潭水电站、紫坪铺水利枢纽工程，岷江支流7项分别为铜街子水电站、龚嘴水电站、双江口水电站、瀑布沟水电站、猴子岩水电站、长河坝水电站、大岗山水电站；五是乌江流域，已建、在建水利水电工程8项，分别为洪家渡水电站、东风水电站、索风营水电站、乌江渡水电站、构皮滩水电站、思林水电站、沙沱水电站、彭水水电站；六是嘉陵江流域，已建、在建水利水电工程5项，其中干流2项分别为亭子口水利枢纽工程、草街航电枢纽工程，支流 3 项分别为碧口水电站、宝珠寺水电站、升钟水库。

综上所述，长江上游大型水库主要分布于云南、四川、贵州、重庆、甘肃陇与陕西等省市区，呈局部点状、整体条带延伸，坐落于长江干流及金沙江、雅砻江、岷江、乌江、嘉陵江流域，贯穿西部经济带，在我国宏观经济战略格局中占有重要地位，有利于长江经济带的建设和发展，同时本区水资源总量较丰沛，是全国水资源配置的重要水源地。

4.1.1.2 地理环境

长江上游地处我国版图的腹心位置，以水系为主的勾连体系，在我国中西、东西、南北经济发展的要素流动方面发挥了重要作用。长江上游地区地处我国地势阶梯的高位，是我国重要的生态屏障，对中下游的发展和全国的生态安全都至关重要，在整个长江流域乃至全国的社会经济可持续发展中占有极其重要的地位。

长江上游地处我国一级阶梯向二级阶梯的过渡地带，地势落差大、多峡谷、多急流、多水能。长江发源于青藏高原后流向东南，穿越横断山脉形成著名的峡谷，长江上游流经的地形区域依次是青藏高原、云贵高原、四川盆地。青藏高原是世界海拔最高、中国最大的高原；云贵高原是典型的喀斯特地形，石灰岩广布，多溶洞、石钟乳、石笋、石柱、地下暗河、峰林等；此后进入具有"天府之国"美誉的四川盆地，四川盆地西部地势低平，东部多低山丘陵，土地肥沃，西北部是享誉世界的都江堰水利工程。四川省地貌东西差异大，地形复杂多样，西高东低，高原、山地主要分布在西部，盆地、丘陵主要分布在东部，整体可分为四川盆地、川西北高原和川西南山地三大部分。重庆地处四川盆地东部，河流对地形的塑造作用明显，中部低平，南北两边地势逐渐爬升，地形地貌结构较为复杂。长江流域的水力侵蚀主要分布在金沙江下游、岷江沱江中下游、嘉陵江中下游、乌江赤水河上中游以及山峡库区等区域，风力侵蚀主要分布在金沙江上游地区，因此长江上游大型水库区域也在国家水土保持重点建设工程实施的范围。①

长江上游介于东经 90°～112°、北纬 24°～36°之间，海拔差异大，气候分界明显。江源至宜宾段的金沙江和雅砻江流域属于高原气候区，气温和降水量呈上游至下游、西北向东南递增的趋势。宜宾至宜昌段干支流所在区域属于亚热带季风气候区，降水丰沛，是长江中下游洪水的主要来源之一。② 在降水量方面，长

---

① 资料来源：水利部长江水利委员会，《长江流域水土保持公告（2018 年）》。

② 王文鹏，陈元芳，刘波. 长江上游时空相关气候要素的区域趋势诊断 [J]. 河海大学学报（自然科学版），2017，45（1）：14-21.

江上游呈现极不均匀的特点：四川省雅安市年平均降水量在1600mm以上，而在长江源头区域，年平均降水量在400mm以下，区域降水量在整体上为东南向西北逐渐减少的分布。长江上游有密集的河湖水系，其生态具有较强的特性和完备的系统，发挥着涵养水源、净化环境的作用，区域内珍稀动植物广布，是我国重要的生态基因库。

长江上游生态系统类型多样，集中分布着丰富的天然林，总面积超过1629万公顷，总蓄积超过18.5亿立方米，天然林面积占该区域森林总面积的78.9%，蓄积占96.9%。[①] 从世界生物生态多样性保护的视角看，长江上游的河谷森林、亚热带常绿阔叶林系统充当了生物多样性和珍稀、濒危动植物的场域，国际知名度极高的珍稀动物有大熊猫、中华鲟和金丝猴等，珍稀植物有银杉、水杉、珙桐等。

4.1.1.3 自然资源

第一，水资源。长江上游地区年降水量较为丰富，水系发达，多年平均径流量超过4500亿立方米，大约占长江流域水资源总量的50%。[②]

因地势落差大，水资源丰富，多峡谷地形。长江上游水资源还有丰富的航运价值，水系航运经济价值高，是联系东中西部的"黄金水道"，此外，随着乡村振兴等国家战略的带动，漂流、观光等产业蓬勃发展，长江上游水资源的商业旅游价值日益凸显。

长江上游虽然水资源总量充足，却也存在区域性的使用短缺问题。在长江上游水资源总量中，金沙江河段攀枝花以上区域占12.49%，雅砻江河段占11.47%，金沙江下游攀枝花到宜宾之间占8.93%，岷江河段占24.02%，嘉陵江河段占15.49%，乌江河段占11.38%，长江干流宜宾到宜昌之间占16.23%，长江上游干支系流域的水资源分布总体均匀。[③]

第二，土地资源。土地是人类生存和发展的基础，为农业生产和城乡建设提供必要的场所。土地具有供给稀缺性、用途多样性、变更困难性、增值性、报酬递减可能性、产权与不动产等经济特征。具体功能表现为四个方面：一是生物质的生产功能；二是城乡环境的调解、净化、循环、缓冲等生态服务功能；三是农民的基本生计来源功能；四是支撑城乡社会经济发展和基础设施建设的空间需求。

[①] 石培礼,吴波,程根伟,罗辑. 长江上游地区主要森林植被类型蓄水能力的初步研究[J]. 自然资源学报, 2004 (3): 351-360.

[②③] 李纯龙. 长江上游大规模水库群综合运用联合优化调度研究[D]. 武汉：华中科技大学, 2016.

长江上游地区地域辽阔，土地面积113.75万平方千米，占我国国土面积的11.85%，土地资源在长江上游表现出的特点：一是总量丰富，人均占有土地资源达7533平方米，居长江流域首位，长江上游地区相对于中下游地区而言地域更为辽阔，约为中游的1.8倍、下游的2.7倍；二是土地利用类型多样，因地形的多样，长江上游森林、农田、草地、水域等各种类型齐全。长江上游耕地面积约9.2万平方千米，占长江流域耕地面积的38.16%；林地面积为22.1万平方千米，占长江流域林地面积的46.26%；牧草土地面积22.27万平方千米，占长江流域牧草土地总面积的71.8%；淡水面积为75.46万平方千米，占长江流域淡水面积的44%。长江上游土地资源潜力大，土地利用率达53.3%。[1]但长江上游也存在过度开垦的问题，一方面过度开垦占用了适宜植树、放牧、渔业的土地，忽略了因地制宜的重要性，陷入粗放取得经济效益的"陷阱"；另一方面在山地的部分耕地面积过大，易引发水土流失和土地荒漠化等生态问题。

第三，生物资源。长江流域山、水、林、田、湖、草浑然一体，是我国重要的生物基因宝库。从生态系统层次看，长江上游地区具有亚热带和山地气候条件下的多层次立体系统，少部分地区还形成了垂直分异。

四川省生物资源十分丰富，保存有许多珍稀、古老的动植物种类，是中国及世界重要的生物基因宝库。四川省野生植物资源种类繁多，有高等植物1万余种，约占全国总数的1/3，仅次于云南省居全国第二位。动物资源丰富，四川全省有脊椎动物近1300种，约占全国总数的45%以上，兽类和鸟类约占全国的53%。[2]贵州省生物资源繁多，有银杉、冷杉、珙桐、贵州苏铁等16种国家一级珍稀植物。野生动物种类丰富，有脊椎动物1053种，其中兽类141种，爬行类104种，鸟类509种，鱼类225种，两栖类74种；黑叶猴、黔金丝猴、黑颈鹤等15种列入国家一级保护动物。作为中国中药材的主产区之一，贵州省培植了4419种药用植物，培育了301种药用动物，近50种药材享誉国内外。[3]重庆市动植物种类多样，境内有2000余种维管植物，现今还有水杉、伯乐树、飞蛾树等具有1.6亿年历史的珍稀植物。重庆市也是中国中药材的主产区之一，人工和野生的中药材分布在山区，黄连、金银花、五倍子、黄柏、元胡、杜仲、厚朴等产量居全国首位。重庆市境内有380余种动物资源，其中珍稀野生动物有大灵

---

[1] 舒克盛．长江上游地区人口承载力研究 [D]．重庆：重庆工商大学，2008．
[2] 资料来源：《四川年鉴》(2017)。
[3] 贵州省政府网站信息。

猫、红腹锦鸡、水獭、猕猴、毛冠鹿、林麝等。①

第四，矿产资源。矿产资源是社会经济可持续发展的基石，是能源工业和原材料产业的重要来源。长江流域矿产蕴藏资源丰富，其中铊、锑、铜、铋、钨、锰等占全国储量的50%以上，更有锶、磷、钒、汞、钛、铯、硅石、芒硝等占全国储量的80%以上，储量较少的铁、铝、硫、金、银等也占到全国储量的30%以上。② 区域内的云南、贵州、四川、湖北、湖南、安徽等省均为我国的矿产资源大省，矿产资源及其相关产业成为这些地区的重要支柱产业。

4.1.1.4 民族与宗教

除区位、地理、资源以外，民族与宗教也对长江上游地区的城市分布与经济发展有着深刻影响。在民族的迁徙中，发生文明交融，由此形成独特的长江上游地域文化。在云南、四川、贵州、重庆四省市分布着大量规模不等的民族城镇与村寨，这些城镇、聚落与村寨在空间分布上呈现"大分散、小聚居"的特点，因此长江上游地区是我国典型的多民族聚居区。

长江上游是多民族聚居地区，人口除汉族外，还有苗族、彝族、藏族、土家族、羌族等41个少数民族，约占全国55个少数民族的75%。③ 从地域分布上看，聚居于四川省西部与云南省西部地区的有藏族、彝族、哈尼族、纳西族、傈僳族、白族、拉祜族、基诺族等世居少数民族。在云南省东部、贵州省大部以及重庆东部等地区则有侗族、傣族、壮族、僚族、黎族、仡佬族、苗族、瑶族、畲族等世居少数民族。贵州省东南部还较为集中的分布有殷商后裔水族。四川省是我国第二大藏族聚居区，我国最大的彝族聚居区，也是我国唯一的羌族聚居区。重庆市是唯一辖有民族自治地方的直辖市，辖区内既有民族自治地方，又有散居的大量少数民族，"大杂居、小聚居"特点鲜明，辖区内共有193.82万少数民族，其中：苗族50.24万人，土家族142.43万人，回族1.15万人。④

长江上游的四川盆地、云贵高原有着悠久的文化传统，区域内宗教有佛教、道教、伊斯兰教、天主教。该区域少数民族地区的信教人群，具有基数大且占人口比重大的特点，对当地经济社会发展和社群关系影响程度较深。

4.1.1.5 生态环境

综合生物多样性、生态功能的战略意义，长江上游是我国生态保护工作的重

---

① 资料来源：重庆市政府网站信息。
② 资料来源：水利部长江水利委员会网站，http://www.cjw.gov.cn/zjzx/lypgk/zjly/.
③ 宋先超. 长江上游民族地区生态环境与经济协调发展研究 [D]. 重庆：重庆大学，2008.
④ 资料来源：重庆市民族宗教事务委员会网站信息，http://mzzjw.cq.gov.cn/mzzjgk/8015.htm.

点区域。加之近年来习近平总书记"绿水青山就是金山银山"理念的提出，以及长江流域环境整治工作的开展，长江生态环境稳步改善，部分因经济发展带来的环境破坏与污染得到整治。有鉴于此，良好的生态环境孕育出得天独厚的陆生和水生物种资源。

第一，陆地生态环境。长江上游地区物草丰美，森林广袤。由于气候分异，植被垂直分布明显，海拔3900～4400米为高山草甸，3700米为高山冷杉、红杉针叶疏林，3000～3700米为亚高山暗针叶林，2500～3000米为针阔混交林，2500米以下为落叶阔叶林。根据地理上的划分，长江上游划分出3个植被地带，即中亚热带常绿阔叶林、高山草甸、灌草丛及高寒草原；3个植被区域，即亚热带山地寒温性针叶林、西部半湿润常绿阔叶林和青藏高原高寒草甸及高寒草原；7个植被区，即常绿阔叶林、落叶阔叶林、针叶林、矮林灌丛、高寒草原草甸、栽培植被、高山稀疏植被等集中形成的植被区。

长江上游森林主要分布在云南省北部、四川省西部的金沙江流域和大渡河流域，甘肃省南部和四川省北部的岷江、嘉陵江上游。长江上游其他林区主要为人工林和天然次生林。云南省在长江上游各行政区划的珍稀濒危植物数量上居全国第一位，四川省居全国第二位。金沙江、乌江、嘉陵江和长江上游干流流域内有着丰富的国家重点保护植物和珍稀濒危植物，也是植物保护工作开展的重点区域。同时区内生物资源丰富，高等植物1万余种，药用植物4100余种，野生脊椎动物1100余种，占全国总种数的40%以上。

第二，水域生态环境。长江上游地区水资源丰富，与地理环境相互影响，形成水生动物的天然保护站，是我国淡水鱼类种质资源最丰富的地区之一，共有鱼类261种，特有鱼种多达112种。区域内有国家级保护动物达氏鲟、胭脂鱼、白鲟、川陕哲罗鲑、两栖类的大鲵和哺乳类水獭。历史上，长江上游还孕育出备受珍视的国家级保护动物中华鲟，中华鲟的主要产卵场位于金沙江下游和长江上游重庆市以上江段，后来水利水电工程的修建阻隔了其产卵洄游的重要通道，长江上游的中华鲟自然种群自此不复存在。20世纪80年代以来，受到人类生产生活行为的影响，长江上游的鱼类种群日益减少，优越的渔业资源阶梯式减少，部分已沦为濒危物种。

第三，评述。从生态经济学的角度看，长江上游地区也存在生态问题，这间接成为长江上游地区大型水库移民脱贫攻坚工作的"瓶颈"，如何在保护青山绿水的基础上将青山绿水稳定转化为经济效益是破解发展"瓶颈"的可取之路。这些生态问题表现为三种：

一是水土流失日益严重。库区移民因此常年失去发展机会，尽管国家已经做出巨大努力，但长江上游地区的水土保持工作仍任重道远。二是产业分布密集，给生态环境造成巨大压力。在生态环保诸多整治措施颁布前，传统经济发展方式下，长江上游流域内的自然资源具有重要经济价值，粗放式发展中长江上游的生态环境局部受到不可逆的破坏，要想实现长期稳定繁荣，必定要转换生产方式，贯彻可持续发展的新发展理念。三是生态环境保护和开发的平衡尚无明确标准。现有学术研究更多着眼于发展绿色产业进而改善传统产业污染的替代路径，传统产业作为保护生态环境的排头兵，仍需要在这方面多下功夫。

4.1.1.6 经济社会发展

改革开放以来，长江上游地区有了很大的发展，已经具备了较为雄厚的经济实力。长江上游地区城市群密集，在新一线城市成都、重庆、昆明驱动下，构成整个长江上游地区的发展增长极。总体上，长江上游地区已成为具有较高经济总量、较快发展速度、较为完备产业结构、强劲发展势头及良好发展环境的经济快速增长区，并且溢出效应明显。按照前面区域划分，围绕长江上游大型水库所在区域的研究靶向，本书研究主要瞄准云南、四川、贵州、重庆四省市的经济社会发展现状。

（1）云南省。[①]

云南省总面积约39.4万平方千米，辖区内设8个地级市、8个自治州（共16个地级行政区划）、13个市辖区、13个县级市、74个县、29个自治县（共129个县级行政区划），共有1359个乡（镇、街道办事处）、13066个村民委员会（社区），详见表4-2。

表4-2　　　　　　　　2015年云南省社会经济主要情况统计

	项目	数量
行政单位	市（个）	16
	县（个）	129
	乡镇（个）	1359
	村（个）	13066
土地	面积（万平方千米）	39.4
	耕地（万亩）	9365.84

---

① 云南省人民政府工作报告、统计年鉴及上报数据（均为2015年数据）。

续表

项目		数量
年末人口	合计（万人）	4741.8
	农业（万人）	2687.2
	非农业（万人）	2054.6
人均耕地（亩）		3.49
劳动力（万人）		3490.0
地区生产总值	合计（亿元）	13717.88
	第一产业产值（亿元）	2055.71
	第二产业产值（亿元）	5492.76
	第三产业产值（亿元）	6169.41
农民人均纯收入（元）		8242

2015年，云南全省生产总值13717.88亿元，比上年增长8.7%，比全国高1.8个百分点。其中，第一产业产值2055.71亿元，增长5.9%。云南最大的支柱产业为烟草，除烟草外，糖业和茶业是云南的传统支柱产业，第二产业产值5492.76亿元，增长8.6%；第三产业产值6169.41亿元，增长9.6%。三次产业结构调整由上年的15.5∶41.2∶43.3调整为15.0∶40∶0∶45.0。全省人均国内生产总值29015元，同比增长8.1%。非公有制经济增加值6389.69亿元，占全省生产总值的46.6%，同比增长0.1个百分点。大力发展实体经济，扎实推进转型升级。大力实施创新驱动稳健发展战略，研发投入逐年增加。

2015年末云南省有4741.8万常住人口，同上年比增加27.9万人；有60.9万出生人口，当年出生率是12.88‰；有30.6万死亡人口，当年死亡率是6.48‰；经统计自然增长率是6.4‰，同上年比增加0.2个千分点。云南省有2054.6万非农业人口，有2687.2万农业人口，城镇化水平为43.33%，同上年比增加1.6个百分点。年末全省0～14岁人口829.8万人，15～64岁人口3490.0万人，65岁及以上人口422.0万人，劳动力人口比重73.60%。

2015年，云南省的居民人均可支配收入达15223元，同上年比提高10.5%。当年度，城乡居民的收入和支出均有明显提高。农村居民人均消费6830元，同上年比提高13.3%；城镇居民人均消费支出17675元，同上年比提高8.6%。

(2) 四川省。①

四川省辖区面积48.60万平方千米，位居我国第五位。地理位置极为重要，是中亚沟通南亚与东南亚的交汇结点和交通贸易走廊。气候在部分地区垂直变化大，气候类型区际差异大，有利于农、林、牧产业协同发展。2017年，四川省辖21个市（州）、183个县（市、区）、4303个乡（镇）、46240个行政村。本年度有93万出生人口，人口出生率是11.26‰；有58万死亡人口，人口死亡率是7.03‰；人口自然增长率是4.23‰。年末共有8302万常住人口，新增人口40万，其中4217万是城镇人口，4085万是乡村人口，据此人口城镇化率是50.79%，同上年比增加1.58个百分点。四川省社会经济主要情况见表4-3。

表4-3　　2016年和2017年四川省社会经济主要情况统计

项目		2016年	2017年	增长
涉及行政区域	市（州）（个）	21	21	—
	县（市、区）（个）	183	183	—
	乡（镇）（个）	4303	4303	—
	行政村（个）	46240	46240	—
人口数量（万人）		8262	8302	40
人口占全国人口比重（%）		5.98	5.97	-0.01
城镇人口占全省人口比重（%）		49.21	50.79	1.58
地区生产总值（亿元）		32680.5	36980.2	4299.7
全省第一产业值占总值比重（%）		12.0	11.6	-0.4
全省第二产业值占总值比重（%）		42.6	38.7	-3.9
全省第三产业值占总值比重（%）		45.4	49.7	4.3
在全国国民生产总值排名（位）		6	6	—
人均GDP值（元）		39695	44651	4956
农村居民基本情况	人口数量（万人）	4196.3	4085.0	-111.3
	人均可支配收入（元）	11203	12227	1024
	人均耕地（亩）	0.96	1.06	0.1
	人均住房面积（平方米）	40.9	40	-0.9

① 资料来源：《四川省人民政府工作报告》《四川省国民经济社会发展统计公报》及《四川省统计年鉴》。

2017年，四川省经济高质量发展，社会和谐繁荣。地区生产总值共计36980.2亿元，按可比价格计算，同上一年度相比实现8.1%的增长，人均44651元，同上一年度相比实现7.5%的增长。三次产业增加值稳步增长，产业结构升级转型效应明显，三次产业结构从11.9∶40.8∶47.3转为11.6∶38.7∶49.7。其中第一产业增加值4282.8亿元，涨幅3.8%，对经济增长的贡献率是5.5%；第二产业增加值14294.0亿元，涨幅7.5%，对经济增长的贡献率是40.8%；第三产业增加值18403.4亿元，涨幅9.8%，对经济增长的贡献率是53.7%。四川省经济发展总体稳健，有效投资规模持续扩大。投资方面交通等基础建设全面铺开，文化等第三产业不断完善，在吸引外来游客创收方面持续发力，近年来文旅、科创、媒体、康养等产业消费快速上涨。四川省作为对接中亚和南亚的关键枢纽，也是"一带一路"项目的重要节点，经国家统一规划，成都市在原有双流国际机场之外，修建天府国际机场，雅康高速、西成高铁顺利通车，成渝双城经济圈促成更加紧密的成渝协同关系，水陆空交通线的便捷程度不断提高。四川省持续推进"制造强省"战略，共计完成9181亿元工业投资，工业利润实现同比增长29%。建筑房地产业总产值首次实现万亿元突破。2017年，联合国世界旅游组织第22届全体大会在成都市顺利召开，四川省的旅游名片郑重向世界发出，旅游业生产总值达到8923亿元。

同上年相比，居民消费价格上涨1.4%，其中居民的居住类消费上涨2.4%，教育支出和文娱类消费上涨4.1%，医疗保健等消费上涨4.2%。按该年度常住地分，四川省城镇居民人均可支配收入达到30727元，同上一年度比提升8.4%；而农村人均可支配收入为12227元，同上一年度比提升9.1%。

(3) 贵州省。[①]

贵州省地处中国西南内陆地区腹地，是中国西南地区交通枢纽、长江经济带重要组成部分、全国首个国家级大数据综合试验区、世界知名山地旅游目的地和山地旅游大省、国家生态文明试验区、内陆开放型经济试验区。

贵州境内地势西高东低，自中部向北、东、南三面倾斜，素有"八山一水一分田"之说。全省地貌可概括分为高原、山地、丘陵和盆地四种基本类型，其中92.5%的面积为山地和丘陵。总面积17.62万平方千米，属亚热带季风气候，地跨长江和珠江两大水系。[②]

2015年，贵州省经济社会基本情况详见表4－4。2017年贵州省有3580万常

---

① 资料来源：《贵州省人民政府工作报告》《贵州省大中型水库移民后期扶持"十三五"规划》。
② 贵州省人民政府网站（2019年1月31日）。

住人口，同上一年度比增加 25 万人。依据城乡地域划分，贵州省城镇有 1647.52 万常住人口，同上年比提升 1.87 个百分点；农村有 1932.48 万常住人口，同上年比下降 2.67 个百分点。

表 4-4   2016 年和 2017 年贵州省社会经济主要情况统计

指标	2016 年	2017 年	增长率（%）
总面积（万平方千米）	17.62	17.62	—
耕地面积（万公顷）	456.26	456.26	—
总人口（万人）	4452.80	4474.94	0.50
年末常住人口（万人）	3555	3580	0.70
农村常住人口（万人）	1985.47	1932.48	-2.67
农村居民人均可支配收入（元）	8090	8869	9.63
农村居民人均消费支出（元）	7533	8299	10.17
城镇居民人均可支配收入（元）	26743	29080	8.74
城镇居民人均消费支出（元）	19202	20348	5.97
全年财政收入（亿元）	2409.35	2650.02	9.99
一、二、三产业比例	15.8：39.5：44.7	14.9：40.2：44.9	

贵州省围绕总要求"守底线、走新路、奔小康"，坚持加快转型、加速发展、推动新跨越主基调，深入实施工业强省和城镇化带动形成合力主战略，奋力抓好稳增长、促改革、调结构、惠民生、防风险各项工作。截至 2017 年，贵州省完成 13540.83 亿元地区生产总值，同上一年度比提升 10.2%；人均生产总值为 37956 元，同上一年度比提高 4710 元。按三次产业的产值进行划分，三次产业当年度的结构比为 14.9：40.2：44.9。全省以下沉的精神，把治理能力现代化建设与提高服务质量作为瞄准，深化"三去一降一补"供给侧结构性改革，紧扣降低工业生产成本的关键，依靠丰富的水电资源实施"降电费"举措，合理运用金融政策，吸纳地方存款用于地方经济建设。合理布局区内产业体系，用好科技创新这把利剑，先后引进国家 500 米口径球面射电望远镜（FAST 天眼）项目、"云上贵州"以及电子软件企业，实现产业发展的科技赋能，多方位多渠道招贤纳士，同时实现落后产能出列，1 亿吨产能过剩问题得到解决。创新提出"双千工程"，以数字化、信息化为重点推进 2230 家企业技术升级改造，改善营商环境，引进 1060 家前景广阔的企业。

2017年贵州省抓住东西部协作产业发展机遇，实现76.9万人新增就业，同上一年度比上涨1.5%。同时实施积极就业政策，通过创业带动生计赋能等一系列措施，实现14.39万失业人员再就业，进行常态化的就业技能培训，实现7.82万就业困难人员就业。以产业带动补齐发展短板，以就业创收实现贫困人口的生计赋能，破解乡村价难以实现的发展"瓶颈"，贵州省贫困人口共计280.32万人，实现123.69万人脱贫，贫困发生率7.75%，同上一年度比减少3.17个百分点。

（4）重庆市。[1]

重庆市地处长江上游，东邻湖北省、湖南省，南靠贵州省，西连四川省，北接四川省和陕西省，东西长470千米，南北宽450千米，面积8.24万平方千米。重庆市地处四川盆地东部，河流对地形的塑造作用明显，行政区划中部地势较低，南部和北部多山地，高差上形成"V"形截面，地貌和地形相互影响特殊性明显。地貌类型以低山、中山、台地、丘陵、平原五类为主，其中，中山面积占全市的51.7%；低山面积占全市的24.1%；丘陵面积占全市的18.2%；台地面积占全市的3.6%；平坝（原）面积占全市的2.4%。

重庆市下辖38个区县（26个区、8个县、4个民族自治县），2018年，重庆有3101.79万常住人口，同上一年度比增加26.63万人。常住人口中有2031.59万城镇人口，占比65.50%，同上一年度比提升1.42个百分点。2018年，重庆市人口出生率为11.02‰。

根据2018年《重庆市国民经济和社会发展统计公报》，重庆市生产总值共计20363.19亿元，同上一年度比提升6.0%，三次产业均有稳定增长，三次产业的纵深发展和结构优化逐步推进。实现1378.27亿元第一产业增加值，涨幅4.4%；实现8328.79亿元第二产业增加值，涨幅3.0%；实现10656.13亿元第三产业增加值，涨幅9.1%；三次产业当年度的结构比为6.8∶40.9∶52.3。重庆市持续推进减税降费，用供给侧结构性改革推进要素自由流通，发挥成渝经济圈的新增长极战略优势，2018年一般公共预算最终收入2265.5亿元，同上一年度比提升0.6%，包括税收同比提升8.6%，共1603.0亿元。该年度计划内实现人均可支配收入9.3%的增长，人均可支配收入为26386元。依据城乡常住人口标准划分，2018年度，城镇人均可支配收入为34889元，同上一年度比涨幅为8.4%；该年度农村人均可支配收入为13781元，同上一年度比涨幅为9.0%。

重庆市加大对传统支柱产业、战略性新兴产业和现代服务业的扶持力度，加

---

[1] 资料来源：《重庆市人民政府工作报告》《重庆市统计年鉴》《重庆市国民经济和社会发展统计公报》。

大招商引智和重点项目推进力度，规模以上工业形态逐渐完善，2018年，增加值实现稳定增长，约为9.6%。智能终端产品的销售市场继续拓展，电子制造业实现持续增值，增长幅度约为27.7%。新型智能产业方兴未艾，科技驱动成为企业发展的核心命题，政府在人才引进和企业转型升级中扮演"催化剂"，政策接续与地方政府精准发力，新型模块、节能材料、生物医药科技等新兴产业从研发到投产紧密围绕科技创新，实现25.7%的增加值增长。重庆市是我国政府购买公共服务的前列城市，借助社会力量引入市场的竞争机制，提高服务的质量和匹配度，借助服务业综合改革试点项目等优质平台，嵌入大数据，多元的服务提供者将加速个性化社会服务的培育。重庆市加快国家大数据综合试验建设区，多渠道补齐软件产业短板，软件信息产业综合收入实现17%的增长。近年来，中国同全球各国均在新能源机动车研发方面攻坚克难，以期减少机动车对不可再生资源的依赖，以及减弱汽车尾气对大气环境的污染，重庆市汽车产业的发展方向主要是两条线，一是智能化，二是实现动力的新能源转型，经科技攻关目前已有大批新车型投产上时。不仅是工业，重庆市也在旅游服务业方面加大景点建设力度和资金投入，2018年实现总收入25%的增长。借国家铁路网完善的便捷，重庆积极探索中亚到南亚，中亚到北亚，以及全球交际圈的友好贸易关系，具体表现为"中欧班列""渝黔贵新"，为重庆的产品销售提供新的选择路径。综合国际国内两个市场，重庆不断出台创新措施优化营商环境，健全服务实体的金融平台，2018年度社会融资共计6300亿元，战略性构建开放型经济体制，凭借中新互联互通实现20.6亿美元跨境融资准备。

4.1.2 移民基本情况

新中国成立以来，长江上游兴建了一批大型水利水电工程，经科学规划后有效利用，作用于经济和社会的各项事业，为长江上游干支流流域经济持续、稳定、快速发展起到了重要促进和保障作用。据重庆市水利局统计，截至2017年底，长江上游已建、在建大型水利水电工程共46座。由于受多方面因素的影响，已建大型水库不同程度存在一些遗留问题，工程建设时期越早，移民问题越多，矛盾越突出。2006年国家大中型水库移民后期扶持政策颁行以来，经过各级政府和有关部门的共同努力，特别是"十二五"期间高位推动移民后期扶持政策的精准落地，移民生活条件得到一定程度的改善，生产生活水平有了较大提高，但移民区和移民安置区与当地经济社会发展水平、移民与当地居民的生产生活水平仍存在一定差距。

从移民群体本身来看，库区移民属于非自愿移民群体，其恢复重建与社会重构是一项庞大而复杂的系统性工作，随着市场经济体制的不断深入、财产权利意识的不断强化，各级政府、开发业主、库区移民、安置地居民等不同利益主体之间的博弈关系越发复杂，因此，需要后期扶持与扶贫开发双管齐下，并驾齐驱。从长江上游大型水库区域环境来看，其既有连片贫困地区，也有少数民族地区，库区移民表现出的特点如下：第一，与其他集中连片特困地区相比，长江上游大型库区移民的民族文化独特、宗教文化影响深远、非正式制度作用巨大，在迁出原居住地后，移民的生产、生活条件与资源都或多或少发生变化，由此与其他地区库区移民具有异质性；第二，因水电工程建设需要，大型水库多地处高山峡谷和省际毗邻区，远离交易中心且市场分割较为严重，信息交流相对闭塞，交通运输成本高，经济中心的产业带动和辐射效应减弱；第三，大型水库集民族地区、连片特困地区、农牧区于一体，且部分属于国家主体功能区分类中的限制开发区和禁止开发区，生态脆弱与贫困问题高度耦合。[1][2]

根据长江上游大型水库区域划分的结论，充分考虑地方政府库区移民的政策实践，结合数据可得性的现实性因素，本书分云南省、四川省、贵州省、重庆市、甘肃省陇南市与陕西省汉中市6个大区域总结长江上游大型水库移民的基本情况。

（1）云南省。[3]

截至 2015 年底，云南省大型水库移民涉及 16 个州（市）125 个县（市、区）、810 个乡（镇）、4469 个村委会、14866 个村民小组，涉及 147.7 万户，连带影响人口达 613.52 万人。

云南省水库移民后期扶持政策自 2006 年 7 月 1 日开始实施，根据各州（市）分年度核定情况分析，涉及大型水库移民后期扶持工作的 16 个州（市），昆明市、曲靖市、楚雄州、玉溪市、红河州、文山州 6 个州（市）2006 年一次核定移民人数占总移民人数的比例超过 50%，以老水库移民为主；昭通市、普洱市、大理州、丽江市、临沧市 5 个州（市）以 2006 年后核定的新水库移民为主；保山市、德宏州 2 个州（市）新、老水库移民数量基本相当；西双版纳州、怒江州、迪庆州 3 个州移民绝对数量较小，且基本为新水库移民。

依据国务院《关于完善大中型水库移民后期扶持政策的意见》，云南省按照 2017 年工作要求统筹安排，开展移民后期扶持人口核定工作，新增核定人口为

---

[1] 张付梅，卫建华，周会玲.水库非自愿移民后期扶持方式探索［J］.现代农业，2013（9）：67.

[2] 何思妤，曾维忠，庄天慧.长江上游大型库区移民多维贫困的空间分布特征及影响因素［J］.四川师范大学学报（社会科学版），2019，46（3）：63-71.

[3] 资料来源：《云南省大中型水库移民后期扶持政策实施情况监测评估报告》。

30856 人，截至 2017 年末，23 个县（市、区）核定的移民后期扶持人口为 260936 人。

云南省水库移民工作开展以来，截至 2017 年末 23 个县（市、区）共投入项目建设资金 64621.053 万元，实施完成后扶持项目 989 项，随着后期扶持项目的实施，与移民生产生活密切相关的灌溉难、行路难等突出问题逐步得到解决，在提高生活便利度的同时也极大地促进了当地经济发展，带动地方相关产业的形成和发展，生产生活条件得到改善，移民发展产业和积极就业的信心高涨，"钱袋子"鼓了起来，村容村貌明显改善，库区和移民安置区社会稳定，移民与当地居民和谐相处，后期扶持政策实施效果良好，移民群众积极支持和拥护国家后期扶持有关政策，群众反映较好，评价较高。

（2）四川省。①

截至 2015 年底，四川省水库移民后期扶持人数 1087866 人，其中省内工程移民 1063786 人；接收安置省外工程移民 24080 人，涉及工程 160 座。涉及 21 个市（州）、175 个区（县）、2893 个乡（镇）、16481 个村、52331 个组。

2017 年底，全省 16649 个移民村农村居民人均可支配收入 12227 元，其中移民人均可支配收入 11830 元。在全省移民村农村居民人均可支配收入水平以下的有 642151 人，占后期扶持人口总数的 57.82%，在全省农村居民人均可支配收入水平以上的有 468537 人，占后期扶持人口总数的 42.18%；移民劳动力总人口 747439 人，其中输出移民劳动力 333617 人，占移民总劳动力的 44.63%。移民人均耕地面积 0.97 亩，人均住房面积 36.89 平方米；参加新型农村养老保险人数 549999 人，占后期扶持劳动力人口总数的 49.52%。

2017 年度，四川省特殊困难移民共 25193 户、72245 人，其中居住不安全的移民 3627 户、10292 人，生活困难的移民 22868 户、65722 人。四川省扶贫和移民工作局将大中型水库移民人口信息与扶贫建档立卡人口进行了对接，2017 年建档立卡贫困人口涉及移民村 1702 个，建档立卡贫困移民共 12507 人。

2017 年，四川省按照中央和省委省政府关于打赢脱贫攻坚战的总体部署，针对当时水库移民工作面临的新形势、新情况和新问题，加强后期扶持项目及资金管理，投入移民专项资金 171000 万元，积极开展移民避险解困试点工作，有序推进水库移民美丽家园建设，加强移民培训，促进移民增收。通过基本口粮田与农田水利、基础设施、社会事业基础设施、生态及环境、技能培训与职业教育、生产开发等项目，移民"六难"问题逐步得到有效缓解，移民区和移民安置

---

① 资料来源：《四川省大中型水库移民后期扶持政策实施情况监测评估报告》。

区基础设施明显加强，移民群众生产生活条件进一步改善，基本公共服务水平显著提高，贫困人口数量和比重明显下降，生态环境得到有效保护，自我发展能力进一步增强，部分移民人均可支配收入达到或超过当地平均水平。水库移民现状如下：

一是收入得到明显提高。通过后期扶持政策的实施，2017年，农村移民收入明显增长，移民与非移民差距进一步缩小。2017年农村移民人均可支配收入11830元，比2016年增长11.3%，增长幅度超出全省农村居民年增长速度（9.1%）2.2个百分点。

二是贫困移民及特殊困难移民人口逐年减少。2017年涉及贫困移民的村1702个，建档立卡贫困移民12507人，较2016年底（43823人）减少31316人。特殊困难移民共25193户72245人，较2016年（119178人）减少46933人。

三是库区和移民安置区基础设施条件得到明显改善。2017年四川省通过资金切块，政府整合，采用交通基础设施建设、水利基础设施建设等项目扶持，库区和移民安置区硬件基础得到前所未有的改善，移民的幸福感不断提高，"六难"（出行难、安全饮水难、上学难、吃饭难、劳动力就业难、住房难）问题有了明显改善，为移民脱贫致富奠定了坚实基础。2017年通电的移民组53668个，实现了移民组通电全覆盖。通公路的移民村16615个（通畅13422个、通达3193个），占移民村比率99.80%，较2016年提高了0.27个百分点；通机耕道的移民组52429个（通畅43306个、通达9123个），占移民组比率97.70%，较2016年提高了3.24个百分点。

四是移民居住环境明显改观。截至2017年底，四川省避险解困项目的实施彻底改变了特困移民生存环境，为移民创造了新的机遇；特殊困难移民整体解困规划的实施，有针对性地解决了特殊困难移民在基础设施、产业发展、公共服务、移民建房、移民培训等方面存在的突出问题，实现了特殊困难移民整体解困。

（3）贵州省。[①]

2006年，国家核定贵州省大中型水库移民后期扶持人口427999人，但近年来，随着水资源开发利用的不断深入，贵州省新建水库数量逐年增多，随之产生的水库移民人数也有了较快增长。截至2017年，贵州省共核定登记大中型水库移民后期扶持人口621630人，其中直补464702人、项目扶持156928人，全省移民及连带影响人口共计230万人左右，分布在全省10个市（州、区）、82个县（市、区）、645个乡（镇）、3747个村（社区）。截至2017年底，全省有251

---

① 资料来源：《贵州省大中型水库移民后期扶持政策实施情况监测评估报告（2017年）》。

个建档立卡移民贫困村，建档立卡贫困移民30379人。

贵州省大中型水库移民大多数居住在边远山区、贫困地区，生存发展条件相对落后，加上移民劳动力综合素质较低，致富能力较差。尽管中央和贵州省财政曾投资对中央和地方大型水库移民遗留问题进行过处理，但库区和移民安置区基础设施建设和经济发展仍然滞后，主要表现在三个方面：一是耕地面积少，大型水库移民人均耕地只有0.73亩；二是生产条件差，用水安全、医疗条件等问题没有得到有效解决，163个移民村29644位移民群众存在着饮水不安全情况，48个移民村没有卫生室，613个移民村没有接入互联网宽带等问题；三是收入水平低，2017年全省大型水库移民人均可支配统计结果为8530元，而贵州省农村人均可支配收入统计结果为8869元，同比差距为339元。播州区和普定县移民人均收入分别为7316元和7179元。

鉴于此，贵州省根据国家政策对大型水库移民后期扶持直补人口进行直接补助。按照每人每年600元的后期扶持资金补助标准，对10个监测评估县提前拨付2017年四个季度后期扶持资金1.35亿元，保障了监测评估县内大型水库移民的基本生活。美丽家园建设项目的实施，改善了库区和移民安置区基础设施条件，方便了移民生产资料及农产品的运输和销售，促进了移民收入的增长和区域经济的发展。2017年贵州省下拨移民资金5251.84万元，投入10个监测评估县（市、区）库区和移民安置区基础设施建设，移民生产生活更加便利，不仅带动了移民经济发展，而且增加移民所在地县（市、区）固定资产投资，从而拉动了GDP的增长。据对10个监测评估县（市、区）的统计，2017年贵州省投入1.18亿元资金实施了72个移民增收项目。这些项目重点安排在全省10个监测评估县，主要包括门面购置、扶持农村产业、基本农田水利配套设施、移民培训等项目。

（4）重庆市。[①]

截至2015年底，全市水库移民涉及38个区县（自治县），国家核定移民后期扶持指标447886人。重庆市水库移民在"十一五"和"十二五"期间后期扶持的基础上，生产生活水平有了一定的提高。

移民大致可分为三种情况：一是少数移民已经达到或超过当地农村居民收入水平。工程建设时少数大中型水库库区移民分期分批安置在条件较好的场镇及公路边，与当地群众同等享受生产生活资源，住房及交通条件较好，加上直补资金和后期扶持项目扶持，其人均收入已经达到或高于当地群众收入水平。二是部分水库移民接近当地农村居民收入水平。部分大中型水库移民通过后期扶持资金直

---

① 资料来源：《重庆市大中型水库移民后期扶持政策实施情况监测评估报告（2018年）》。

补和项目扶持后,其收入已接近当地农村居民收入水平。三是生产生活困难,收入水平偏低。一定数量的老水库移民居住生活在武陵山区和秦巴山区、贫困地区和革命老区,生产资源匮乏,水土流失严重,土地贫瘠,生存环境恶劣,房屋破旧,收入极低,行路难、饮水难、用电难、上学难、就业难等问题仍较突出,社会事业落后,在原地建设基础设施的成本很高。还有为数不少的移民居住在山洪地质灾害易发区域,生命安全受到威胁。库区广大移民主要收入来源是农业生产和外出打工,之后是家庭副业。移民土地数量少,质量较差,种植技术落后,农业产量普遍偏低,农业收入相对较少。移民文化程度偏低,未经专业培训,无专业技术特长。移民人均可支配收入普遍低于当地群众的平均水平。无地或少地的移民收入水平更低,只能靠外出打工、副业养殖等收入来维持自己的最低生活。因此,解决无地或少地移民的长远生存问题是摆在各级政府面前的紧迫任务。

大中型水库修建后,环境容量严重不足,耕地数量少且质量普遍低于搬迁前的水平。据《重庆市大中型水库移民后期扶持规划(2011-2015年)》显示,全市规划区内人均耕地面积小于0.5亩的有65.61万人,占规划区总人数的14%;人均耕地在0.5~1亩之间的有266.54万人,占规划区总人数的57%。还有少量无地或少地移民,如黔江区桥南村人均耕地仅为0.28亩,有关区县均有类似情况存在。

移民所在区域基础设施现状:一是农村道路。"十一五"和"十二五"期间后期扶持项目资金加大了农村道路建设的投入,新修和整治了部分农村公路和人行便道,解决了部分群众和移民的出行难问题,但仍然面临较多的问题。全市库区和移民安置区还有部分村社不通公路,靠便道通行或渡船摆渡;部分村组虽通机耕道,但机耕道修建于20世纪70~80年代,陡坡弯多、路窄、晴通雨阻,新建或改扩建道路的成本极高;部分村组通过移民后期扶持资金、群众自筹和整合交通等部门支农资金修建了部分路段,但满足不了村民的通行需要,"出行难"问题是困扰移民生产生活和制约库区移民经济发展的"瓶颈"。二是农田水利。库区大多数水利工程建于20世纪50~70年代,加之年久失修,损毁严重,不能充分发挥其灌溉功能,一遇旱灾就大幅农业减产,且修复农田水利工程的难度很大,花费的成本很高。三是饮水安全。近年来国家虽然加大了对农村饮水安全的投入,但由于一些库区特殊的地理条件,部分农户饮水困难且不安全。四是社会事业。部分库区文化教育、医疗卫生等社会事业基础设施建设薄弱,农村中小学教学设备落后、师资力量不足,适龄儿童上学路途较远;乡镇文化建设和农村医疗卫生投入不足。居住险且穷的地方存在上学难、看病难的问题。

在产业结构方面,库区部分地方在种、养殖业方面一直沿袭传统的方式,部分移民观念陈旧，加上信息闭塞，缺少资金等因素的影响，不能形成农、林、牧、副、渔的配套发展格局，致使产业结构不合理。在种植业上片面强调粮食作物，忽视经济作物的发展。在林业与种植业发展上，长期存在争地矛盾，少地移民毁林开荒，促使生态恶化，形成恶性循环。

（5）甘肃省陇南市、陕西省汉中市。①

甘肃省陇南市大型水库移民21466人。甘肃省2018年移民人均可支配收入为6950.5元，较2017年的5989元增加961.5元，增长16.1%。从收入构成上看，2018年样本户家庭人均可支配收入主要来源于工资性收入和家庭经营净收入。甘肃省将水库移民、原住村民等连带影响人口纳入项目扶持，统筹协调了各类群体的利益，连带影响问题逐步得到解决。移民参与权得到保障、申诉渠道畅通，群众反映的问题能够得到妥善处理。

陕西省汉中市大型水库移民人均可支配收入为10689元，同2017年水库移民人均可支配收入9507元相比增长1182元，增幅为12.4%。陕西省汉中市有效解决了水库移民温饱以及库区和移民安置区基础设施薄弱的突出问题。据统计，截至2018年底，样本村村组道路硬化率达到81.2%，巩固安全饮水人口比例达到95.8%，电视信号覆盖率达到99%，有垃圾收集设施的组比例为87.5%，有污水集中处理设施的组比例达到41.7%；亮化照明比例达到66.3%，使用清洁能源比例达到54%，高中阶段毛入学率为81.8%，移民参加新农村合作医疗及养老保险比例分别达到98.5%和91.7%。

4.2 水库移民多维贫困测度

随着脱贫攻坚不断深入，库区移民农户收入虽然逐年递增，显性贫困逐渐得到缓解，但非自愿迁移导致的能力受损使得隐性贫困仍较严重，隐性贫困也将带来返贫风险。②而且，相较于原住民的贫困，水库移民的贫困治理更加复杂，水库移民的贫困不仅是经济单一维度的贫困，而且呈现出权利、能力、精神等多维度的贫困，它们相互作用，相互影响。水库移民的多维贫困问题亟须得到关注与妥善治理，否则将会给库区和移民安置区经济社会发展带来负面效应，将降低库区和移民安置区人力资本积累速度以及激化移民与原住民的利益冲突等。

---

① 资料来源：《甘肃省大中型水库移民后期扶持政策实施情况监测评估报告》《陕西省大中型水库移民后期扶持政策实施情况监测评估报告》。

② 赵旭，田野，段跃芳. 二重社会变迁视角下的库区移民介入型贫困问题研究 [J]. 农业经济问题，2018（3）：108-118.

4.2.1 多维贫困测量方法

（1）多维贫困测量及分解。

第一步，维度取值，构建多维贫困指标体系。设计移民农户家庭原始数据矩阵 $M \in (y_{ij})_{n \times d}$，其中，n 是移民农户样本数量，d 是测维度指标数量。即：

$$M^{n,d} = \begin{bmatrix} y_{11} & y_{12} & y_{13} & \cdots & y_{1d} \\ y_{21} & y_{22} & y_{23} & \cdots & y_{2d} \\ y_{31} & y_{32} & y_{33} & \cdots & y_{3d} \\ \cdots & \cdots & \cdots & & \cdots \\ y_{n1} & y_{n2} & y_{n3} & \cdots & y_{nd} \end{bmatrix}$$

行向量 $y_i = \begin{bmatrix} y_{i1} & y_{i2} & y_{i3} & \cdots & y_{id} \end{bmatrix}$ 代表个体 i 在所有维度上的取值。

列向量 $y_j = \begin{bmatrix} y_{1j} \\ y_{2j} \\ y_{3j} \\ \vdots \\ y_{nj} \end{bmatrix}$ 表示 j 维度上不同个体的取值分布。

第二步，进行贫困识别。依据指标临界值 z_j 和矩阵 $M \in (y_{ij})_{n \times d}$，计算剥夺矩阵 $[g_{ij}^0]$。剥夺矩阵 $[g_{ij}^0]$ 表示贫困户被剥夺情况的矩阵；如果贫困户在某指标 j 下处于被剥夺状态，则在剥夺矩阵 $[g_{ij}^0]$ 中给指标赋值为 1；否则，赋值为 0。

第三步，在剥夺矩阵中根据 ρ_k 确定出多维贫困个体。ρ_k 为考虑 k 个维度时识别贫困的函数。ρ_k 既受 z_j 的影响，又受 k 的影响，被称为双重临界值法。并将非贫困个体的剥夺值进行归零化处理。归零后的剥夺矩阵叫作已删减矩阵 $g^0(k)(n \times d)$，表示多维贫困个体指标的剥夺情况。k 为临界值，取值存在任意性。

第四步，根据 $g^0(k)(n \times d)$ 的贫困个体剥夺信息进行贫困加总，计算出平均剥夺份额（A）、多维贫困发生率（H）和多维贫困指数（MPI），运用 A、H 和 MPI 分析研究区域多维贫困情况（见表 4-5）。

表 4-5　　　　　　　　　多维贫困测算变量指标解释

变量名	解释
数据矩阵 M	数据矩阵 $M \in (y_{ij})_{n \times d}$ 表示农户个体指标原始信息的集合，n 是样本数量；d 是测量指标数量，即维度总数；y_{ij} 表示个体 i 在维度 j 上的取值

续表

变量名	解释
剥夺临界值 Z_j	剥夺临界值 $Z_j(1 \times d)$ 是测定各指标是否被剥夺的阈值,Z_j 表示 j 指标的剥夺临界值
剥夺矩阵 $g^0(n \times d) = [g_{ij}^0]$	剥夺矩阵 $g^0(n \times d) = [g_{ij}^0]$ 是个体被剥夺的情况,如果 $y_{ij} < Z_j$,则个体 i 在指标 j 上贫困,记 $g_{ij}^0 = 1$;如果 $y_{ij} \geq Z_j$,则个体 i 在指标 j 上不贫困,记 $g_{ij}^0 = 0$
列向量 c_i	列向量 c_i 是在剥夺矩阵 g^0 中被定义为个体 i 的总贫困维度数,记为 $c_i = [g_i^0]$
贫困临界值 k	贫困临界值 k 表示确定为贫困个体的维度数,其中,$0 < k \leq d$,多维贫困测算一般取值 1 到 d 之间
多维识别函数 ρ_k	ρ_k 为考虑 k 个维度时识别贫困的函数,当 $c_i \geq k$ 时,$\rho_k(y_i; z) = 1$;当 $c_i < k$ 时,$\rho_k(y_i; z) = 0$
已删减矩阵 $g^0(k)(n \times d)$	已删减矩阵 $g^0(k)(n \times d)$ 是用来存储贫困个体被剥夺的情况,与剥夺矩阵的区别在于已删减矩阵对剥夺矩阵中非贫困个体被剥夺的指标进行了归零处理
多维贫困发生率 H	$H = \dfrac{q}{n}$,其中,q 表示多维贫困人口,n 表示研究区总人口
平均剥夺份额 A_k	$A_k = \dfrac{\sum_{i=1}^{n} C_i(k)}{q(k) \times d}$,其中,$C_i(k)$ 表示在贫困临界值为 k 的情况下个体 i 被剥夺的指标数量,$q(k)$ 表示多维贫困人口,d 是测量指标数量
多维贫困指数 MPI(M_0)	$M(k) = U[g(k)] = H \times A = (\sum_{i=1}^{n} \sum_{j=1}^{d} w_j g_{ij})/(nd)$,表示一个地方贫困状况的综合指标,$w_j$ 表示指标权重
指标贡献度 β_j	$\beta_j = \dfrac{\sum_{i=1}^{n} w_j g_{ij} w_i/(nd)}{M(k)} = \dfrac{\sum_{i=1}^{n} w_j g_{ij} w_i/(nd)}{(\sum_{i=1}^{n} \sum_{j=1}^{m} w_j g_{ij})/(nd)}$,其中,$w_j$ 表示 j 指标的权重

(2) 多维贫困指标选择与定义。

目前,国际学术界对贫困表现多元性的特质已逐渐达成了共识。[1] 物质生活质量指数、收入和闲暇是较早对贫困进行多维测量的指标。[2][3] 阿马蒂亚·森(Sen,1985;1999)提出"可行能力",对贫困问题进行了创新研究,受到广泛

---

[1] UNDP. Human Development Report 1997, http://hdr.undp.org, 1997.

[2] Morris, M. D. Measuring the Condition of the World's Poor: The Physical Quality of Life Index [M]. New York: Pergamon Press, 1979.

[3] Hagenaars, A. A Class of Poverty Indices [J]. International Economic Review, 1987, 28 (3): 583 - 607.

关注和重视。在森等人贫困思想的启发下，联合国开发计划署（UNDP）建立了人类发展指数（HDI）和人类贫困指数（HPI）。

参照联合国开发计划署发布的《2014年人类发展报告》，依据《中国农村扶贫开发纲要（2011—2020年）》中不愁吃、不愁穿，保障其义务教育、基本医疗和住房的"两不愁、三保障"的多维脱贫目标，结合长江上游大型水库移民特殊生活状况，本书共选取了九个维度测量贫困，分别是教育、健康、劳动力、政治参与、农业技术培训（以下简称"农技培训"）、生活设施、公共服务、金融和资产。

同时，参照联合国开发计划署多维贫困指标剥夺临界值的确定，考虑到多维贫困指标赋权权重的动态性和主观性较大，故采用较为常用且相对简单的等权重法，即：各维度等权重以及同一维度内各指标等权重的方法，为客观反映水库移民农户的贫困状况、程度、致贫原因等提供判断标准，详细变量解释见表4-6。

表4-6　　　　　　　　维度、指标及临界值选取与设定

维度	指标	剥夺临界值
教育	家庭平均受教育年限	6（完成小学教育）
健康	家庭中患病人口数	1（如果家庭中有1个及以上的人口患病，则意味着处于健康贫困）
劳动力	家庭无劳动力人口数	1（如果家庭中有1个及以上的无劳动力人口，则意味着处于劳动力贫困）
政治参与	涉及党员、竞选村组干部、参与投票村组干部三个变量	1（如果家庭在各政治参与参与度上低于1个指标，则意味着处于政治参与贫困）
农技培训	家庭农技培训人口数	0（如果家庭中无参加农技培训人口，则意味着处于农技培训贫困）
生活设施	涉及住房安全、厕所、人畜混居、饮水安全、饮水困难、电、电话、电视八个变量	5（如果家庭各生活设施可及性上低于5个指标，则处于生活设施贫困）①
公共服务	到村委会、集市、乡镇政府、县城、小学、诊所、医院的往返时间和到最近硬化公路的距离	3（如果家庭在各公共服务设施可及性高于平均时间和距离的指标低于3个，则意味着处于公共服务贫困）②
金融	欠债超过当年家庭纯收入或有急事借不到钱	0=否，1=是

续表

维度	指标	剥夺临界值
资产	房屋价值和生产性工具、交通工具、耐用品用具拥有量两个变量	1（房屋价值未达到房屋价值均值的60%，即1.71万元和生产性工具、交通工具和耐用品用具的拥有量小于3，则意味着处于资产贫困）

注：①汪三贵，张伟宾，陈虹妃等. 少数民族贫困变动趋势、原因和对策 [J]. 贵州社会科学，2012（12）：85-90.

②杨龙，徐伍达，张伟宾等. 西藏作为特殊集中连片贫困区域的多维贫困测量——基于"一江两河"地区农户家计调查 [J]. 西藏研究，2014（1）：69-77.

4.2.2 水库移民多维贫困测量

（1）本书数据来源与样本描述。

本书数据来源于课题组于2016~2019年多次深入金沙江、雅砻江、嘉陵江、大渡河、岷江和乌江6大流域的实地调查数据，涉及9个县（区）、32个乡（镇）、41个村427户1721名农村移民，按照严格的分层等距抽样方法，问卷有效回收率达到94%。

样本的基本特征见表4-7。从表中信息来看，家庭成员平均受教育年限仅为5.94年，说明移民农户整体受教育程度偏低；家庭成员健康情况不容乐观，均值仅为1.64，据课题组调查了解，接近一半的移民家庭都存在一两种慢性病，比如关节炎和妇科病等；相应地，家庭平均劳动能力水平也受到健康因素的影响，均值仅为1.73，对移民农户家庭收入将会造成一定的负向影响；从家庭厕所类型来看，均值为0.53，据课题组实地调查发现存在此类情况的移民家庭大多数集中在"三区三州"①；家庭住房、饮水、通电、燃料和家庭耐用消费品数量情况的均值显示，大部分家庭设施、能源使用情况未能完全达到美丽家园建设②的要求，移民生产生活条件改善还不显著。

---

① "三区三州"指西藏自治区，甘肃、青海、四川、云南四省涉藏地区，新疆维吾尔自治区南疆四地州和四川凉山彝族自治州、云南怒江傈僳族自治州、甘肃临夏回族自治州。

② 美丽家园建设项目包括：人居环境改善项目的实施有效解决移民的居住安全问题，对移民的旧居房屋风貌加以改造，居民点内的绿化美化、路面硬化等项目的实施，使移民居住会更加舒适，家庭幸福指数进一步提高；通过对移民区和移民安置区基础设施的建设，能有效改善和完善移民的生产生活条件，提高移民生产生活水平，而且能直接或间接增加移民的经济收入；社会事业项目的实施有效健全公共服务体系，提升公共服务能力，使移民区和安置区移民社会事业基础设施建设全面发展，移民群众物质和文化生活条件和水平将显著提升；生态环境项目实施，移民环境得到大大改善，水源将得到有效的保护，村组环境更加整洁、卫生，更有利于移民身心健康。进一步促进移民经济、社会和生态效益的可持续发展。

表4-7　　　　　　　　　　　样本基本特征

项目	极小值	极大值	均值	标准差
家庭人口数（人）	1	15	4.10	1.61
家庭成年成员平均受教育年限（年）	0	16	5.94	1.20
家庭成员健康情况（1=好；2=一般；3=不好）	1	3	1.64	0.82
劳动能力（1=普通劳动力；2=技能劳动力；3=部分丧失劳动能力；4=完全丧失劳动能力；5=无劳动能力）	1	5	1.73	1.07
人均住房面积（平方米）	7.21	300	40.41	32.48
住房是否危房（1=是；0=否）	0	1	0.14	0.21
家庭厕所类型（1=无厕所或旱厕；0=水冲式厕所）	0	1	0.53	0.32
是否人畜混居（1=是；0=否）	0	1	0.12	0.47
家庭饮用水来源（自来水或井深5米以上的井水=0；否则=1）	0	1	0.22	0.47
家庭通电情况（1=常年通电；2=间隔通电；3=没有通电）	1	3	1.01	0.31
家庭燃料情况（全年做饭燃料充足=0；否则=1）	0	1	0.13	0.42
家庭耐用消费品数量（小于3个=1；否则=0）	0	1	0.03	0.19

课题组所调研流域，在教育、健康、劳动力、政治参与、农技培训、生活设施、公共服务、金融和资产9个维度各维度上的均值、最大值、最小值和标准差如表4-8所示。从表中数据可以发现，各流域在"农技培训"这个维度上的均值均未超过1，说明移民对农技培训的参与度较低。

表4-8　长江上游调研流域的多维贫困各维度均值、最小值、最大值和标准差

组别		教育	健康	生活设施	公共服务	金融	资产	农技培训	劳动力	政治参与
金沙江流域	均值	3.64	0.43	4.81	2.19	0.51	0.53	0.97	1.24	1.75
	最小值	0	0	2	1	0	0	0	0	1
	最大值	15	3	8	7	1	1	3	4	3
	标准差	1.04	0.74	0.91	1.83	1.07	1.02	1.78	1.92	1.89
雅砻江流域	均值	4.85	0.36	5.38	2.01	0.47	0.43	0.89	1.54	1.67
	最小值	0	0	3	1	0	0	0	0	0
	最大值	16	3	8	7	1	1	2	5	3
	标准差	1.87	0.72	1.01	1.42	1.54	1.78	1.96	1.47	1.91

续表

组别		教育	健康	生活设施	公共服务	金融	资产	农技培训	劳动力	政治参与
大渡河流域	均值	6.22	0.41	4.03	2.57	0.52	1.47	0.81	1.45	1.79
	最小值	0	0	2	0	0	0	0	0	0
	最大值	14	3	8	7	1	1	2	4	3
	标准差	1.60	0.73	1.62	3.01	0.76	1.21	1.47	1.77	1.92
岷江流域	均值	7.22	0.42	4.11	2.21	0.56	0.54	0.83	1.62	1.93
	最小值	0	0	2	0	0	0	0	0	0
	最大值	15	3	8	7	1	1	3	5	3
	标准差	1.61	0.71	1.62	3.00	1.21	1.01	1.92	1.57	1.98
嘉陵江流域	均值	6.22	0.51	4.12	2.41	1.38	0.34	0.91	1.97	1.94
	最小值	0	0	2	0	0	0	0	0	0
	最大值	16	3	8	7	1	1	2	4	3
	标准差	1.57	0.73	1.57	2.10	1.43	1.34	1.41	1.69	1.89
乌江流域	均值	7.51	0.49	4.04	2.35	0.62	0.43	0.77	1.75	1.67
	最小值	0	0	2	0	0	0	0	0	0
	最大值	13	3	8	7	1	1	3	4	3
	标准差	1.44	0.67	1.64	2.34	1.34	0.89	1.79	1.49	1.94
总体	均值	5.94	0.40	4.41	2.29	0.68	0.63	0.86	1.60	1.79
	最小值	0	0	2	0	0	0	0	0	0
	最大值	16	3	8	7	1	1	3	5	3
	标准差	1.20	0.73	1.62	2.81	1.52	1.74	1.73	1.81	1.82

（2）单维贫困测量。

所调查样本总体在所有9个维度中，长江上游移民农户家庭各维度均存在贫困剥夺，其中在教育贫困、农技培训贫困和健康贫困上受到的剥夺非常严重，以上三个维度的贫困均超过了60%。生活设施、政治参与和公共服务两个维度剥夺相对较轻，单位贫困发生率为36.21%、11.90%和24.31%，可以从表4-9和图4-1中看到单维贫困的基本情况。

表 4-9　　　　　　长江上游水库移民农户单维贫困发生率　　　　　　单位：%

维度	健康	教育	劳动力	农技培训	政治参与	资产	生活设施	金融	公共服务
移民农户	61.72	89.21	57.45	79.31	11.90	47.68	36.21	51.86	24.31

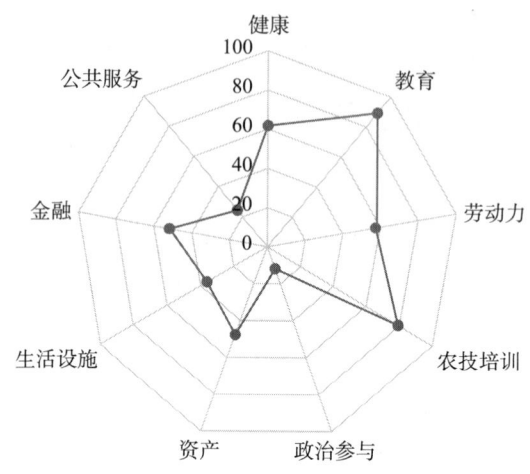

图 4-1　长江上游水库移民农户单维贫困情况

(3) 多维贫困测量。

不同剥夺临界值下的多维贫困发生率（H）表示移民农户在某一个指标下的贫困范围大小，即多维贫困户数在全部样本户数中的比例。M_0 则表示综合贫困程度，M_0 值越大说明越贫困（见表 4-10）。

表 4-10　　　　　长江上游移民农户多维贫困测量结果　　　　　　单位：%

指标 K	贫困发生率（H）	贫困剥夺份额（A）	多维贫困指数（M_0）
1	100.00	42.37	42.37
2	97.29	46.37	40.31
3	89.14	50.29	39.84
4	62.47	56.99	36.29
5	41.06	61.95	23.21
6	16.65	71.28	10.87
7	0.98	81.78	0.76

续表

指标 K	贫困发生率（H）	贫困剥夺份额（A）	多维贫困指数（M_0）
8	0	0	0
9	0	0	0

首先，由表 4-10 可知，当 K=1 时，移民农户贫困发生率为 100%（即所调查的 100% 的移民农户存在 9 个维度中的任意一个维度上的贫困剥夺），贫困剥夺份额为 42.37%，多维贫困指数为 42.37%。当 K=2 时，移民农户贫困发生率仍高达 97.29%，贫困剥夺份额为 46.37%，多维贫困指数为 40.31%。当 K=3 时，移民农户贫困发生率为 89.14%，贫困剥夺份额为 50.29%，多维贫困指数为 39.84%。当 K=4 时，移民农户贫困发生率为 62.47%，贫困剥夺份额为 56.99%，多维贫困指数为 36.29%。

其次，从变化趋势来看（见图 4-2）随着维度 K 值的不断增大，长江上游移民农户家庭贫困发生率（H）呈现逐步下降的趋势，多维贫困指数（M_0）与其相同，也呈现下降趋势，当 K 取值为 7 时，长江上游移民农户家庭贫困发生率下降到 0.98%，多维贫困指数下降到 0.76%。而与此相反，贫困剥夺份额（A）则呈现上升趋势，贫困剥夺份额为 81.78%。

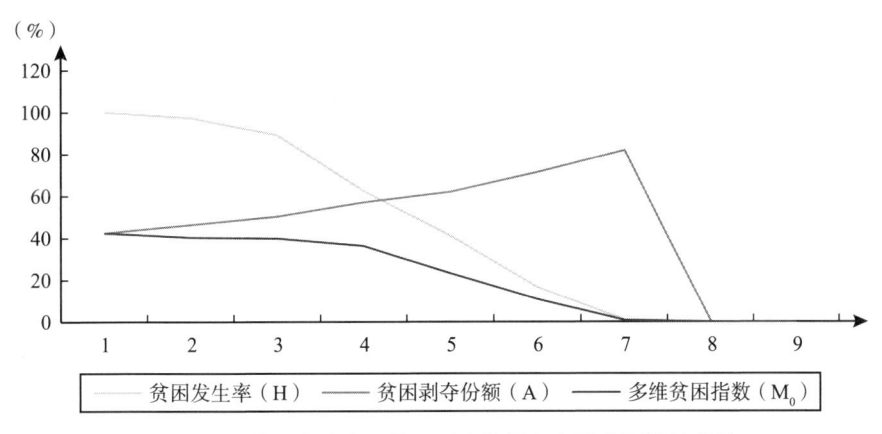

图 4-2 贫困发生率、贫困剥夺份额和多维贫困指数趋势

最后，从受剥夺的维度上来看，每户移民均受到 2 个或以上的多维剥夺，如图 4-3 所示，受到 4 个维度和 5 个维度剥夺的移民农户均达到 30% 左右，分别为 26.71% 和 30.01%，其次分别是 3 个维度、6 个维度、2 个维度和 7 个维度，没有一户家庭受到全部9个维度的剥夺。而承受7个维度剥夺的比例,接近1%。可见长江上游移民农户遭受的多维贫困问题不容忽视。

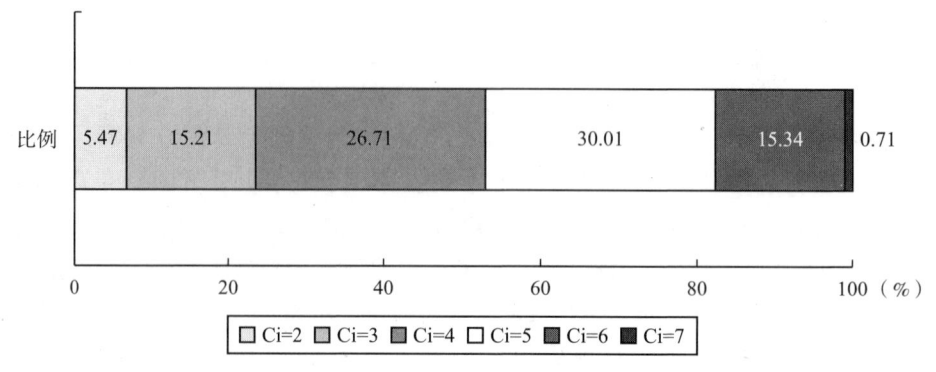

图4-3 长江上游水库移民农户受剥夺的维度数量

（4）多维贫困指数分解。

采用A-F方法,对多维贫困指数 M_0 进行了维度上的分解。计算得出不同K值下各个维度对多维贫困指数 M_0 的贡献率,具体结果见表4-11。

表4-11 长江上游移民农户多维贫困指数在不同K值下的维度贡献率　　单位:%

K	M_0	健康	教育	劳动力	农技培训	政治参与	资产	生活设施	金融	公共服务
1	42.37	15.21	14.98	15.41	14.76	0.41	9.84	7.31	10.46	6.17
2	40.31	17.21	17.89	16.23	16.98	0.51	15.75	6.21	14.07	4.64
3	39.84	17.97	18.76	17.34	17.63	0.60	17.05	8.41	14.49	7.14
4	36.29	18.67	19.51	18.02	17.99	0.44	16.57	10.23	14.89	9.44
5	23.21	19.98	19.72	18.81	18.02	0.61	15.99	12.97	13.29	7.74
6	10.87	21.02	20.08	19.82	18.47	0.48	14.59	13.93	14.76	10.01
7	0.76	21.98	21.07	19.89	19.71	0.41	13.29	14.71	14.01	13.29
8	0	0	0	0	0	0	0	0	0	0
—	均值	16.51	16.50	15.69	15.45	0.38	12.89	9.22	12.00	7.30
—	排序	1	2	3	4	9	5	7	6	8

如表4-11所示,当K取值为7的时候,长江上游移民农户健康、家庭平均受教育程度、劳动力和农技培训的贫困贡献率最大,均占到了15%以上的比例,

分别是21.98%、21.07%、19.89%和19.71%，这与实际调查了解的情况相同：健康状况作为反映人力资本的指标，由于移民农户受教育程度比较低，在生产经营活动中他们更依赖于体力劳动，健康与劳动能力对其增加收入的边际贡献更大。而教育与农技培训指标是移民人力资本形成的主要途径，反映了移民的知识储备和劳动技能，也可以体现其就业机会与薪酬水平。之后是生活设施，其贫困贡献率占到了14.71%。然后是金融、资产和公共服务，分别为14.01%、13.29%和13.29%。贫困贡献率最小的指标是政治参与，比例为0.41%。随着K取值的增大，总体来看，长江上游移民农户家庭贫困贡献率最大的指标依然是健康和劳动力，比例均达到了15%左右。贫困贡献率最小的指标是政治参与和公共服务。这个结果反映了我国对移民的后期扶持政策首先在公共服务上取得了成效。近年来，各级地方政府通过整合后期扶持资金与其他行业部门配套资金，大力建设移民区和移民安置区道路交通、供水供电、通信网络、文化教育、卫生医疗等设施，极大地改善了移民区和移民安置区的经济社会发展环境，促进了移民区和安置区社会经济的发展。随着移民后期扶持规划的实施，移民"行路难、饮水难、上学难、就医难、用电难"等突出问题得到缓解。据调查，2017年四川省通过修建了通村道路、通组道路、人行便道，改善了乡村交通条件，形成较完善的交通网络，基本解决了移民村生产、生活、资源开发的交通"瓶颈"问题，农村交通条件逐渐完善。据统计，通公路的移民村16628个（通畅13148个、通达3480个），占移民村比率99.87%，较2016年提高了0.34个百分点；通机耕道的移民组51566个（通畅32863个、通达18703个），占移民组比率96.10%，较2016年提高了1.64个百分点。

从各指标对多维贫困指数贡献率的趋势来看（见图4-4）。随着K值的增加，健康、教育、劳动力和农技培训四个指标对多维贫困指数的贡献率呈现逐步递增趋势，说明越是贫困程度深的群体，在这四个维度上的贫困剥夺越严重，而这四个维度的贡献率均值也排在前四位，说明这四个指标对移民农户多维贫困贡献较大，是减贫应该首先聚焦的问题。其他五个指标——政治参与、金融、资产、生活设施和公共服务贡献率变动不大，相对较为固定，说明针对这五个维度的帮扶减贫措施对任一移民农户均会产生效果。

（5）多维贫困按区域分解。

利用A-F方法的地区分解公式，本部分将金沙江、雅砻江、嘉陵江、大渡河、岷江和乌江6大流域水库移民家庭多维贫困指数M_0进行区域分解，进而得出各个区域水库移民家庭的贫困贡献状况。从表4-12可以看出，整体来看，当K取值为1时，大渡河流域水库移民农户家庭的贫困贡献率最高，为12.13%，其次

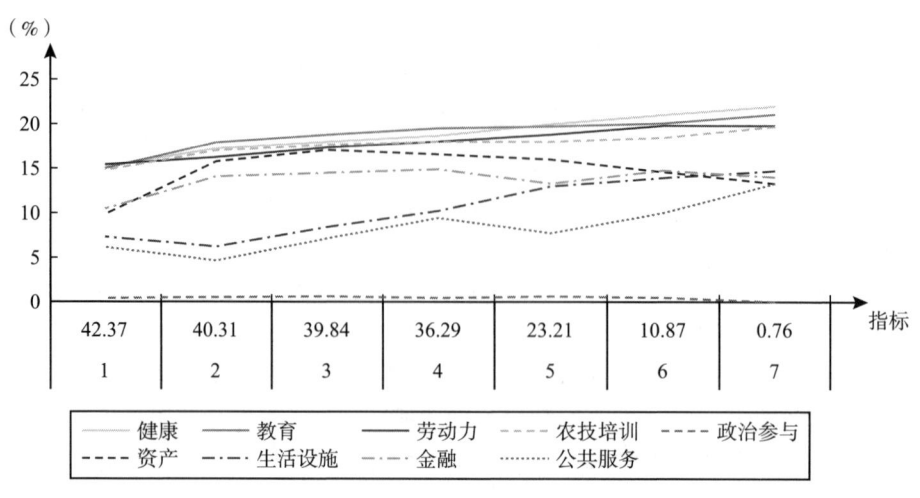

图 4-4　各维度对多维贫困指数贡献率趋势

是雅砻江流域为 10.85%，第三是岷江流域，为 9.59%。随着 K 值的增加，这三个流域的贫困贡献率呈现递增态势，当 K 取值为 3 时，大渡河流域水库移民贫困贡献率增加至 14.57%，雅砻江流域增加至 15.11%，岷江流域增加至 11.63%，以上三个流域的贫困贡献率依然位列前三。从分析中可以看出，从整体上来看，大渡河、雅砻江和岷江流域移民贫困家庭的贫困深度要大于其他流域。

表 4-12　　　　　　　不同 K 值下各区域多维贫困贡献率　　　　　　单位：%

区域	K=1	K=2	K=3
M_0	42.37	40.31	39.84
金沙江流域	7.23	8.10	4.18
雅砻江流域	10.85	12.53	15.11
嘉陵江流域	6.27	7.03	4.83
大渡河流域	12.13	13.69	14.57
岷江流域	9.59	10.60	11.63
乌江流域	5.15	5.29	1.57

4.2.3　研究结论与启示

（1）研究结论。

第一，每户移民农户均受到 2 个或以上的多维贫困剥夺，受到 4 个维度和 5 个维度剥夺的移民农户均达到 30% 左右，根据调查研究，移民农户中有高达

94.53%的家庭属于多维贫困范畴,并且在指标数量为4、5、6个的水平上仍分别有26.71%、30.01%、15.34%的移民农户被剥夺。这意味着调查区域内有接近三成的移民农户处于4或5维的多维贫困状态,说明多维贫困覆盖面较大,分布范围广。

第二,长江上游部分移民农户贫困剥夺维度超过了6个,表明部分移民农户贫困程度较深。由测量结果可知,有15.34%的移民农户在6个指标上被剥夺,0.71%的移民农户在7个指标上被剥夺。

第三,家庭平均受教育程度、劳动力水平、农技培训和健康情况是最短缺的四个贫困维度。在单维贫困上,家庭平均受教育程度、劳动力水平、农技培训和健康等指标上表现出较高的贫困发生率,分别为89.21%、57.45%、79.31%和61.72%,其中,教育、健康和农技培训的贫困发生率均超过了60%;从多维贫困指数的分解来看,这四个指标对多维贫困贡献率的均值均超过15%,贡献率合计超过了60%。更为值得关注的是,这四个贫困维度极容易形成一个贫困的恶性循环,且有贫困代际传递的风险。首先,调查区域移民农户家庭平均受教育年限仅为5.94年,受教育水平较低,加上长江上游库区和移民安置区自然条件较为恶劣,营收能力短时间难以恢复搬迁前水平,无法保证子女获得好的教育资源,容易导致移民家庭原始人力资本积累不足,造成收入低下,家庭长期患慢性病的成员无法得到及时有效治疗,健康受损直接导致劳动能力不足,对家庭收入水平产生负向影响,而收入减少影响子女的入学率,进而导致家庭教育程度受到影响。

第四,贫困程度越深的移民群体越需要在健康、教育、劳动能力和农技培训方面给予支持和帮扶。随着贫困维度的增加,健康、劳动能力、农技培训和教育这几个指标的贡献率呈现明显的递增趋势。

(2)启示。

基于以上研究结论,在长江上游水库移民多维贫困治理中应注重以下内容:

第一,应将多维贫困理念融入水库移民精准扶贫、精准脱贫实践当中。水库移民的贫困治理问题是学术界关注的热点,但以多维贫困视角开展的理论研究仍然较为缺乏。基于本书的实证研究结论,科研工作者和各级从事水库移民后期扶持和精准扶贫、精准脱贫的政策设计者和实践者应认识到水库移民贫困态势的严峻性,这不仅关系到我国能源的安全,更关系到"两个一百年"战略目标是否能顺利实现。长江上游水库移民的贫困不仅体现在传统的经济收入层面,更是覆盖健康、教育以及技能培训等方面多维度、综合性的贫困状态。

第二,应瞄准贫困维度采用多元化、复合性的帮扶和支持措施。长江上游库区和移民安置区是一个集民族地区和连片特困区于一体的区域。以往以水库移民后期扶持项目制为主导的贫困治理方式，缺乏因地、因户、因人施策的精准性。

第三，应针对该区域突出的贫困维度出台专项治理措施。针对长江上游库区和移民安置区多维贫困中尤为突出的几个维度，如教育、健康、劳动能力和农技培训，政府应出台瞄准性强的专项治理方案。例如，一是通过改善移民区和安置区乡级医疗服务条件，加强医疗社会救助体系建设，建立公共服务一体化协调机制，实行跨区域协作，推行异地就医结算，实现社会保障关系跨地区转移接续，同时进一步完善重大传染性疾病、突发公共卫生事件联防联控和相互支援机制。二是需要继续扩大"阳光工程""雨露计划"等项目的覆盖率和绩效，持之以恒地加强培训，有效化解移民贫困人口务工难、增收难等问题，提供可持续的脱贫致富保障。三是进一步开展移民村调查摸底，掌握移民村的资源条件、基础设施条件、区位条件、生产条件、人口规模、居住安全等情况，识别资源缺乏型、基础设施条件改善困难型等特点的移民村，梳理出贫困村组需要重点扶持的突出困难问题，采取美丽家园建设措施等有针对性地解决问题，通过"一村一策"、整村推进，切实改善移民人居环境，提高生产生活水平质量。四是加强资金整合力度，向库区和移民安置区发展倾斜。国家十四部委要求各地整合行业资金，合力促进移民区和移民安置区基础设施与经济发展，但据调查了解长江上游部分省份尚未形成部门资金整合平台。"十三五"时期，由于政府要求各项惠农政策围绕贫困村开展，仅纳入扶贫建档立卡的贫困移民村在资金整合方面效果较好，其他移民区和移民安置区基础设施建设资金仍主要来源于后期扶持资金。建议各省区市统筹水库移民后期扶持规划与当地经济发展规划、行业发展规划的编制，后期扶持"十四五"规划中明确农业开发、水利水电建设、交通设施、民政救济、扶贫解困等部门配套资金，实现资金集聚效益，促进移民生产生活困难问题有效解决、移民区和移民安置区基础设施进一步完善、经济社会更快发展。

第四，保持合理的人口规模有助于缓解移民家庭贫困状况，贫困家庭往往易陷入人口越多越贫困的怪圈。要合理引导移民家庭保持合理的人口规模，提升人口综合素质，消除人多力量大、多子多福的传统陋习。同时，应更加注重对人口的能力提升，加大非农就业转移培训力度以及政策倾斜力度。

4.3 水库移民多维贫困的空间分布特征及影响因素

中国政府为了改善库区移民生产生活，制定的前期补偿、后期扶持方略及系列脱贫解困政策大幅减少了农村移民贫困人口，近年来，库区移民生活水平普遍提高，不少移民摆脱了物质贫困，贫困发生率由 2012 年的 20.8% 下降为 2017 年的 2.2%，人均可支配收入比 2012 年提高了 89%，人均收入年增长速度快于全国农村居民 2 个百分点。[①] 然而，通过调研发现，库区移民农户收入虽然逐年递增，但是人均生活消费支出比重偏低，家庭收入增长和政策补偿缓解了移民显性贫困，但非自愿迁移导致的能力受损使得隐性贫困仍较严重，消费贫困率高也将带来返贫风险。[②] 而且，相较于原住民的贫困，库区移民的贫困治理更加复杂，库区移民的贫困不仅是经济单一维度的贫困，而是呈现出权利、能力、精神等多维度的贫困，它们相互作用、相互影响。库区移民的贫困问题亟须得到关注与妥善治理，否则将会给库区经济社会发展带来负面效应，将降低库区人力资本积累速度以及激化移民与原住民的利益冲突等。因此，本部分拟从以下三个方面来展开研究：第一，从移民生活消费视角出发，依据恩格尔理论和扩展线性支出系统模型建立多维贫困测度模型，测算、比较长江上游金沙江等 6 大流域库区移民的多维贫困指数，以期为今后库区移民贫困测量提供启示与借鉴。第二，展现与描述长江上游库区移民多维贫困的总体状况和空间差异。第三，探究空间贫困分布的成因，既有利于准确把握库区移民贫困的深层次、根本性因素，也益于为进一步探讨库区移民贫困治理方式提供理论借鉴，借此探寻库区移民后期扶持机制改革和政策创新之路。

4.3.1 数据来源与测算方法

（1）数据来源。

本书所用样本数据来源于课题组对金沙江、雅砻江、嘉陵江、大渡河、岷江和乌江 6 大流域大型库区农村移民的实地调查数据。

（2）贫困维度的选择。

长期以来，收入和消费支出作为衡量物质贫困的关键指标已得到学术界的普遍认可。伴随着我国减贫事业的发展，特别是《关于切实做好水库移民脱贫攻坚工作的指导意见》颁布实施以后，库区移民的收入贫困发生率大幅减少，但是，据调查，农村移民在消费上更为贫乏。由于缺乏足够的经济能力，不少移民为了后续医疗、子女教育和赡养老人等方面的保障进行预防性储蓄，大多数移民选择了省吃俭用、极少参与娱乐活动的生活方式，消费水平维持低位。这种物质生活上的贫困，不仅折射出移民不敢花钱的生活状态，更会对非收入维度贫困产生连

---

① 水利部移民司相关数据资料。
② 赵旭，田野，段跃芳. 二重社会变迁视角下的库区移民介入型贫困问题研究[J]. 农业经济问题，2018（3）：108 – 118.

锁反应和传导效应，进而影响其生活质量。因此，相较于收入水平，消费支出因更具有稳定性而更能精确地度量移民家庭福利水平，揭示库区移民真实的生存状态，本书研究拟从库区农村移民的生活消费性视角出发，以期较全面地反映农村移民的物质生活与精神生活。

按照国家统计局标准，我国农村居民生活性消费被划分为食品烟酒、衣着、居住、生活用品及服务、医疗保健、交通和通信、教育文化和娱乐、其他用品和服务等8大类，本书将这8大类消费作为库区农村移民贫困测量的维度，各具体含义见表4-13。

表4-13　　　　　　　　　库区移民消费各维度含义

消费维度	具体含义
食品烟酒	用于消费各类食品烟酒的支出，包括鲜菜、畜肉、鲜果、水产品等
衣着	用于各种服装、衣着加工服务费及鞋类的支出
居住	与居住有关的所有支出，包括租赁房房租、水电燃料等
生活用品及服务	各种家庭器具及家庭服务的支出
医疗保健	用于中西药、医疗服务等方面的支出
交通和通信	用于交通工具及其燃料、使用和维修，邮递通信服务等方面的支出
教育文化和娱乐	用于教育服务和旅游等支出
其他用品和服务	除上述消费支出项目之外的其他用品和服务支出

(3) 贫困指数的测算。

本书参考了恩格尔理论的构建思路，将基本需求支出作为衡量移民贫困指数的指标。[①] 见式 (4.1)，RPI_{ij} (relative poverty index) 表示 j 地区农村移民在第 i 消费维度的相对贫困指数，AO_{ij} (actual outlay) 表示 j 地区农村移民的在第 i 消费维度的实际支出。如果居民在第 i 消费品上的基本需求支出在其实际消费支出的占比较大，说明移民生活水平接近社会最低的消费支出水平，说明其相对贫困水平 RPI_{ij} 较高；反之，如果移民在第 i 消费品上的基本需求支出占比较小，说明其相对贫困水平较低。

$$RPI_{ij} = p_i q_i / AO_{ij} \tag{4.1}$$

基本需求支出 ($p_i q_i$) 是指人们为了维持最低生活水平的需要而必须购买的

[①] 陈立梅. 基于扩展线性支出系统模型的我国农村居民信息消费结构分析——来自1993~2009年的经验数据 [J]. 管理世界, 2013 (9): 180-181.

物品或服务,作为衡量库区移民在各消费维度上是否贫困的参考标准。本书利用扩展线性系统支出模型(extend linear expenditure system,ELES)来测算基本需求支出,该模型在1973年由经济学家拉奇(C. Luch)在线性支出系统模型的基础上改进而成,他认为居民的消费需求价格因素会影响居民的消费结构,而该分析模型能够全面地反映居民消费结构的各项指标,是目前国际上较为理想的消费需求分析模型。[1][2] 式(4.2)为ELES模型的基本形式:

$$\varphi_i = p_i q_i + \alpha_i (I - \sum_{i=1}^{8} p_i q_i) \quad (4.2)$$

其中,被解释变量 φ_i 表示农村移民在第 i 类消费品上的平均消费支出,p_i 和 q_i 分别表示第 i 类消费品的价格和基本需求量,模型参数 α_i 表示边际消费倾向,解释变量 I 表示农村移民人均年纯收入。该模型是基于移民的消费量由其收入与用品及服务的价格决定,且满足了基本消费需求之后才按边际消费倾向来确定其他非基本消费的假设。令 $\gamma_i = p_i q_i - \alpha_i \sum_{i=1}^{8} p_i q_i$,得到式(4.3):

$$\varphi_i = \gamma_i + \alpha_i I + u_i \quad (4.3)$$

u_i 为随机误差项,利用最小二乘法可估计出参数 γ_i、α_i;最后,将求得参数代入式(4.4),得到各类消费品的基本需求支出 $p_i q_i$:

$$p_i q_i = \gamma_i + \alpha_i [\sum_{i=1}^{8} \gamma_i / (1 - \sum_{i=1}^{8} \alpha_i)] \quad (4.4)$$

(4)多维贫困指数的测算和分解。

由各维度权重与相对贫困指数来测算多维贫困指数,首先确定权重 w_i,表示第 i 消费维度的权重,w_i 由熵权法来确定,模型如下。

将第 i 项评价指标的熵定义为 V_i,见式(4.5):

$$V_i = -k \times \sum_{j=1}^{6} f_{ij} \ln f_{ij} \quad (4.5)$$

其中,$f_{ij} = y_{ij} / \sum_{j=1}^{6} x_{ij}$,$k = 1/\ln 6$,$y_{ij}$ 表示 j 地区在第 i 维度的实际消费支出。假定当 $f_{ij} = 0$ 时,$f_{ij} \ln f_{ij} = 0$,k 为玻尔兹曼常数,令 $k > 0$。依据上述熵值定义,第 i 项评价指标的熵权 w_i 见式(4.6):

$$w_i = \frac{1 - V_i}{\sum_{i=1}^{8} 1 - V_i} \quad (4.6)$$

---

[1] 巩师恩. 收入结构、消费结构与恩格尔定律:基于中国农村居民的实证研究[J]. 社会科学研究,2013(6):27-31.

[2] 肖立. 我国农村居民消费结构与收入关系研究[J]. 农业技术经济,2012(11):91-99.

MPI$_{ij}$表示 j 地区农村居民的多维贫困指数,见式(4.7)。

$$\mathrm{MPI}_j = \sum_{i=1}^{8} w_i \mathrm{RPI}_{ij} \tag{4.7}$$

农村移民消费支出各维度权重见表 4-14。

表 4-14　　　　　　　　农村居民消费支出各维度权重

项目	食品烟酒	衣着	居住	生活用品及服务	交通和通信	教育文化和娱乐	医疗保健	其他用品和服务
权重	0.1117	0.1231	0.1421	0.1233	0.1398	0.1004	0.1341	0.1255

然后,对多维贫困指数进行分解,依次计算 i 维度对多维贫困指数的贡献额和贡献率,见式(4.8)和式(4.9):

$$\mathrm{MPI}_i = (H_i \times w_i)/n \tag{4.8}$$

$$R_i = \frac{\mathrm{MPI}_i}{\mathrm{MPI}} = (H_i \times w_i)/(n \times \mathrm{MPI}) \tag{4.9}$$

其中,H_i 为 i 维度的贫困发生率,n 为样本总人口。

4.3.2　库区移民多维贫困的空间分布特征

(1)库区移民各维度基本消费特征。

利用实地调查所得的长江上游库区移民 2017 年人均纯收入及消费相关数据,通过式(4.1)~式(4.4)进行拟合,F 值与 t 值均在 5%的水平上通过检验,可决系数 R^2 除"衣着"与"其他用品和服务"这两个维度以外均高于 0.5,拟合效果较好,估计结果见表 4-15。

表 4-15　　　　　ELES 模型的参数估计与各维度基本需求支出

消费维度	γ_i	α_i	R^2	F	基本需求支出(元/人)
食品烟酒	653.040	0.197	0.821	181.010	1975.13
衣着	196.320	0.033	0.471	29.521	287.41
医疗保健	-245.160	0.085	0.721	97.825	475.13
交通和通信	121.350	0.172	0.617	45.123	497.28
居住	346.410	0.094	0.513	89.564	441.02
生活用品及服务	79.240	0.039	0.732	41.473	353.13

续表

消费维度	γ_i	α_i	R^2	F	基本需求支出（元/人）
教育文化和娱乐	−21.660	0.189	0.734	81.287	674.97
其他用品和服务	61.720	0.012	0.429	101.473	197.46

由表4-15可知，在被调查对象2017年的基本消费中，花费最大的部分为食品烟酒，人均达到1975.13元，占8类消费维度总体花费的42.30%，其主要原因是，安置区人多地少，调研的大部分库区都存在资源承载力低和环境容量不足的问题。据调查，高县油罐口库区移民人均耕地只有0.49亩，移民人均粮食仅246千克，而同期全县农民人均粮食产量为412千克。对不少移民来说利用自有田地种植粮食不能满足他们对食品的基本需求，耕地的有限性导致他们食品的自供能力较低。教育文化和娱乐人均消费674.97元，占总花费的13.77%，排在第二位。与其他学者针对农村居民消费分析的数据相比，[1] 增加了近13倍。虽然一方面，义务教育的有效推进和农村地区教育资助政策明显减轻了移民农户的负担，因学致贫比例大幅降低，但是另一方面，随着库区劳动力城镇转移就业人员大幅增加，仅四川省在2015年就输出移民劳动力276233人，达到48.06%，[2] 使得近年来移民子女进城入学比例递增，再加上外出务工人员通过自身工作经历更能反思、感悟到教育对下一代的重要性，促使其加大对子女教育的投入。同时，由于国家对农村幼儿园的补助名额较少，幼儿园入学费用对大多数农村家庭来说仍然较高，支出占比较大。排在第三位的是交通和通信，人均基本消费497.28元，占总花费的10.15%。针对水库移民安置工作中大农业安置面临的困难和挑战，各地政府及相关部门逐步实行农业安置、产业扶持与转移就业等多样化组合的安置方式，移民从事第三次产业经营性活动与外出务工人员逐年增加，本次调查中交通和通信消费基本需求所占比重较高也从侧面反映了这一趋势。排在第四位的是医疗保健，人均消费支出475.13元，占总基本支出的9.7%。据了解，目前移民资金用于移民村内卫生室等基本医疗配套设施的资金量较少，占移民后期扶持规划资金不足1%，村级医疗水平较低，一些移民村组一般疾病或疑难病症需到县级以及上医院诊治，医疗费用高，报销比例低，导致有大病的移民家庭负担沉重。排在第五位的是居住，人均基本消费441.02元，占8.9%。被调查对象

---

[1] 杨振，江琪，刘会敏等. 中国农村居民多维贫困测度与空间格局 [J]. 经济地理，2015 (12): 148-153.

[2] 四川省扶贫开发局相关数据资料.

中，有两类移民农户此类消费较高，一部分是老水库移民。据了解，老水库库区和移民安置区绝大多数分布在水淹区、旱山区、华蓥山地质沉陷区和石漠化区，山洪和地质灾害频发，移民农户逢灾必损，导致危房改建、住房修缮支出增加。另一部分是搬迁重建的移民农户，涉及新搬迁移民与避险解困二次搬迁移民户。排第六位的是生活用品及服务，人均消费353.13元，占7.2%。就调研所了解的情况来看，新搬迁的库区移民购置家电家具等生活用品花费较多，他们中不少农户反映尽管相关部门对搬迁重建所造成的物资损失，包括家具等可搬迁财物的损坏损失等有所补偿，但是有限的补助费难以满足他们当前的基本消费需求，短时间内难以恢复到搬迁前的生活水平。衣着与其他用品和服务分别排在第七位与第八位。

从各维度的边际消费倾向来看，α_i值均大于0，表明各维度消费支出与移民农户收入成正比。其中，食品烟酒、教育文化和娱乐、交通和通信的弹性系数较高，分别是0.197、0.189和0.172，表明这三类支出对收入变化最为敏感，收入的提高可以促进农村移民对改善型消费（食品烟酒、交通和通信）和发展型消费（教育文化和娱乐）的支出。

(2) 库区农村移民多维贫困空间分布特征。

按照式（4.1）和式（4.7）的计算方法分别计算出金沙江、雅砻江、嘉陵江、大渡河、岷江和乌江6大流域8个维度的相对贫困指数和多维贫困指数。

从长江上游整体来看，所有维度的相对贫困指标均低于1，表明长江上游库区移民的实际消费支出高于基本消费需求，移民个人生活消费的需要得到了基本满足。其中，库区移民教育文化和娱乐、医疗保障相对贫困指标平均值较高，分别是0.960和0.999，两项得分均接近于1，表示移民农户在教育文化和娱乐及医疗保健上的实际支出刚刚能够满足现实的基本需要。得分最低的是食品烟酒和衣着，分别为0.356和0.361，表明移民农户的生活水平已经达到"不愁吃、不愁穿"，"生存型"需求得到满足。从分析结果来看，最高得分是最低得分的3倍左右，说明移民农户在不同维度上的贫困程度差异比较明显。

从各流域数据来看，相对贫困指标值超过1的有3个，分别是金沙江流域移民在医疗保健上的均值为1.178，雅砻江流域移民在教育文化和娱乐上的均值为1.217，岷江流域移民在医疗保健上的均值为1.341，表明这三个流域的库区移民分别在这两个维度上的消费支出低于实际所需的基本水平，即目前的消费情况无法完全满足移民的现实需要。

从长江上游整体上及6大流域库区移民的多维贫困指数来看，与内地移民相比，地处少数民族地区的库区移民贫困程度更为严重，特别是雅砻江流域库区移民的多维贫困程度最深,指数均值为 0.744,处在第二位的是金沙江流域,其库区移民多维贫困指数均值为 0.662,第三位的是大渡河流域,其库区移民多维贫困指数均值为 0.631。第四位的是岷江流域,移民多维贫困指数均值为 0.601,之后是乌江流域和嘉陵江流域,分别为 0.520 和 0.502。据悉,雅砻江、金沙江和大渡河三大干流及其重要支流,是国家规划的十三大水电基地之一,技术可开发量居全国前列。该区域水电开发已经进入大范围启动阶段,预计到 2020 年将涉及移民人口 76385 人,其中少数民族人口占 82.85%。[1] 少数民族地区库区移民具有五大特殊性:特殊的自然环境条件、特殊的生产方式和收入构成、特殊的人口和社会结构、特殊的文化氛围和宗教习俗及特殊的战略地位。这些特殊要素,已经成为水电能源开发的主要约束条件,同时也是民族地区贫困移民群体实现稳定脱贫的"瓶颈"制约因素。区域环境的局限导致库区移民依靠产业化经营的可能性降低,库区移民收入的可持续性受到了极大的挑战。据调查,民族地区的水电开发区大多离内地城市较远,交通不便,往往需要开辟隧道、打通公路等前期复杂工程,施工难度大、开发周期比内地更漫长。大型水电站建设工期长达十余年,从工程规划到整个施工周期,国家和地方考虑到即将被淹没的实际,在交通等基础设施的投入上一般不会再安排新的项目,导致库区与其他地区相比,基础设施建设大大滞后。特别是"停建令"下达后,包括移民住房等生活设施在内的一切新增投入均不计入补偿范围,导致移民农户住房旧损,实际生活水平下降。

为了考察 6 大流域贫困空间分布格局,下面按照各维度贫困指数得分水平,划分为低贫区(用"1"表示)、中贫区(用"2"表示)、高贫区(用"3"表示),将贫困指数得分小于 0.4 的省份划分为低贫区,贫困指数得分在 0.4~0.7 之间的划分为中贫区,得分大于 0.7 的划分为高贫区,结果见表 4-16。

表 4-16　　　　　长江上游 6 大流域库区移民贫困空间分布

地区	食品烟酒	衣着	居住	生活用品及服务	交通和通信	教育文化和娱乐	医疗保健	其他用品和服务	多维贫困指数
金沙江流域均值	2	1	2	2	3	3	3	2	2
雅砻江流域均值	2	1	2	3	3	3	3	3	3
岷江流域均值	1	1	2	1	1	3	3	2	2

---

[1] 根据水利部长江委、甘孜州扶贫开发局调查资料整理所得。

续表

地区	食品烟酒	衣着	居住	生活用品及服务	交通和通信	教育文化和娱乐	医疗保健	其他用品和服务	多维贫困指数
大渡河流域均值	1	2	2	2	3	3	3	2	2
嘉陵江流域均值	1	1	1	2	1	3	3	1	2
乌江流域均值	1	2	2	1	2	3	3	2	2

总体上看，贫困指数空间分布与上述分析结果一致。从各维度贫困指数划分水平可以看出，民族地区高贫、中贫发生率较高，而教育文化和娱乐、医疗保健两个维度的贫困发生率均为高频。

(3) 库区农村移民多维贫困分解。

根据式 (4.8)、式 (4.9) 的计算方法，将不同区域库区移民的多维贫困指数按照 8 个指标进行分解，结果如表 4 - 17 所示。

表 4 - 17　　　　　　　库区移民多维贫困指标贡献度　　　　　　单位：%

地区	食品烟酒	衣着	居住	生活用品及服务	交通和通信	教育文化和娱乐	医疗保健	其他用品和服务
金沙江流域	0.1	0.1	0.3	1.2	1.3	2.4	3.7	0.9
雅砻江流域	0.1	0.1	0.3	1.3	1.4	2.1	2.6	0.8
岷江流域	0.1	0.1	0.3	0.1	0.7	1.7	4.1	0.6
大渡河流域	0.0	0.2	0.2	0.7	0.9	1.8	0.9	0.3
嘉陵江流域	0.0	0.0	0.1	0.4	0.0	2.2	1.2	0.0
乌江流域	0.0	0.1	0.2	0.2	0.7	2.0	1.1	0.7

按照一般的研究经验，多维贫困剥夺的临界值通常选择 0.4。在 0.4 作为临界值下，教育文化和娱乐、医疗保健对 6 大流域库区农村移民的多维贫困指数贡献率都最大。交通和通信、生活用品及服务对金沙江流域和雅砻江流域库区移民多维贫困指数贡献率最大，这与民族地区生活用品、设施匮乏及交通不便有一定关系。而交通和通信对嘉陵江流域贡献率最小。上述结果表明，教育文化和娱乐、医疗保健维度的贫困是 6 大流域库区移民农户多维贫困的最主要因素。而食品烟酒、衣着、居住 3 个维度对库区移民多维贫困指数贡献率最低，说明移民群众的吃穿住问题已得到基本解决，但是民族地区的交通不便等

问题还需进一步改善。

4.3.3 库区移民多维贫困空间格局影响因素分析

(1) 库区移民多维贫困空间格局的主要影响因素。

当前已有不少学者将空间地理纳入致贫因素的分析框架中,认为收入、教育、资源、环境等因素的差异性都可以用空间地理禀赋的不同加以解释。[①] 本书根据所调查库区实际情况,在数据可得性与科学性的基础上,重点关注人文与经济地理因素对空间贫困差异成因的影响。选取移民人均纯收入(x_1)、健康状况(x_2)、文化教育程度(x_3)、农作物受灾情况(x_4)、耕地面积(x_5)这5个具有代表性的指标建立影响因素集。其中,收入指标是影响库区移民消费行为的核心因素,同时减贫增收也是库区社会经济发展的主要目标之一;健康状况作为反映人力资本的指标,在农村地区,由于农户受教育程度普遍偏低,在生产经营活动中他们更依赖于体力劳动,健康对其增加收入的边际贡献更大;教育指标是人力资本形成的主要途径,考察受教育程度可以了解移民的知识储备和劳动技能,并从侧面反映其就业机会与薪酬水平;由于库区自然生态脆弱,自然灾害频发,对农作物受灾情况的考察有助于了解自然灾害对农业生产的冲击,外部风险冲击可能增加贫困发生的概率;[②] 库区移民普遍存在人地矛盾尖锐的问题,而充裕的耕地对农业生产和移民增收均有促进作用,可以减少移民对食品的支出,降低消费贫困。

(2) 库区移民多维贫困空间格局影响因素的实证分析。

由于上述5个影响因素相互联系,为了避免由共线性导致模型的稳健性遭到破坏,本书应用主成分分析的方法通过构造原解释变量的线性组合将其转变成新的变量,并将新变量对因变量进行回归,再根据新变量与解释变量之间的对应关系求得原回归模型的参数估计值。[③] 首先利用SPSS24.0对这5个影响因素进行主成分分析,考察5个指标对因变量库区移民多维贫困的影响,分析结果见表4-18。

---

① 刘小鹏,苏胜亮,王亚娟. 集中连片特殊困难地区村域空间贫困测度指标体系研究 [J]. 地理科学, 2014 (4): 447-452.

② 杨龙,汪三贵. 贫困地区农户脆弱性及其影响因素分析 [J]. 中国人口·资源与环境, 2015 (10): 150-156.

③ 尹文静,王礼力,McConnel. 农民生产投资的影响因素分析——基于监督分组的主成分回归分析 [J]. 农业技术经济, 2011 (2): 19-26.

表 4-18　　　　　　　　　　　主成分分析结果

主成分	特征根	贡献率（%）	累计贡献率（%）
1	6.412	71.267	71.267
2	1.325	16.542	87.809
3	0.587	6.423	94.232
4	0.317	3.771	98.003
5	0.022	1.997	100

第一主成分的特征根为 6.412，第二主分成的特征根为 1.325，前两个主成分累计贡献率达到 87.809%，因此利用最小二乘法做前两个主成分对因变量多维贫困指数 y 的回归模型，见式（4.10）

$$y = \alpha_0 + \delta_1 F_1 + \delta_2 F_2 \tag{4.10}$$

回归结果显示，调整后的判定系数为 0.917，说明模型拟合结果好，且通过 t 检验。相应的方程为 $y = 0.143 + 0.641 F_1 - 0.436 F_2$。

最后，由于每个主成分均为自变量 x_i（i = 1, 2, …, 5）的线性组合，因此，经转化可得最终线性回归模型，见式（4.11）

$$y = \beta_0 + \beta_1 x_1 + \beta_2 x_2 + \beta_3 x_3 + \beta_4 x_4 + \beta_5 x_5 \tag{4.11}$$

由前两个主成分的系数向量组成的矩阵和主成分回归系数向量估计值，得到最终自变量回归模型系数，见表 4-19。

表 4-19　　　　　　库区移民多维贫困影响因素与回归系数

指标	指标含义	回归系数
移民人均纯收入（x_1）	移民家庭人均纯收入（元/人）	-0.297
健康状况（x_2）	不健康记为 1，健康记为 0	0.373
文化教育程度（x_3）	高中以上文化水平记为 1，否为 0	-0.216
农作物受灾情况（x_4）	受灾记为 1，否为 0	0.241
耕地面积（x_5）	家庭人均经营耕地面积（亩/人）	0.067

如表 4-19 所示，移民人均收入水平对减贫的贡献效应最大，结果显示，移民人均收入的提高与受文化教育程度的提高可以减轻移民农户的多维贫困程度。其中，移民人均收入每提高 1% 可以降低移民贫困水平 0.297%，如前所述，从

移民的边际消费倾向来看，收入的提高可以促进他们对改善型消费和发展型消费的支出，而这两项消费有助于提升移民农户自身能力素质，为其增收减贫累积人力资本。文化教育程度作为反映人力资本存量的重要指标，对于拓展移民农户的增收渠道和增强其风险抵御能力具有重要作用。虽然教育需要长期累积，短期内难以立竿见影显著提升人力资本，但从长期来看有助于移民农户收入增加，从而实现减贫效应。[①] 调查显示，文化教育程度每提高1%可以降低库区移民多维贫困程度0.216%。相反，不健康的身体状况则会增加库区移民多维贫困程度，每提高1个百分点将使贫困程度增加0.373%。据调查，移民由于教育程度较低，收入来源主要依靠从事体力劳动相关的生产经营活动，健康对他们增收的边际贡献较大，因而对其身体健康状况要求较高，但是因病致贫、因病返贫现象仍然存在。除此以外，农作物受灾情况和耕地面积越大越会增加移民多维贫困程度。可能的原因是自然灾害会影响农作物的收成，而作物面积越大，移民农户越容易因作物受灾而陷入贫困。同时，也进一步说明了农户的致贫原因在某种程度上与农业本身的风险性有关。[②]

4.3.4 研究结论与启示

（1）研究结论。

本书基于课题组2017年对长江上游金沙江、雅砻江、嘉陵江、大渡河、岷江和乌江6大流域大型库区1207位农村移民的实地调查数据，从库区移民的生活消费性视角出发，探究了长江上游库区移民的多维贫困空间格局及其影响因素，得出以下主要结论：

第一，库区移民食品自供能力较低，在食品与烟酒方面的需求支出最高，但是收入的提高可以促进农村移民的改善型消费和发展型消费。

第二，从空间分布格局来看，整体上长江上游库区移民生活消费的基本需要得到了满足，但是民族地区高中频贫困发生率较高。金沙江、雅砻江及岷江流域的库区移民在医疗保健及教育文化和娱乐这两个维度上的消费支出无法完全满足他们的现实需求。

第三，教育文化和娱乐、医疗保健这两个维度对库区移民多维贫困指数贡献率最大，它们是移民农户多维贫困的最主要因素。

---

① 程名望，Jin Yanhong，盖庆恩等. 农村减贫：应该更关注教育还是健康？——基于收入增长和差距缩小双重视角的实证[J]. 经济研究，2014（11）：130-144.

② 杨浩，庄天慧，蓝红星. 气象灾害对贫困地区农户脆弱性影响研究——基于全国592个贫困县53271户的分析[J]. 农业技术经济，2016（3）：103-112.

第四，从影响因素来看，移民人均收入与教育程度的提高均对减贫效应具有正向影响，但是自然灾害越频繁、耕地面积越大越会增加移民的贫困程度。

（2）启示。

通过调查发现，现行库区移民政策总体上到户率不高，没有明显的"益贫性"特征，"省、市—县、乡、村—移民农户"三个层面均存在同质化倾向，最终导致项目到户益贫瞄准偏离、资金使用效率低下的问题。因此，针对上文的测算与分析结论，本书认为现行库区移民政策可做适当调整，要在研判库区共性特征的基础上，突出区域特征与移民农户个性需求，得出如下启示：

第一，加大移民剩余劳动力转移就业力度，确保库区移民收入稳步增长和消费能力逐渐增强，改善其消费能力与消费预期。

第二，将学前教育纳入库区移民后期扶持，减轻农村移民教育支出负担，同时注重发展移民的职业技能教育，提升其文化程度和教育回报率。

第三，改善移民区和安置区乡级医疗服务条件，加强医疗社会救助体系建设，建立公共服务一体化协调机制，实行跨区域协作，推行异地就医结算，实现社会保障关系跨地区转移接续，同时进一步完善重大传染性疾病、突发公共卫生事件联防联控和相互支援机制。

第四，充分考虑民族地区特殊性，根据民族地区移民区及安置区的具体情况因地制宜增加补偿补助标准，缩小与内地移民生产生活水平的差距，增加移民获得感。

第五，加大对自然灾害频发库区的移民农户生产性投入的政策支持，鼓励发展多元化产业，增强移民农户抵御自然灾害的能力，同时，完善政策办法，推行符合本地区实际的水库移民避险解困方式。

4.4 水库移民多维贫困成因

（1）区域整体贫困特征明显，扶贫成本高。

长江上游部分大型库区与移民安置区处于自然条件比较差、经济社会发展水平比较低的区域，这些地区县域经济发展水平不高，地方财政普遍要依靠上级转移支付，城镇化水平低，产业发展基础薄弱，绝大部分深度贫困县依然还未通高速公路，区域内部交通一体化建设滞后，精准扶贫与区域发展"双轮驱动"态势确立难度大，扶贫成本更高。

（2）移民村基层组织薄弱，稳定退出难。

移民村的基层组织功能弱化，无人管事；农村年轻人流出严重，无人干事；

集体经济薄弱，无钱办事。农民集体意识观念不断降低，尊老养老敬老孝道文化面临冲击，移民村村"两委"作用有待提升。因此，未来工作中应将夯实农村基层党组织建设与脱贫攻坚有机结合。

（3）移民农户多维贫困较为突出，稳定脱贫难度高。

移民农户多维贫困现象较为突出，临界贫困现象突出，特别是在民族地区和老水库；一些移民居住在二半山和高寒山区，生产生活环境改善难度大，加之地区传统文化中某些生产、消费、生活等传统价值观念和生活方式对贫困形成有着深远影响，稳定脱贫难度大，容易留下"死库容"。

（4）制约稳定脱贫因素多，返贫压力大。

地震、泥石流等自然灾害频发，因灾致贫、因灾返贫现象常见，不可避免对脱贫户带来返贫风险，陷入"扶贫—脱贫—返贫—再扶贫"的拉锯战。2017年，凉山州14万人成功脱贫，但在动态调整过程中，新增识别贫困人口4.2万人，已脱贫人口重新返贫1.6万人，返贫人口占全省返贫总量的94%，脱贫质量不高，加之制约稳定脱贫因素多，返贫压力大。[1]

---

[1] 凉山州扶贫开发局相关统计资料。

第5章

水库移民特殊群体多维贫困分析

由于老水库与涉藏地区水库移民的多维贫困特征表现不同，本章将紧扣这两类特殊类型移民群体的社会角色生存状态的差异，以期为长江上游大型水库移民特殊群体的贫困治理工作提供参考。

5.1 老水库移民多维贫困研究

老水库移民贫困问题不仅是一个经济问题，更是一个社会问题和政治问题。按水利部水库移民开发局界定，1986年以前搬迁的移民称为老水库移民，这一阶段世界各国特别是发展中国家基本上都是实行"安置性"移民，按照淹没实物指标给予移民一次性补偿，补偿标准不统一，后期扶持偏少，大部分采取就地后靠安置，属于自然环境恶劣，生态脆弱区域。本章对老水库的多维贫困研究立足于2017年课题组对四川省老水库移民的调研数据，按照严格的分层等距抽样方法，从多维贫困的角度对其进行测量和分解分析，以期能够很好地剖析老水库移民家庭多维贫困状态，为移民贫困家庭精准帮扶、精准脱贫提供可靠依据。

5.1.1 四川省老水库移民概况

四川省是一个水力资源丰富的大省，降水充沛，地势起伏大，落差大，河流众多。自然地理环境气候、自然资源相当丰富，而四川盆地周围又多宜建水库的地形，为水库的修建提供了天然的优势。

（1）四川省老水库区域划分。

四川省大型老水库主要分布在四川省东北部和东南部，即成都平原岷江流域、沱江流域、嘉陵江流域，川西地区，金沙江流域和大渡河流域。

(2) 四川省老水库移民面临的主要问题及原因。

一是老水库移民收入水平低，库区贫困面大。

四川省老水库移民大多分布在革命老区、民族地区和贫困山区，区域整体性贫困现象突出，移民群众生产生活水平普遍较低，经济收入与全省农村居民人均收入存在较大差距，许多农户家庭缺乏稳定、长期的收入来源，贫困程度较深，生存和发展问题严峻。受特定历史时期移民政策的影响，在水利水电工程建设中普遍存在着"重工程、轻移民、重搬迁、轻安置"的现象，前期补偿标准较低，后期扶持不到位。移民贫困和次贫困群体庞大，被社会边缘化趋势加大，移民贫困已经成为特殊的贫困群体。

二是基础建设不完备，生产生活"五难"。

由于自然条件较差、基础设施建设不完备，老水库普遍存在饮水困难、出行困难、水利设施建设滞后、能源设施建设落后和公共设施服务难的问题，被称作"五难"，即饮水难、行路难、上学难、用电难、就医难。

三是库区产业发展缓慢，增收致富效果差。

四川省老水库生产发展滞后，基础薄弱，大多处于偏远山区，多数库区自然环境条件差，生产资料缺乏，资源比较优势不突出，农业生产的发展空间受限。不少库区还存在农业产业结构不够合理的问题，基本还停留在传统农业基础上，移民产业结构调整滞后已经严重影响移民增收，制约库区移民的发展。

由于受基础设施条件差、距离城镇远等诸多因素影响，销售渠道狭窄，难以将农产品转化为商品进行交换，难以大幅度提高经济收入。

库区新型产业少，特色优势产业少而小，市场化程度低，竞争力不强，龙头企业带动能力弱，农民组织化程度还较低，产业集中度和产业化水平都不高，难以形成支柱产业，对农村经济的支撑作用不明显。绝大部分的移民乡镇城镇化、工业化发展水平低，工业基础薄弱，二、三产业发展滞后，非农就业吸纳能力弱，发展致富带动性差，动力与后劲不足。

5.1.2 老水库多维贫困定量分析

(1) 数据来源和样本特征。

本部分定量分析数据来源于课题组对四川省老水库的实地调研数据。本次调查采取简单随机抽样的方法，发放问卷共172份，收回有效问卷156份，问卷有效回收率约为91%。

样本的基本特征如表5-1所示。人数平均为4人，最多的家庭人数达到15人，说明家庭人数整体上偏高。家庭成员健康情况均值为1.81，表明移民家庭普遍存在健康方面的问题。家庭劳动能力均值为1.62，处于平均线以下的水平，说明移民家庭劳动力严重不足。人均住房面积偏高，家庭厕所类型均值为1.45，家庭饮水来源多为自来水，家庭耐用消费品数量均值仅为0.23，表明较大部分家庭拥有耐用消费品不足。

表5-1　样本的基本特征

项目	极小值	极大值	均值	标准差
家庭人口数（人）	1	15	4.18	1.99
家庭成年成员平均受教育年限（年）	0	16	5.00	3.10
家庭成员健康情况（1=好；2=一般；3=不好）	1	3	1.81	0.84
劳动能力（1=普通劳动力；2=技能劳动力；3=部分丧失劳动力；4=完全丧失劳动力；5=无劳动能力）	1	5	1.62	1.09
人均住房面积（平方米）	6.15	200	41.42	28.55
家庭厕所类型（1=无厕所或旱厕；0=水冲式厕所）	0	1	1.45	0.54
是否人畜混居（1=是；0=否）	0	1	0.09	0.26
家庭饮用水来源（自来水或井深5米以上的井水=0；否则=1）	0	1	0.18	0.38
家庭通电情况（1=常年通电；2=间隔通电；3=没有通电）	1	3	1.04	0.22
家庭燃料情况（全年做饭燃料充足=0；否则=1）	0	1	0.48	0.50
家庭耐用消费品数量（小于3个=1；否则=0）	0	1	0.23	0.42

(2) 维度选取。

参照联合国开发计划署2014年发布的《2014年人类发展报告》，结合老水库的特点，本书分别选取了收入水平等10个项目、12个维度进行测量。其中，经济水平主要用老水库移民农户家庭的收入水平来进行测量，反映他们的消费能力。文化程度用老水库移民农户家庭平均受教育年限来表示，这一指标可以体现移民的教育水平和综合能力，对他们减贫增收有着重要的影响。移民的就业水平反映了他们务工或经商的情况，一般而言，就业对减少贫困脆弱性有重要的作用，再加上由于老水库库区和移民安置区环境容量等因素的限制，农户务农收入不足以支撑他们的日常消费，非农就业或经商是他们脱贫致富的重要依托（Gloede et al，2012）。日常消费相较于收入来说更具有稳定性，更能精确地度量移民家庭的福利水平，揭示移民真实的生存状态，① 是测量移民家庭多维贫困的重要指标。丰富的社会资源可以在一定程度上助推移民脱贫攻坚。出于对移民政治权益的考虑，本书用移民选举参与度来表示移民的政治权利。各指标剥夺临界值赋值如表 5-2 所示。

表 5-2 老水库多维贫困指标体系及赋值

维度	指标	剥夺临界值
经济水平	收入水平	连续 3 年家庭总支出大于总收入，赋值为 1
健康条件	健康状况	家庭成员有残疾或大病、慢性病或营养不良任一情形的，赋值为 1
文化程度	受教育年限	家庭平均受教育年限≤6，赋值为 1
就业水平	工作情况	家庭成员近五年没有参加过务工、经商，赋值为 1
日常消费	食物消费	恩格尔系数≤59%，赋值为 0；恩格尔系数>59%，赋值为 1
生活条件	饮用水来源	家庭没有自来水，赋值为 1
	住房条件	满足无房、危房或人均居住面积小于 10 平方米，赋值为 1
	厕所类型	家中是旱厕或没有厕所，则赋值为 1
社会资本	社会信任	户主对亲朋较为不信任或非常不信任，赋值为 1
政治权利	选举参与度	家庭成员没有参加过投票选举村组干部，赋值为 1
精神状态	生活满意度	不满意，赋值为 1
文化消费	文娱活动参与	家里不能看电视，赋值为 1

（3）多维贫困测度。

首先是单维贫困测度。如表 5-3 所示，老水库贫困情况最突出的维度分别是受教育年限、饮用水来源、厕所类型和经济水平，它们的贫困发生率均超过了 50%，分别为 81.19%、72.31%、71.88% 和 50.13%。第二是健康条件和生活满意度、工作情况，其贫困发生率均超过了 20%，分别为 36.88% 和 27.25%、21.19%。第三是食物消费和住房条件，它们的贫困发生率均超过了 10%，分别为 17.07% 和 11.81%。此外，社会信任、选择参与度与文娱活动参与这三个维度的贫困发生率最低，均不超过 5%。

---

① 何思妤，曾维忠，庄天慧. 长江上游大型库区移民多维贫困的空间分布特征及影响因素 [J]. 四川师范大学学报（社会科学版），2019（5）：63-71.

表 5-3　　　　　　　　　老水库移民单维贫困发生率　　　　　　　单位：%

经济水平	健康条件	受教育年限	工作情况	食物消费	饮用水来源	住房条件	厕所类型	社会信任	选举参与度	生活满意度	文娱活动参与
50.13	36.88	81.19	21.19	17.06	72.31	11.81	71.88	1.24	1.44	27.25	3.13

其次是多维贫困测度。多维贫困测度结果见表 5-4，从结果可以发现，当只考虑 1 个维度时，老水库移民农户家庭贫困发生率为 100%，表明研究样本中所有的家庭在 12 个维度中都存在着任意一个维度的贫困剥夺。此时的贫困剥夺份额为 47.37%，多维贫困指数为 49.37%。随着维度的不断增大，老水库移民农户家庭贫困发生率（H）和多维贫困指数（M_0）均呈现下降趋势，贫困剥夺份额（A）则呈现上升趋势。当 K 取值为 8 时，老水库移民农户家庭贫困发生率下降到 0.61%，贫困剥夺份额为 79.03%，多维贫困指数下降到 0.12%。

表 5-4　　　　　　　　老水库移民多维贫困估计结果　　　　　　　单位：%

K	贫困发生率 H	贫困剥夺份额 A	多维贫困指数 M_0
1	100.00	47.37	49.37
2	100.00	47.37	49.37
3	93.13	50.29	46.84
4	76.47	53.99	41.29
5	47.06	59.95	28.21
6	17.65	67.28	11.87
7	0.98	77.78	0.76
8	0.61	79.03	0.12
9	0	0	0

最后是对多维贫困指数进行分解。老水库移民多维贫困指数分解结果如表 5-5 所示，当 K 取值为 1 的时候，老水库移民家庭平均受教育程度、健康和务工情况的贫困贡献率最大，均占到了 15% 以上的比例，分别是 18.97%、18.21% 和 16.99%，这与实际调查了解的情况相同：健康和教育水平作为反映人力资本的指标，反映了移民的知识储备、劳动技能和身体素质，也可以体现其就业机会与薪酬水平。由于老库区和移民安置区人地矛盾非常突出，移民务农收入在其家庭总收入中占比较少，而主要收入来源则是外现务工收入，因此，务工情况对其

贫困贡献率较大。同时，随着 K 值的增大，健康、平均受教育程度和务工情况这三个指标对多维贫困指数的贡献率呈现逐步递增趋势，说明这三个指标对移民农户多维贫困贡献较大，是老水库减贫应该首先聚焦的问题。贫困贡献率最小的指标是社会信任、选举情况和文娱活动，这三个指标的贡献率均未超过 2%，分别是 1.34%、1.67% 和 1.21%。这个结果折射出老水库后期扶持的政策目标首先在公共服务上取得了成效。近年来，通过不断实施"村村通电"等工程。

表 5-5　　老水库移民多维贫困指数在不同 K 值下的维度贡献率　　单位：%

K	M_0	经济水平	健康条件	教育	工作情况	食物消费	饮用水来源
1	49.37	12.13	18.21	18.97	16.99	13.84	7.31
2	49.37	14.55	17.45	16.27	17.37	15.77	8.33
3	46.84	14.87	19.43	17.16	18.07	16.05	8.37
4	41.29	15.12	20.54	18.05	19.47	15.57	9.23
5	28.21	15.64	21.23	18.76	20.99	16.99	11.97
6	11.87	15.43	21.98	19.51	20.51	15.59	11.93
7	0.76	17.22	22.45	20.29	21.29	14.29	14.29
8	0.12	18.12	22.46	20.91	21.45	13.84	7.31

K	M_0	住房条件	厕所类型	社会信任	选举情况	生活满意度	文娱活动
1	49.37	13.12	10.98	1.34	1.67	12.67	1.21
2	49.37	11.34	10.02	2.24	1.71	13.01	0.98
3	46.84	12.51	9.78	3.12	1.65	13.78	1.89
4	41.29	11.01	9.23	2.89	1.58	12.97	1.45
5	28.21	10.78	8.92	2.01	1.70	13.45	1.21
6	11.87	8.91	7.23	1.99	1.45	15.72	1.09
7	0.76	7.45	8.23	1.89	1.32	16.32	2.01
8	0.12	5.41	5.43	0.12	1.01	18.21	1.23

（4）研究结论与启示。

第一，对于老水库移民贫困家庭的精准识别、精准帮扶和精准脱贫，多维贫困指数及其分析框架具有更丰富的政策含义。相对于收入贫困，多维贫困不仅能够准确识别贫困对象，更能深入精准剖析多维致贫原因，在贫困人群识别与瞄准的精度上比收入贫困的测量方法更具有优势，进而为贫困精准帮扶提供更为可靠的参考和依据，实现精准脱贫。

第二，在对老库区移民农户家庭的观测与开发性移民政策的研究与实践中要更重视从移民健康、教育和就业培训等指标进行测量，探索多维度量化指标的可操作性，提高帮扶效度。

第三，贫困帮扶应更加注重贫困人口的能力提升。现有移民劳动力素质不适应新形势的需要，而文化教育、技能培训和整体素质的提高需要一个过程，短期内难以明显见效，需要继续扩大"阳光工程""雨露计划"等项目的覆盖率和绩效，持之以恒地加强培训，有效化解移民贫困人口务工难、增收难等问题，提供可持续的脱贫致富保障。

第四，贫困帮扶单靠老水库移民后扶项目难以发挥减贫效益，需要整合农业、水利、交通、新村、旅游、教育、文化等涉农资金和项目，集中用于项目实施地建设，切实形成聚合效应，在整合方式上，采取统一投向、集中规划、分头建设的方式进行，确保既形成建设合力，又不影响涉农资金管理和项目建设要求。

5.1.3　案例分析

本部分以峨边县龚嘴电站为例进行老库区多维贫困的案例研究。

（1）龚嘴电站概况。

龚嘴电站位于四川省乐山市大渡河中游，坝址在乐山市沙湾区龚嘴镇和峨边县五渡镇交界处，是国家在大渡河上修建的第一座大型水电站。1966年3月开工建设，1971年12月首批两台机组发电，1978年12月七台机组全部运行。该电站以发电为主，总库容3.1亿立方米，总装机容量70万千瓦，年发电量34.2亿千瓦/时，正常蓄水水位528米。

龚嘴电站的移民安置方式是就近后靠安置，共涉及5个乡镇，16个村、102个村民小组，共计安置移民2726户、9311人，征占耕园地2386亩，拆迁房屋，57896平方米。龚嘴电站建设，库区淹没土地峨边占69.4%、搬迁人口占62.7%、搬迁房屋占52.6%、后扶人口占65.5%，淹没土地之广、搬迁人口和房屋之多，在乐山市境内绝无仅有。[①]

（2）龚嘴电站致贫原因。

自《大中型水利水电工程建设征地补偿和移民安置条例》颁布实施以来，特别是近10年，峨边县加快了对库区移民工作的转轨变型，实行开发性移民方针，大力发展生产和改善基础设施，取得了较好的经济效益，广大移民的生活水平有

---

① 乐山市扶贫开发局相关统计资料。

了不同程度的提高。但是由于受国家政策和后期扶持资金的限制，目前尚存在一些问题，主要表现在：

第一，土地质量差，耕地面积狭小。库区移民全是后靠安置，搬迁到地势陡峭、水缺地脊、交通极为不便的高山之上，人均耕地只有0.5亩，移民生存十分困难。① 峨边县地处小凉山区，自然条件差、资源少，经济发展滞后。

第二，劳动力转移难度大。峨边县由于受大山区客观条件制约，库区移民无处可移，均为后靠，移民每失去土地一次，就后靠山区一次，库区移民综合素质低，发展更为缓慢、生活更加贫困，全县劳动力总人口10997人。近五年来，峨边县共开展移民培训36期，参训移民达2600人次。②

第三，产业开发落后。传统的种养殖业是造成移民生产规模小，产出率较低、增收困难的主要原因。当前缺乏专项开发资金的投入，库区和安置区产业结构单一，传统的种养殖业模式仍无法改变。因此，只有通过调整种养殖业结构与模式，并根据气候与土壤条件适当发展特色种养植业、林果业等项目，增加移民群众收入。

(3) 龚嘴电站的案例启示。

第一，大力推广高效生态农业的发展战略。应在库区大力推广高效农业的发展战略，整合区域农业生态资源；推广应用农业高新技术，可实现技术与资源的合理对接。

第二，积极举办技能培训和就业培训活动，提高移民文化水平。首先，建议长江中上游地区政府加强九年义务教育重要性的宣传工作，促进移民安置区九年义务教育的普及，提高移民后代的文化水平，增加其外出务工和从事非体力劳动工作的可能性。其次，各地政府应该举办多种技能培训和就业培训，提高移民的文化水平，增加其接受新型农业生产技术的能力，促进稳定劳动力的输出。"外在帮扶"与"内在扶持"相结合，真正的授人以渔，而不是授人以鱼，逐步淡化移民者身份认同的观念，利于移民地区经济的持续发展。最后，各地政府应该将劳动密集型产业作为后期扶持产业，解决目前劳动力剩余的问题。

第三，加强库区产业化建设，丰富移民致富之道。首先，建立"四位一体"产业扶持办法。即选择一个适合本地发展的优势高效产业，提高产业化和专业化水平，组建一个支撑有力的合作社，提高社会化和组织化程度，建立一个放大贷款的担保金制度。其次，为有效引导金融资本对扶贫和移民产业的投入，解决农

---

①② 乐山市扶贫开发局相关统计资料。

村贫困和水库移民农户发展增收产业资金不足的问题，分步实施水库移民创业小额贷款贴息，支持移民创业及以移民为主的小微经济组织发展。解决移民群众融资成本高的问题，有效带动和促进移民群众的创业热情，为移民增收致富提供资金支持，也为库区经济发展提供活力。不仅可有效减轻移民贷款利息负担，调动移民发展生产的积极性，也可为其他移民群众提供就业机会。

5.2 民族地区水库移民多维贫困研究

四川省涉藏地区是全国第二大藏族聚居区，包括甘孜藏族自治州18个县，阿坝藏族羌族自治州13个县和凉山彝族自治州的木里藏族自治县，共有32个县，214.55万人，面积25万多平方千米，占四川省总面积的52%，是四川省深度贫困地区两大片区之一，也是全国深度贫困地区的重点区域，具有重要的代表性。因此，本章将以四川省涉藏地区的大型库区和移民安置区为例进行民族地区水库移民家庭多维贫困研究。

5.2.1 涉藏地区水库移民概况[①]

四川省涉藏地区内有金沙江、雅砻江、大渡河三大干流及其重要支流，覆盖阿坝藏族羌族自治州、甘孜藏族自治州和凉山彝族自治州许多区域。三大流域都是国家规划的十三大水电基地之一，技术可开发量达1.2亿千瓦，占全国的26%，居全国之首。区内94%的面积为山地，海拔一般在3500~4800米，可耕地极其匮乏。区内地域辽阔，人口密度小，人口分布极不均衡，平均每平方公里7.48人，地广人稀的特点非常显著。区域内主要水电开发规划河段水库淹没指标见表5-6，水电开发量与移民构成见表5-7。

表5-6　　主要水电开发规划河段水库淹没指标（不含已开发项目）

主要水电开发规划河段	河段	装机容量（万千瓦）	人口（万人）	耕地（万亩）	备注
金沙江干流	上游	1462	1.58	3.16	
	中游	1980	11.23	21.58	
	下游	3800	21.93	16.92	

---

① 四川省扶贫开发局、甘孜藏族自治州与阿坝藏族羌族自治州扶贫开发局相关统计资料。

续表

主要水电开发规划河段	河段	装机容量（万千瓦）	人口（万人）	耕地（万亩）	备注
雅砻江干流		2201	1.77	14.17	未包含上游河段
大渡河干流		2340	3.68	3.43	

资料来源：雅砻江两河口水电站建设征地移民安置报告。

表5-7　　　2005~2020年四川涉藏地区水电开发量与移民构成

地区	装机容量（万千瓦）	移民人数（人）	少数民族移民人数（人）	少数民族移民所占比例（%）	备注
阿坝藏族羌族自治州	977	53246	47063	88.39	藏族为主和部分羌族
甘孜藏族自治州	4602	23139	16221	70.10	藏族为主
合计	5579	76385	63284	82.85	—

资料来源：根据甘孜藏族自治州、阿坝州移民局提供2020年前在建、正（拟）建情况统计表整理。

其中，甘孜藏族自治州，面积15.3万平方千米，辖18县，人口90余万人，其中藏族占77.8%。州内有金沙江、大渡河、雅砻江等水能资源富集的河流穿过，水电理论蕴藏量超过5000万千瓦，约占四川省水能资源总储量的35%，技术可开发装机容量达4130万千瓦，占全国的10.3%，占全省的34.4%。2015年，甘孜藏族自治州新增装机550万千瓦，总装机容量达到1000万千瓦。

阿坝藏族羌族自治州面积8.42万平方千米，人口90余万人，其中藏族占52.3%，是四川省第二大涉藏地区和我国羌族的主要聚居区。有大渡河的重要支流、岷江及其支流穿过，水力资源蕴藏量1933万千瓦，可开发量为1300万千瓦。大的电站有双江口、金川、巴底、朴寺沟、达维、巴拉、安宁等。仅金川县境内大金川河流域和绰斯甲河流域就有双江口、金川、安宁、巴底和绰斯甲、观音桥6座大中型水电站，总装机容量达454万千瓦。

凉山彝族自治州面积6万余平方千米，人口480余万人，其中彝族占49%，汉族占48%，藏族只占2%左右，但藏族基本都集中在木里藏族自治县。州内有雅砻江、金沙江、大渡河等水能资源富集的干流穿过，水能资源理论蕴藏量达7100多万千瓦，可开发量4952万千瓦，占全省的1/3。木里藏族自治县境内天然径流量58.13亿立方米，境内有雅砻江、木里河、水洛河、鸭嘴河，形成"一江三河"的格局。

5.2.2 涉藏地区水库移民多维贫困定量分析

5.2.2.1 数据来源与样本特征

本书针对四川省涉藏地区 32 个县的 118 户移民家庭进行了实地调查问卷，按照严格的分层等距抽样方法，从多维贫困的角度对其进行测量和分解分析，以期能够很好地剖析民族地区贫困家庭多维贫困状态，为后期深度贫困地区水库移民家庭精准帮扶、精准脱贫提供可靠依据。

本次研究样本中（见表 5-8），从户主性别来看，男性户主 86 人，占 72.88%，女性户主 32 人，占 27.12%，可见大小凉山彝区贫困户男性户主较多；从户主民族来看，大部分贫困户户主以藏族居多，占 61.02%，汉族 28 人，占 23.73%，彝族有 15.25%；从户主受教育程度来看，文盲或半文盲 21 人，占 17.80%，大多数户主只有小学文凭，有 85 人，占 72.03%，初中及以上文凭 12 人，仅占 10.17%，可见涉藏地区库区移民的教育水平相对低下。

调查样本中，家庭规模在 1~5 人的家庭较多，为 88 户，占 74.58%，6 人及以上规模占 25.42%；至少有一人外出务工的家庭超过一半，有 72 户，占 61.02%，未参加务工的家庭占 38.98%。

表 5-8　　样本基本特征

项目	类别	样本数（个）	比例（%）
户主性别	男	86	72.88
	女	32	27.12
户主民族	藏族	72	61.02
	汉族	28	23.73
	彝族	18	15.25
户主受教育程度	文盲或半文盲	21	17.80
	小学	85	72.03
	初中及以上	12	10.17
家庭规模	1~3 人	17	14.41
	4~5 人	71	60.17
	6~7 人	22	18.64
	8 人及以上	8	6.78

续表

项目	类别	样本数（个）	比例（%）
是否务工	是	72	61.02
	否	46	38.98

5.2.2.2 指标选择

本部分将卫生设施、新型农村合作医疗和新型农村社会养老保险等评价指标考虑在内，最后以 MPI 为基准对其进行归纳、总结和调整，在健康、教育和生活标准三个维度的基础上，增添社会保障维度，形成 4 个维度共计 7 项评价指标的测算体系。其中：最高教育程度是该家庭成员自身综合素质的一个重要表现，是其生产能力、就业意识的直接影响因素。良好的素质教育有助于打破固有的传统思维模式，更易接受外界的新事物新文化，提升其生产和就业能力；健康状况直接反映了个人或家庭未来的发展能力，是能否长期摆脱贫困的最关键指标。如果没有良好的身体素质，不但会大大降低个人的生产生活能力，还会增加家庭的生活医疗开支，增加家庭负担，加深其贫困程度；住房条件、饮水安全和生活用电作为生活条件的重要指标，直接关系到家庭的生活水平及幸福感。而卫生厕所也是人们日常生活中不可或缺的基本卫生设施，在保障农民身体健康、方便群众生活、环境保护等方面发挥着重大的作用，直接关系到农户的健康和生活条件维度。2015 年，习近平总书记在延边考察调研时指出："随着农业现代化步伐加快，新农村建设也要不断推进，要来个'厕所革命'，让农村群众用上卫生的厕所，基本公共服务要更多向农村倾斜，向老少边穷地区倾斜"。①

新型农村合作医疗（以下简称"新农合"）和新型农村社会养老保险（以下简称"新农保"）都是为农民提供的一种保障制度，是有效保障农村居民基本生活、基本医疗的底线，在农村居民因病、因劳动力缺乏致贫返贫等贫困问题的缓解上起到极其重要的作用，所以将社会保障单独作为一个维度增添到测算体系中。

5.2.2.3 剥夺临界值与权重的确定

为了避免多维贫困指标赋权权重的动态性和主观性，本书采用等权重的方法，其维度及指标的剥夺临界值与权重如表 5-9 所示。

---

① 习近平总书记"如约"到延边 [EB/OL]. 中国新闻网，http://www.chinanews.com/gn/2015/07-17/7410393.shtml. 2015-7-17.

表5-9　　　　　　　　维度、指标、临界值及权重选取与设定

维度	指标	剥夺临界值	权重
教育	受教育程度	未完成小学义务教育视为教育维度贫困，赋值为1	0.2500
健康	健康状况	对自己目前健康状况评价差或患有严重疾病视为健康维度贫困，赋值为1	0.2500
生活条件	住房条件	没有住房或房屋结构为土坯、茅草视为贫困，赋值为1	0.0625
	卫生设施	家中没有各类卫生厕所视为贫困，赋值为1	0.0625
	饮水安全	饮水不安全视为贫困，赋值为1	0.0625
	生活用电	家中没有通生活用电或经常断电视为贫困，赋值为1	0.0625
社会保障	新农合和新农保	至多参与新农合、新农保中的一项视为社会保障维度贫困，赋值为1	0.2500

5.2.2.4　单维贫困测度结果

如表5-10所示，总体来看，涉藏地区库区和移民安置区移民家庭各维度均存在贫困剥夺。贫困剥夺情况最严重的维度是社会保障，其单维贫困发生率为76.61%。之后是生活条件，单维贫困发生率达到了53.54%的水平。教育维度单维贫困发生率也达到了48.56%，接近50%的水平。健康状况维度是剥夺情况最轻的，单维贫困发生率为22.54%。

表5-10　　　　　涉藏地区水库移民单维贫困发生率　　　　　　单位：%

区域	教育	健康	生活条件	社会保障
四川省涉藏地区	48.56	22.54	53.54	76.61

5.2.2.5　多维贫困测度结果

总体来看，涉藏地区水库移民贫困剥夺主要还是集中在3个维度及以下，因此本节最多分解到3个维度。从表5-11可以看出，当只考虑1个维度时，涉藏地区移民家庭贫困发生率为91.36%，表明该区域91.36%的移民家庭存在着4个维度中的任意一个维度的贫困剥夺。此时的贫困剥夺份额为53.82%，多维贫困指数为49.17%。随着维度K值的不断增大，涉藏地区水库移民家庭贫困发生率（H）和多维贫困指数（M_0）均呈现下降趋势，贫困剥夺份额（A）则呈现上升趋势。当K取值为3时，涉藏地区水库移民家庭贫困发生率下降到11.69%，贫困剥夺份额为83.47%，多维贫困指数下降到9.76%。

表 5-11　　　　　涉藏地区水库移民农户多维贫困估计结果　　　　　单位：%

区域	K	贫困发生率（H）	贫困剥夺份额（A）	多维贫困指数（M₀）
四川省涉藏地区	1	91.36	53.82	49.17
	2	52.71	65.89	34.73
	3	11.69	83.47	9.76

5.2.2.6　多维贫困指数的分解

多维贫困指数分解结果如表 5-12 所示，我们发现当 K 取值为 1 的时候，涉藏地区水库移民家庭卫生设施和新农合、新农保的贫困贡献率最大，分别占到了 21.90% 和 23.21% 的比例。之后是住房条件和饮水安全，分别占到了 18.92% 和 14.31%。第三梯队的是受教育程度，占到 12.15%。贫困贡献率最小的指标是生活用电和健康状况，分别为 4.12% 和 6.72%。当 K 取值为 3 时，涉藏地区水库移民家庭贫困贡献率最大的指标仍然是新农合和新农保以及受教育程度，占比分别为 18.31% 和 19.10%。之后是健康状况，贡献率为 16.21%。

表 5-12　　　涉藏地区水库移民多维贫困指数在不同值下的维度贡献率　　　单位：%

K	M₀	受教育程度	健康状况	住房条件	卫生设施	饮水安全	生活用电	新农合和新农保
1	51.72	12.15	6.72	18.92	21.90	14.31	4.12	23.21
2	42.19	17.32	9.01	16.12	18.92	12.21	5.32	22.09
3	10.71	19.10	16.21	14.31	16.12	11.92	6.43	18.31

从研究结果中可以看出，新农合和新农保在贫困剥夺份额中一直拥有最大的贫困贡献率，说明在移民帮扶工作中需要格外重视移民农户的社会医疗保障，进一步为涉藏地区移民农户构建"社会安全保障网"。此外，随着 K 值的增加，受教育程度、健康状况和生活用电的贫困剥夺份额呈现逐渐增大的趋势，说明贫困程度越深的涉藏地区移民家庭，这三个维度的贫困贡献率越大，要解决当地的深度贫困问题，帮扶工作需要重点从这三个维度着手。

首先，多维贫困指数按区域分解。

利用 A-F 方法的地区分解公式，将涉藏地区水库移民家庭多维贫困指数进行区域分解，进而得出各个区域贫困家庭的贫困贡献状况。从表 5-13 可以看出，整体来看，当 K 取值为 1 时，甘孜涉藏地区水库移民家庭的贫困贡献度高于另外两个地区，贫困贡献率达到了 81.76%。随着 K 值的增加，甘孜涉藏地区水库移民家庭的贫困贡献率呈现降低态势，而阿坝和木里涉藏地区水库移民家庭贫困贡献率呈现渐增态势，但甘孜仍高于阿坝和木里。当 K 取值为 3 时，甘孜涉藏地区水库移民家庭的贫困贡献率下降到 73.56%，阿坝和木里涉藏地区水库移民家庭的贫困贡献率则增加到了 29.45% 和 14.21%。从分析中可以看出，甘孜涉藏地区水库移民贫困规模比阿坝和木里大，所以水库移民家庭贫困贡献率整体上比阿坝和木里高。

表 5-13　　　　　　　　不同 K 值下各区域多维贫困贡献率　　　　　　单位:%

区域	K=1	K=2	K=3
M_0	51.72	42.19	10.71
甘孜	81.76	79.24	73.56
阿坝	15.21	17.43	29.45
木里	7.01	8.47	14.21

其次，多维贫困指数按家庭特征分解。

不同特征的贫困家庭，多维贫困状况理应表现各异。以下将分别从户主性别、户主受教育年限、家庭规模和家庭是否有成员外出务工 4 个角度对贫困家庭多维贫困贡献率进行分解。

（1）户主受教育程度。

研究表明，户主受教育程度会在很大程度上影响家庭贫困状况。如表 5-14 所示，当 K 取值为 1 时，户主受教育程度为小学的家庭贫困贡献率最大，占比为 53.21%；之后是文盲或半文盲，贫困贡献率为 41.78%；贡献率最小的是受教育程度在初中及以上的人群，贡献率为 8.12%。随着 K 值的不断增大，户主受教育程度越高其家庭的贫困贡献率越趋于降低，相反的是，户主受教育程度越低其家庭的贫困贡献率越呈增加趋势。特别是当 K 取值为 3 时，户主受教育程度为文盲和半文盲的家庭贫困贡献率增加到了 69.14%。说明涉藏地区水库移民家庭主要还是以户主受教育年限为小学和文盲或半文盲为主，户主文化程度在初中及以上的家庭陷入贫困的比例不高。同时也可以看出，户主文化程度为文盲和半文盲的家庭贫困剥夺情况比受教育程度为小学和初中及以上的家庭更为严重。

表 5-14   按户主不同文化程度的家庭多维贫困贡献率   单位：%

文化程度	K = 1	K = 2	K = 3
M_0	51.72	42.19	10.71
文盲或半文盲	41.78	54.21	69.14
小学	53.21	43.21	30.01
初中及以上	8.12	6.17	5.87

（2）家庭规模。

从表 5-15 可以看出，涉藏地区水库移民家庭主要以 1~3 人和 4~5 人家庭为主，当 K 取值为 1 时，他们的贫困贡献率分别占到 37.21% 和 44.32%，家庭人口规模为 6~7 人和 8 人及以上的家庭贫困贡献率为 18.34% 和 0.78%。当 K 取值为 2 和 3 时，家庭人口规模最小的家庭其多维贫困贡献率逐渐降低，4~5 人的家庭贫困贡献率呈现递增的趋势，而 6~7 人和 8 人及以上规模的家庭贫困贡献率也呈现递增趋势，但其仍然低于其他家庭。研究结果表明适度保持家庭人口规模对家庭贫困减缓有重要影响。

表 5-15   不同人口规模家庭多维贫困贡献率   单位：%

人口规模	K = 1	K = 2	K = 3
M_0	51.72	42.19	10.71
1~3 人	37.21	33.23	27.98
4~5 人	44.32	47.34	48.90
6~7 人	18.34	19.56	26.34
8 人及以上	0.78	1.34	1.98

（3）务工。

在汉族地区，一般情况下外出务工能够给家庭带来务农以外的额外收入，从而缓解家庭贫困。但从表 5-16 可以看出，涉藏地区水库移民家庭却表现出不一样的情况。首先，有外出成员务工的家庭贫困贡献率并未明显小于没有成员外出务工的移民家庭，反而随着 K 值的不断增大，有外出成员务工家庭的贫困贡献率却呈递趋势，当 K 值为 3 时，有成员外出务工的家庭贫困贡献率达到了 44.78%。这与其他区域的水库移民情况表现不大一致，反映了外出务工并没有给当地移民家庭的贫困减缓带来好处。经调研发现，涉藏地区移民因语言不通、受教育程度低和技能掌握不够,多从事简单重复的体力劳动,劳动力价值较低。有研究表明,劳动者价值低易导致其陷入贫困的概率更高,并使其贫困脆弱性固化(Imai et al.,2015)反而会加重其家庭的多维贫困程度。

表 5-16　　　　　　按是否有成员外出务工家庭多维贫困贡献率　　　　　单位:%

务工情况	K=1	K=2	K=3
M_0	51.72	42.19	10.71
没有成员外出务工的家庭	58.21	57.34	59.01
有成员外出务工的家庭	40.23	42.54	44.78

5.2.2.7　研究结论及启示

(1)研究结论。

本部分在参照 MPI 多维贫困指数的基础上,结合涉藏地区水库移民家庭的实际贫困状况,设计了贫困家庭多维贫困指标体系。采用维度等权重方法,考察了四川涉藏地区水库移民家庭多维贫困状况,得出的结论如下:

第一,涉藏地区水库移民家庭存在严重的多维贫困剥夺。通过分析可以看出,涉藏地区水库移民家庭存在较为普遍的多维贫困剥夺,特别是在社会保障、生活条件维度方面遭受的贫困剥夺情况较为严重。分区域来看,甘孜涉藏地区水库移民贫困规模大于阿坝和木里。

第二,户主文化程度深刻影响到涉藏地区水库移民家庭多维贫困状况。研究发现,户主文化程度越低,家庭拥有越强的贫困剥夺深度和广度。特别是当 K 取值为 3 时,户主受教育程度为文盲和半文盲的家庭贫困贡献率增加到了 69.14%。

第三,规模在 6 人及以上的涉藏地区水库移民家庭遭受的贫困剥夺情况更为严重。涉藏地区水库移民家庭主要以规模为 1~3 人和 4~5 人的家庭为主。同时,6~7 人和 8 人及以上规模的移民家庭贫困贡献率呈现递增趋势,说明规模在 6 人及以上的家庭遭受的贫困剥夺情况更为严重。

第四,外出务工不会明显降低涉藏地区水库移民家庭多维贫困程度。由于受教育程度较低和务工技能掌握程度不够,涉藏地区移民外出务工的劳动力价值较低,不会明显改善家庭生活水平,降低其贫困程度。

(2)启示。

第一,对于涉藏地区移民家庭的精准识别和精确帮扶,多维贫困指标及其分析框架具有更丰富的政策含义。相对于收入贫困,多维贫困不仅能够准确识别贫困对象,更能深入精准剖析多维致贫原因,提供更为丰富的贫困信息,从而为下一步的精准帮扶提供更为可靠的参考和依据。

第二，涉藏地区移民帮扶应更加关注异质性群体的贫困问题。应在以后的贫困帮扶中更多地关注女性、老人等异质性群体，往往他们遭受的贫困剥夺虽然整体比例不大，但剥夺程度却更深。

第三，保持合理的人口规模有助于缓解家庭贫困状况，贫困家庭往往陷入人口越多越贫困的怪圈。要在涉藏地区合理引导移民家庭保持合理的人口规模，提升人口综合素质，消除人多力量大、多子多福的传统陋习。

第四，贫困帮扶应更加注重贫困人口的能力提升。加大对涉藏地区贫困人口的教育、培训力度以及政策倾斜力度，增强他们的综合素质。

5.2.3 案例分析

（1）雅江县移民农户收入案例。

课题组在普巴绒乡调研得到的数据显示，一个人上山每天平均找20根虫草，卖10~20元/根，收入200~400元/天；一个人上山捡松茸，按5斤/人·天计算，卖最低价15元/斤，也可收入75元/人·天。并且找虫草、捡松茸这种劳动男女老少都能做，中小学孩子更能干，他们人小、眼尖、灵巧，每天的收获比大人还要多，每到收虫草的季节，学校都要统一给学生放假。

（2）案例启示。

第一，涉藏地区移民具有特殊的生产方式和收入构成。虫草、松茸等野生菌类、中藏药材等是库区农牧民最主要的现金收入来源，政策性收入占有一定比重，农业收入比重不高，务工收入普遍很少但呈不断增长态势。在调查的某电站移民收入构成中，野生资源占48.18%，粮食占12.63%，牧业占11.19%，转移性收入占8.91%。工资性收入占比较小。从总体来看四川省涉藏地区主要收入来源依然是耕地收入，野生资源采集是主要的组成部分，甚至在特殊年份藏族群众的收入基本都是野生资源采集，但野生资源采集变化较大，易受自然、市场等影响，相对不稳定，从长远来看藏族群众的收入是多元化的，但耕地收入一直是其中不可或缺的组成部分。

第二，16倍耕地产值安置严重脱离现实。内地农村移民补偿费用通常包括土地补偿费、安置补助费、青苗等地面附着物补偿费、房屋及附属设施补偿费。根据《大中型水利水电工程建设征地补偿和移民安置条例》第二十二条规定："大中型水利水电工程建设征收耕地的，土地补偿费和安置补助费之和为该耕地被征收前三年平均年产值的16倍"。而由于四川省涉藏地区特定的自然条件和耕地资源，16倍的土地补偿费和安置补助费无法完全满足移民的生产安置需要。

当前，四川省涉藏地区水电开发16倍耕地产值的标准虽已普遍突破，但总体来说相比内地水电开发标准依然偏低。

第三，需要解决两个方面的问题：一是立足特殊性，构建稳定脱贫指标。涉藏地区库区移民具有五大特殊性：特殊的自然环境条件、特殊的生产方式和收入构成、特殊的人口和社会结构、特殊的文化氛围和宗教习俗及特殊的战略地位。这些特殊要素，已经成为四川省水电能源开发的主要约束条件，同时也是涉藏地区贫困移民群体实现稳定脱贫的"瓶颈"制约因素。建议结合现有精准脱贫帮扶措施，着眼于藏族贫困移民长期性、稳定脱贫，充分考虑移民特殊困难，注重问题导向，聚焦聚力突出问题集中攻坚，将移民家庭的收入可持续性、贫困脆弱性及风险抵御能力等多维因素纳入稳定脱贫指标体系。二是着眼关口前移，源头治理。有必要对存在隐性致贫因素的非贫困家庭进行政策扶助，从而达到预防贫困的目的。建议将家庭成员平均收入在贫困线以上（超额部分不超过500元）、存在上述一个或多个典型隐性致贫因素的这类处于贫困脆弱带的非贫困家庭纳入贫困预警系统中，实现贫困治理关口前移，防止其陷入贫困或再次返贫。

第四，坚持规划先行，构建长效增收机制。涉藏地区大多数库区移民为后靠安置，移民往往是从原居住的河谷、平原等宜农、宜商地区后靠，迁往周边农地不充分、土地质量较差、生存空间狭小的高山地区，缺乏必要的生产资料，不利于传统农业耕作模式的发展，同时区域环境的局限也导致库区移民依靠产业化经营的可能性降低，库区移民收入的可持续性受到极大挑战。因此，有必要在电站开发设计之初对移民安置区后续产业发展进行规划，构建移民长效增收机制。

建议将移民安置点建设与新村建设相结合，大力发展旅游产业。将移民安置工程与新农村和美丽家园建设相结合，与城镇化建设相结合，与旅游产业发展相结合，按照产村相融"扶贫新村、移民新村、牧民定居、旅游村寨"四种模式，规划移民安置点的建设内容。对于符合一次性安置条件尤其是集中进入集镇参与旅游的移民，可以在补偿标准、宅基地划拨面积、小额资金贷款方面给予更大支持。

第6章

水库移民多维贫困治理的实践、经验与挑战

库区区域经济社会整体发展水平低于全国平均水平，部分少数民族库区社会发育程度还处于刚刚解决温饱的初级阶段，移民脱贫解困增收任务更加艰巨。因此，无论从以人民为中心的价值追求出发，还是从实现中华民族伟大复兴的人力资源储备与优化视角出发，缓解库区移民的贫困问题，都显得至关重要且势在必行。近年来，我国政府制定了一系列方针、政策，采取了一系列脱贫措施，主要涉及移民脱贫解困、基础设施建设、教育培训、移民增收项目和库区美丽家园（乡村）建设、生态环境建设及保护等方面。针对长江上游大型库区和移民安置区主要的贫困特征和相应的脱贫措施，本章主要从以上几个方面对近年来长江上游大型库区和移民安置区在多维贫困治理中的实践进行系统的梳理和分析，评价其实施成效，总结经验与现阶段面临的挑战。

6.1 水库移民多维贫困治理实践

6.1.1 移民脱贫解困

长江上游库区和移民安置区是国家扶贫攻坚任务繁重的区域之一，大型水库移民区和移民安置区与集中连片特困地区、民族地区、革命老区在地理分布上存在叠加，区域整体性贫困问题仍比较突出。区域内各级政府高度重视脱贫解困工作，在"三农"工作中将革命老区、民族地区、贫困地区的扶贫开发作为重中之重，形成了省级负总责，市级、县级抓落实的扶贫开发工作机制。通过"五个一批"工程的实施，实现了扶贫工作"六个精准"，脱贫解困成效显著。

（1）出台的政策文件。

为实现水库贫困移民全部脱贫解困的目标，国家发展改革委、财政部、水利

部等先后出台了一系列政策文件，对水库贫困移民人口脱贫解困工作提供指导，为全面完成贫困移民脱贫解困任务提供了政策保障。主要文件包括：

按照国家发展改革委、财政部、水利部联合印发的《关于帮助各地开展大中型水库移民避险解困试点工作的通知》和水利部移民开发局《关于印发大中型水库移民避险解困省级试点方案编制工作大纲的通知》要求，区域内各省编制了避险解困第一批、第二批试点工作方案，为避险解困试点工作的顺利实施提供了政策保障，内容涉及安置点住房建设、基础设施配套建设、产业发展和技能培训等四个方面。

区域内四川省、云南省、贵州省和重庆市扶贫移民局[①]、财政厅联合下发的《关于做好特殊困难移民整体解困推进工作的通知》，要求在2016年和2017年两年内全面完成特殊困难移民脱困任务，平均每年完成贫困户移民脱贫解困任务近7.5万人。下辖各市（州）、县（市、区）按要求编制了2015～2017年度特殊困难移民解困实施计划，力求在2016年和2017年两年时间内基本解决特殊困难移民群众的突出问题，并于2017年底完成了大部分避险解困项目建设，切实提高了移民的收入水平。

按照水利部移民开发局印发的《关于要求提供水库移民后期扶持人口信息的函》和《关于开展大中型水库移民后期扶持人口信息与扶贫开发建档立卡人口信息对接工作的通知》等文件要求，区域内四川省、云南省、贵州省和重庆市扶贫移民局将全省（市）大型水库移民人口信息与扶贫开发建档立卡人口信息进行了对接，以实现扶贫工作的精准。

国家发展改革委、财政部、水利部、国务院扶贫办（现国家乡村振兴局）印发的《关于切实做好水库移民脱贫攻坚工作的指导意见》要求各省级人民政府组织编制本省"十三五"脱贫攻坚规划。为了更好地开展水库移民脱贫攻坚工作，区域内四川省、云南省、贵州省和重庆市在编制完成《"十三五"脱贫攻坚规划》《大中型水库移民后期扶持"十三五"规划》的基础上，编制了《大中型水库工程移民脱贫攻坚工作方案》，作为其2016～2020年移民脱贫攻坚工作的行动纲领。

（2）采取的措施。

各级政府高度重视贫困移民脱贫解困工作，先期开展了避险解困第一、二批试点工作和特殊困难移民整体解困工作，按照扶贫解困工作"六个精准"和2020年全部实现脱贫目标要求，各级扶贫和移民工作局组织开展了水库移民和建档立卡扶贫人口对接工作，把贫困人口、贫困程度、致贫原因等搞清楚，根据

---

① 个别地方未正式挂牌，现为扶贫开发局。

贫困移民意愿帮助其实现脱贫解困，对愿意搬迁的特殊困难移民，通过再次搬迁安置解决这部分人居住不安全和生活困难问题，对不愿意搬迁的其他特困移民和贫困移民，全部纳入移民增收和美丽家园建设规划进行扶持，从而确保扶持对象、资金使用、因村派人、项目安排、措施到户、脱贫成效等"六个精准"。具体帮扶措施如下：

第一，积极开展移民避险解困试点工作。根据国家发展改革委、财政部、水利部联合印发的《关于有关省（自治区）大中型水库移民避险解困试点方案的批复》，对第一批开展避险解困试点工作的部分县（市、区）进行了督促检查，加快了推进试点工作进度，力争在国家规定的两年期限内完成试点工作。目前，第一批避险解困试点工作进展顺利，总体进度达到了90%。

同时，加快推动第二批移民避险解困试点工作，配合财政厅完成10个市（州）23个县（市、区）移民避险解困试点方案的财政评审工作，并联合下达财政评审意见。同时，在2015年下达移民避险解困试点县中央补助资金57796万元的基础上，下达避险解困省级配套资金57796万元。各试点县不等不靠，主动出击，第二批避险解困试点工作的项目进度达到60%。

第二，根据水利部移民开发局《关于要求提供水库移民后期扶持人口信息的函》和《关于开展大中型水库移民后期扶持人口信息与扶贫开发建档立卡人口信息对接工作的通知》等文件要求，扶贫和移民工作局将大中型水库移民人口信息与扶贫开发建档立卡人口信息进行了对接。

第三，有序推进水库移民美丽家园建设。四川省按照"系统推进、分年销号，补缺补短、精准扶持"的原则，省扶贫移民局与财政厅联合下达了《关于做好特殊困难移民整体解困推进工作的通知》，从2015年起实施全省特殊困难移民整体解困计划，2016年下拨后期扶持资金82208万元，加大特殊困难移民整体脱困的力度，大力推进水库移民美丽家园建设，确保实现完成特殊困难移民整体解困任务的目标。

（3）移民脱贫解困情况——以四川省为例。

四川省扶贫移民局根据贫困地区和贫困移民人口的具体情况，在水库移民后期扶持中安排发展生产、易地搬迁、生态补偿、发展教育、社会保障兜底等"五个一批"项目，将具体的扶持措施落实到户，发展农村产业，拓宽了致富门路，增强了致富本领，促进移民收入增加；住房建设及配套工程的实施，改善了移民生活水平，实现了居住条件与移民村组居民同等水平；生产资料调整，为帮扶对象提供了基本的生产资料，提高了土地利用率和生产效率；移民培训项目的实施，提高了移民劳动技能和就业能力，促进了移民就业增收；新农合、新农保等社会保障补助以及最低生活保障政策的实施，提高了移民抵御风险的能力，为贫困移民提供了最基本的生活保障。

2017年，移民人均可支配收入低于全县平均水平的共有642151人，较2016年（764696人）减少122545人，移民人均可支配收入低于全县平均水平的人数占移民总人口的57.82%，较2016年占比（69.31%）下降了11.49个百分点。

2017年，统计有贫困移民的村1702个，贫困移民人口12507人，较2016年分别减少2084个村、31316人。

2017年，特殊困难移民总计25193户、72245人，较2016年减少17622户、46933人。其中，居住不安全移民3627户、10292人，生活困难移民22868户、65722人。

案例6－1：

广安市邻水县万秀桥水库移民避险解困项目

（1）资金筹措情况。

万秀桥水库移民避险解困项目规划总投资8929万元，其中：中央补助资金3508万元，省补助资金3508万元，群众自筹资金1612.32万元，整合其他项目资金300.68万元。

（2）帮扶人员情况。

万秀桥避险解困试点项目帮扶对象518户、1754人，分别采取农村建房和城镇购房两种安置方式，规划集中安置点4个（分别为石永镇万秀桥村安置点、红花坪村安置点、王家镇黄荆冲安置点、大石桥安置点），具体情况如下：

王家镇双龙村帮扶对象共计142户、545人，其中建房人数为70户、282人，购房人数为72户、263人。

石永镇万秀桥帮扶对象共计126户、443人，其中建房人数为28户、118人，购房人数为98户、325人。

石永镇红花坪村帮扶对象共计181户、554人，其中建房人数为76户、262人，购房人数为105户、292人。

同石乡红井村帮扶对象共计61户、188人，其中建房人数为48户、145人，购房人数为13户、43人。

同石乡石岩村帮扶对象共计8户、24人，其中建房人数为6户、17人，购房人数为2户、7人。

（3）安置完成情况。

一是城镇购房情况。经过入户调查了解，已完成城镇购房有290户、930人，完成率为100%，目前，正在收集整理相关资料，资金即将拨付兑现。二是集中安置点建房。涉及199户、733人，目前4个集中安置点房屋主体工程已完工80%，计划2019年底前搬迁入住。三是分散建房情况。涉及29户、91人，目前正在实施建设中，计划10月底前完成，2019年底前搬迁入住。

（4）实施效益。

通过此次避险解困扶持政策的落实，增强了帮扶对象经济发展后劲，提高了帮扶对象的收入水平。进城镇安置的移民，较高的经济发展水平和更多的就业机会，为其提供了增收的渠道；进集中居民点安置的移民，通过宜居工程、农田改造、水利交通等基础设施建设、产业调整，为今后经济稳步持续发展奠定基础，并拓宽了致富门路，增强了致富本领，为帮扶对象的可持续发展打下坚实基础。

（资料来源：课题组根据实地调查与当地相关部门提供的资料整合而成。）

6.1.2 基础设施建设

受自然、历史、地理等综合影响，长江上游库区和移民安置区存在自然条件差、生态环境脆弱的不利因素，导致部分地区经济发展落后，致贫因素复杂。尽快改变库区和移民安置区基础设施滞后的状况，是广大移民群众的迫切要求。四川省凉山彝族自治州木里县把脱贫攻坚作为主要工作内容，把库区和移民安置区基础设施建设作为民生工程的重中之重，持续推进库区和移民安置区住房、公路、生态生活条件与公共服务建设，移民居住条件得到极大改善。

案例6-2：

木里县推进基础设施建设提速　带动扶贫攻坚提速

木里县隶属四川省凉山彝族自治州，是全国仅有的两个藏族自治县之一。基础设施建设落后、产业发展滞后、群众生活水平较低、群众科技文化水平不高使其成为全国"三区三州"深度贫困地区之一。为改善当地贫困人口的生活条件，提升当地基础设施和公共服务设施建设水平，促进区域脱贫与经济发展，凉山彝族自治州进一步坚定信心决心，鲜明问题导向，采取过硬措施，特事特办补齐短板，聚焦聚力夯实基础，以确保深度贫困县如期脱贫摘帽。

（1）着力打破交通"瓶颈"。

2019年，实现国道227线棉桠至梅雨段、李子坪至棉桠段全面建成通车，国道227线麦日（甘凉界）至巴亨垭口段和巴亨垭口至桃巴段公路改建工程、"亚三"公路、泸亚公路全面开工建设；实施农村公路建设三年大会战，开工建设13个乡通乡油路363.6公里、建成79.1公里，完成239.1公里通村通达项目建设，新改建19个村通村水泥路120.4公里，建成1个海事工作船泊位。

(2) 着力加强民生基础设施建设。

大力实施"五小水利"工程建设，启动饮水安全提质增效工程，实施列瓦饮水工程和9.65公里项脚河防洪堤工程，改造引水渠道27.5公里，新建水窖400口，新增有效灌溉面积500亩、改善灌溉面积1000亩、节水灌溉面积200亩。加强农村电网升级改造，实施计划总投资5936万元的县城区及1镇5乡电网提升改造工程，逐步分批上报实施113个村宽带建设及4G网络全覆盖工程。

(资料来源：课题组根据实地调查与当地相关部门提供的资料整合而成。)

6.1.3 就业扶贫

就业脱贫是实现精准化、稳定化脱贫的重要举措。通过就业帮扶使得有劳动能力的贫困移民人口早日通过自己的双手和努力，积极地融入社会，提升自我，进而从根本上摆脱贫困。凉山彝族自治州越西县以实现"每个有劳动力的贫困家庭至少有一人就业"为目标，坚定不移落实就业扶贫"九条措施"，推动人力资源向人力资本转变，打好就业组合拳，助力脱贫攻坚战。

案例6-3：

越西县"四促进"打好就业组合拳助力脱贫攻坚战

越西县位于四川省南部、凉山彝族自治州北部，因越过嶲水设郡县得名，是文昌文化的发源地，古为南方丝绸之路"零关古道"要塞，是一个以彝族为主体的多民族杂居山区农业县。2017年剩余建档立卡贫困村183个、贫困人口13674户、53613人，贫困发生率15%。针对面宽、量大、程度深的贫困现状，越西县始终将脱贫攻坚作为"头等大事"，始终将就业扶贫作为重要支撑，精准推动创业就业扶持一批，助推贫困劳动力充分就业、稳定就业。

(1) 坚持精准结合，促进长期稳定就业。

一是与越西县情相结合。通过"四步工作法"组织开展4000多名贫困劳动力资源现状调查；建立"一库五名单"和劳动力储备台账，为县乡村"一对一"结对帮扶就业摸清家底，制订工作方案。二是与精准脱贫政策相结合。锁定脱贫奔小康目标任务，将就业扶贫深度融入产业发展、市场主体培育及其他脱贫政策，吸纳大量贫困劳动力就业，推动政策红利效益最大化。三是与其他经济社会发展规划相结合。结合"十三五"规划，编制就业扶贫"十三五"专项规划和年度计划，五年内建成208个贫困村的社会保障服务体系及服务平台，规划完成2.8万人次各类技能培训，劳务产值社会效益1.8亿元。

(2) 打造劳务品牌，促进异地转移就业。

一是搭建转移就业平台。与2家省内职业学校和2家国内集团公司签订培训就业和订单培训输出协议，实现200余人贫困劳动力培训就业。成功建立劳务QQ群、经纪人微信群等省内外用工信息宣传平台。二是规范转移就业秩序。对登记在册的380名劳务经纪人开展定期培训，建立1~5颗星的信用评价制度并定期公布，为用工企业和贫困劳动力外出务工提供参考，促进劳动就业秩序。三是延伸转移就业服务。派出2名公安民警和4名懂彝语的管理人员驻厂，将服务工作延伸到工人务工集中地区，在东莞市设立劳务工作服务站，为广东省的越西贫困劳动力提供就业服务。

(3) 搭建就业平台，促进就地就近就业。

一是依托产业培育搭平台。实施"1园区+10基地"现代农业体系建设，扶持壮大一批劳动密集型企业；深入落实建筑业优惠政策，开展业务的建筑企业达到48户，本地注册9户；启动总投资8亿元的观音河流域康养旅游项目，为贫困劳动力提供就地就近就业岗位100多个。二是依托项目建设添机会。吸纳200多名贫困劳动力参与到大型铁路交通项目建设，实现本地就业；结合用工需求，制定套餐式课程，完成80余名贫困劳动力技能培训并与建房企业签订用工合同。三是依托兜底安置促均等。按照平均每村5个岗位标准开发公益性岗位，通过非全日制用工的方式进行过渡性兜底安置，实现850人贫困劳动力托底就业，每人每年增收3600元；选聘生态护林员211名、落实资金139万元，每人每年增收6580元。

(4) 整合政策资源，促进技能培训就业。

一是与贫困劳动力就业意愿相衔接。充分尊重贫困群众意愿，统筹制定"9+X"培训菜单，开展20多次技能培训送到门口、培训菜单送到群众手中活动，促进灵活就业。二是与村级产业发展规划相衔接。全县289个建制村挂牌成立农民"夜校+点题培养中心"，分级落实教学师资977人，根据各村产业发展规划，针对性开展农业、工业、餐饮和农村电商等技能培训500余班次和1.3万余人次。三是与职业教育发展相衔接。通过国家单招、国家高考、"2+3"五年制大专联办方式，为200余名贫困学生升学就业搭建两不误平台。与四川工业科技学院等5所职业教育学校牵手，实施职业教育"三免三定"计划，资助贫困学生免费参加职业教育，通过校企一体化职培模式实现就业、带动脱贫。

(资料来源：课题组根据实地调查与当地相关部门提供的资料整合而成。)

6.1.4 生态扶贫

生态扶贫是绿色发展、协调发展理念在扶贫开发领域的具体体现，是中国特色扶贫道路的核心内容。扶贫开发要同保护生态环境结合起来，强调要深入推进精准施策，扎实做好生态扶贫等重点工作。脱贫攻坚战打响以来，面对新形势、新任务、新要求，各级政府和移民管理部门始终把建设长江上游生态屏障、维护国家生态安全摆在首要位置，打好"生态牌"，走好"扶贫路"，下足"绣花"功夫，做好"精准"文章，让天更蓝、地更绿、水更清、环境更优美，取得生态环境保护扶贫明显成效。

通过改水改厕改厨、绿化美化、塌岸治理、滑坡处理、浸没处理、清淤工程、垃圾收集处理、乡镇生活污水集中处理等措施，有效解决移民区农村"脏、乱、差"的现状，优化了移民居住环境和生活环境，达到村容村貌干净、卫生、整治、美化。通过电力、沼气、天然气等清洁能源建设，以及节水灌溉措施和控制化肥、农药的使用，农业面源污染大大减少。通过土地开发整理、中低产田土改造、林果业的发展等措施，有效涵养水源，遏制水土流失，减轻自然灾害危害，提高森林覆盖率，促进生态环境的良性循环，实现移民区和移民安置区社会经济和生态环境协调发展。

案例6-4：

凉山彝族自治州林业六措并举推进生态脱贫

凉山彝族自治州是全国最大的彝族聚居区、最典型的深度贫困区。长期以来，由于独特的自然环境和气候因素以及人类长期不合理的生产活动和资源利用方式，导致生态严重失衡。为此凉山彝族自治州践行"绿水青山就是金山银山"的重要思想，强化绿化造林和资源保护，把生态建设与助推特色产业发展、助农增收和改善人居环境有机结合起来。

（1）实施新一轮退耕还林工程促进脱贫。

全州将实施年度退耕还林16.47万亩，根据各地申报计划和规划情况及时将任务下达至12个县市实施，并对退耕还林工作提出了新要求。工程项目重点向贫困地区、贫困村、贫困户倾斜。在树种选择上，坚持生态效益与经济效益相结合，引导群众选择经济效益高、生态效益好的乡土树种，确保退耕农户增加收入。

（2）依托林业工程建设帮助脱贫。

在实施天然林保护、营林业造林、优质种苗培育、林下种植、特种养殖等林业项目建设中，着力向符合条件的贫困乡镇、贫困村和贫困户倾斜，使贫困户、贫困人口直接从工程项目建设中获得收入。目前，已向贫困县下达了天然林保护工程二期2018年中央预算内投资计划2250万元，计划在全州8个贫困县实施人工造乔木林2.9万亩（500元/亩），封山育林8万亩（100元/亩）。

(3) 开展林业科技培训助力脱贫。

充分发挥州、县和乡镇林业科技力量，加大对核桃、花椒等经济林的施肥、整形修剪、嫁接以及丰产栽培技术等综合管理的理论知识和技术要领实用技能培训，进一步提升培训规模和质量，提升贫困人口"造血功能"，增强脱贫潜能，加快脱贫步伐。

（资料来源：课题组根据实地调查与当地相关部门提供的资料整合而成。）

6.1.5 产业扶贫

在扶贫开发过程中，我国提出了从"输血式扶贫"到"造血式扶贫"的理念，而产业扶贫则是后者的主力军。通过扶持专业大户、致富带头人或专业合作社，建设内容涉及水稻、玉米、中药材等的种植，生猪、牛、羊、家禽、水产等的养殖，优质水果、板栗核桃等的林果种植、农副产品加工、乡村旅游等二、三产业发展四个方面的内容，建成特色产业移民村，通过"政府投资，村民投工投劳"模式、"村民自建方式""一帮一"结队帮扶等多种方式扶持产业发展，促进移民村组产业结构的优化调整。

案例6-5：

射洪县平灵核桃种植基地（农企股份合作）

2013~2014年，射洪县先后投入后期扶持资金320万元对广兴镇塔子山村的核桃产业进行扶持，发展优质核桃基地。业主为"四川太阳湖农业有限责任公司"，业主投入2000万元，塔子山村以县上投入的后期扶持资金320万元作为入股资金（县扶贫移民局以项目名义拨付资金，项目村委托县农投公司管理资金，根据项目村、项目业主、县农投公司三方协议，县农投公司将资金按生产开发项目进度拨付业主，并对资金进行监管），移民按耕地500元/亩·年、林地100元/亩·年的标准流转土地2000亩。移民入股资金每年按银行同期贷款基准利率上浮10%的额度进行分红，不受企业盈亏影响，其分红主要用于本村基础设施建设、生产开发项目等，部分分配给移民。移民收入由三个部分构成：分红、土地流转租金和在基地打工收入。

（1）经济效益。

公司收益：丰产年销售收入2970万元，经营成本2187.90万元，利润782.10万元，企业所得税195.53万元，企业净利润586.57万元。农民收益：一是土地租金：每年耕地500元/亩，每年林地100元/亩；二是工资收益：2000元/月×10月＝20000元/年；三是入股资金的分红收益；预计户均增收50000元/年。

（2）社会效益。

一是培育区域主导产业，项目实施后，每年缴税195.53万元，实现地方税收增长。二是促进第一、二、三产业融合发展，实行基地、加工、销售一条龙，延长了产业链。三是项目通过移民资金与当地资源相结合，吸引社会及工商资本投入，实现项目滚动式开发。四是引导农村劳动力回流，促进了产业结构调整。

（3）生态效益。

改善区域生产生活条件，项目建设调整了田型，有利于提高项目区农业机械化作业水平；改良了土壤，有利于提高土壤地力，提高了项目区抗旱能力；栽植经果林，提高了森林覆盖率4个百分点。通过此项目的实施，改善了项目区及周边生态环境。

（资料来源：课题组根据实地调查与当地相关部门提供的资料整合而成。）

6.2 多维贫困治理主要经验

6.2.1 简政放权，积极探索后期扶持项目管理的新模式

按照《关于开展大中型水库移民后期扶持项目民主化建设管理试点工作的指导意见》文件精神，有关省为推进政府职能转变，创新行政管理方式，探索农村公共基础设施民主化建设管理新机制，开展了大中型水库移民后期扶持项目民主化建设管理试点工作。一是在审批权限方面，将后期扶持项目计划审批权限下放到市级或县级。二是在切块资金下达方面减少"层层过手"，加快资金下达。充分发挥区县的信息优势，增强区县对下达资金使用的自由度和灵活性，支持区县因地制宜统筹安排支出，提高资金配置效率，着力解决"专款专用、区县统筹能力弱、资金合力和效率不高"的问题。三是在项目建设管理方式方面，开展了后期扶持项目民主化建设管理机制试点推行工作，完善了民主化建管和监管程序，提高了后期扶持项目实施效率和资金使用效率。

6.2.2 精准扶持，推动贫困移民脱贫攻坚深入开展

根据水利部移民开发局《关于要求提供水库移民后期扶持人口信息的函》和

《关于开展大中型水库移民后期扶持人口信息与扶贫开发建档立卡人口信息对接工作的通知》等文件要求，积极与扶贫部门对接，对建档立卡贫困村、贫困移民进行精准识别，及时掌握贫困移民的数量分布、致贫原因、脱贫举措，为水库移民扶贫措施精准发力提供了保障。

按照党中央、国务院关于精准扶贫工作精神，库区和移民安置区各级地方政府高度重视水库移民精准扶贫工作，一是"美丽乡村""新农村建设"项目重点向贫困村倾斜建设，改善贫困地区基础设施和公共服务落后的现状；二是通过扶持到户的生产开发项目，积极探索小额贷款、扶持贫困移民入股分红、移民干部结对帮扶等精准扶贫模式，促进贫困移民脱贫致富。

6.2.3 避险解困，整合资源帮扶特困移民脱贫解困

对于居住在山洪地质灾害易发区、"水上漂"、生存条件恶劣的特困移民，实施了大中型水库移民避险解困搬迁，对于彻底解决特困水库移民生存环境恶劣问题发挥了积极作用。避险解困项目的实施，让特困移民彻底告别了水面木棚和危旧土坯房，搬进设施全、品位高、环境优的住宅小区，住上安全房，过去行路难、生产难、上学难、就医难等一系列问题都得到解决，人居环境得到极大改善，促进了城乡公共服务均等化，解决了安居难题。

为顺利推进避险解困方案的实施，积极实践探索，突破性解决了安置点建设资金整合、搬迁后移民生产发展和社区管理等一系列难题。一是在资金整合方面，充分利用扶贫搬迁、农村土坯房改造、城乡建设用地增减挂钩政策、农村危房改造、财政"一事一议"、新农村建设资金、"金蓝领""雨露计划"等培训计划等政策和专项资金，整合地方各部门资金以及资源，合力推动移民搬迁安置。二是在搬迁方式上，以异地搬迁为主，按照相对集中的原则，结合城镇化发展进程、新农村建设、现代农业建设、工业园区布局和当地实际，引导移民进城镇或中心村安置。三是在帮扶内容上，将安置点住房、基础设施、公共服务等配套设施建设与生产扶持、教育培训等一系列综合措施相结合，全面解决移民搬迁后居住环境、生活便利和生产发展问题。四是在保护移民权益方面，使移民原有土地权益不伤害、现有权益可增加、未来权益可预期。比如对移民原有的土地、宅基地、山林、水面的承包权及所有权不变，保证在搬迁中移民享受到搬迁移民扶贫补助、危房改造补助、土地增减挂钩政策补助，以及小额担保贴息贷款、创业服务贷款和选择城乡户籍、计划生育、社会保障等政策优惠。

6.2.4 整治环境，多措并举美丽家园建设初见成效

结合新农村建设，实施了移民村"美丽乡村"整村推进项目，加大了移民村环境综合整治力度，通过建设农村社区及服务中心、文化大院、健身场所、垃圾处理设施、绿化亮化等，移民村的村容村貌焕然一新，形成了一批新农村建设示范村、样板点，极大地推动了库区和移民安置区的建设发展，对移民安置区的社会稳定起到积极的作用。如以项目带动开展移民美丽家园示范村建设，同时发挥了移民资金对社会资金的整合撬动作用。通过美丽家园项目资金撬动其他部门和社会资金投入，开展村庄硬化、绿化、亮化、净化，修建党群活动室、移民文化活动广场等，村庄的面貌得到改善。

6.2.5 强化监管，保障后期扶持资金安全及效益的发挥

将监督检查作为开展各项工作的重要手段，坚持问题导向、不断深化监督，连续多年开展稽查、引入第三方进行审计、监测评估工作。如以省移民工作领导小组办公室名义下发稽查、审计整改通知；针对避险解困、精准扶贫等重点工作强化督导、调度和专项检查；要求各地严肃工作纪律，对自然减员移民人口严格审查把关，严肃追究虚报移民人口、冒领直补资金问题的有关人员责任。通过多项举措规范管理、化解风险，有效保障资金安全和干部安全。通过移民资金内审、稽查、监测评估和绩效评价"四位一体"的监管机制，对后期扶持政策实施和资金运行开展全面监督管理。实施"利益相关者零距离末端监督"机制，在100人以上移民自然村建设文化信息服务站，有效维护了移民权益；进一步规范移民资金使用和项目管理。通过移民信息管理平台构建上联国家移民管理机构，下联市、县移民管理机构，横联省政府相关部门和移民工作相关单位的信息传输网络，实现移民工作相关规划及其年度计划、项目和资金管理、监督检查等管理业务的在线化和流程化，促进移民管理工作规范化和制度化。

6.2.6 规范推进，建立省级后期扶持监评长效机制

自《关于开展大中型水库移民后期扶持政策实施情况监测评估工作的通知》下发以来，各地通过开展大中型水库移民后期扶持政策实施情况的监测评估，基本上建立了监测评估工作机制，全国共有29个省份开展了相关工作。通过对后期扶持政策实施的跟踪监测，及时掌握了移民人口、资金、项目管理、监督检查、信访维稳、机构建设、实施效果等方面的情况，为后期扶持资金的安全使用和后期扶持政策的顺利实施提供了保障。

6.3 多维贫困治理成效分析

6.3.1 多维贫困治理成效概况

(1) 移民收入持续增长。

近年来，各省份均将移民增收作为规划目标之一，加大了生产扶持力度，实施效果明显。大部分省份在监测期内移民收入持续增长，样本户移民增长速度均超过当地农村居民收入增长速度，且与当地农村居民平均收入差距不断缩小。通过发放直补资金、开展技能培训、实施产业扶持、小额贷款贴息等促进了移民就业增收。2017年，样本户人均纯收入（可支配收入）超过10000元的有重庆市和四川省，低于7000元的为云南省。各地移民收入主要来源于工资性收入，工资性收入主要是外出务工，其中，重庆市工资性收入占样本户人均纯收入（人均可支配收入）比例均在70%以上。

(2) 移民村"五难"问题逐步解决。

后期扶持与脱贫攻坚开展以来，各地对库区和移民安置区的帮扶力度不断加大，库区和移民安置区得到了更多的政策、资金和项目扶持，基础设施建设投入不足、经济发展相对落后的状况逐步得到改善。以交通道路硬化率为例，由于各省份地理位置和发展水平不同，投资方向上也各有侧重，东部沿海各省份相比中西部省份而言经济较发达，基础设施相对比较完善，而中西部各省份经济比较落后，尤其是西部地区多是山区，基础设施相对落后。2017年，各地共修建交通道路74237.72千米，移民群众的出行条件得到较大改善，同时也加强了与外界的商贸往来，促进了当地农产品的流通和增值，加快了当地群众脱贫致富的步伐。据不完全统计，4个省份样本户移民安全饮水比例介于80%~90%之间，重庆市最低，为74.34%；移民村吃水、出行、就医、入学等问题进一步得到解决，移民生产生活条件不断改善。

(3) 移民生活向好势头不减。

2017年，各地移民管理机构注重将移民村帮扶与美丽家园建设相结合，积极利用避险解困、二次搬迁、村庄综合整治、社会主义新农村、土地增减挂钩、危房改造等各项政策，移民群众的住房条件得到明显改善，住房日趋宽敞的同时，质量也在逐步提升；同时加大对移民村村容环境综合整治力度，移民村的村容村貌得到很大改善，建成一批新型移民社区，"宜居、富美、和谐"库区建设取得新进展，涌现了一批田园风光型、湖光山色型、文化特色型、产业发展型的可复制、可持续的美丽移民村庄"样板"。随着移民收入的不断提高，移民生活水平和生活质量不断提高，家庭耐用消费品百户拥有量普遍增加，尤其是随着收入水平的提高、消费意识的增强以及消费理念日益多元，电脑、空调、小汽车等高档耐用消费品逐步进入移民家庭。

（4）库区和移民安置区社会秩序总体稳定。

各地认真贯彻落实《国务院关于完善大中型水库移民后期扶持政策的意见》，做好水库移民解困工作，通过政策宣传、纳入最低生活保障、加大培训等综合措施，妥善解决连带影响人口问题。同时，认真落实信访值班、信息报送、矛盾排查、挂牌督办等制度，耐心细致做好政策宣传、信访接待工作，认真办理信访事项，努力解决移民群众反映的实际问题。逐步建立、不断完善移民信访工作机制，畅通信访渠道，持续改进工作作风、创新工作方法，移民诉求已基本得到妥善处理。市、县移民管理机构认真落实各项后期扶持政策，通过政策解释、协调相关单位，较好地解决了移民诉求，移民群众对后期扶持的满意度不断提高，库区和移民安置区社会秩序总体稳定。

6.3.2 多维贫困治理成效的客观分析

从库区和移民安置区的生态环境、社会条件等客观具体指标对长江上游大型水库移民多维贫困治理成效进行测算。

6.3.2.1 评价指标构建

由于水电开发产生的移民多属于非自愿移民，非自愿移民群体重新组建社会系统后，在生产方式、生活习俗、宗教信仰等方面都各具特点，因此，库区移民的社会重构与可持续发展是一项庞大而复杂的系统性工作，往往涉及政治经济、社会文化、资源环境、民族宗教等诸多领域。随着市场经济体制的不断深入、财产权利意识的不断强化，各级政府、水电开发业主、库区移民、安置地居民等不同利益主体之间的博弈关系越发复杂。因而，评价指标的构建应在充分考虑安置区生态环境、经济、社会发展状况这三个子系统的基础上，建立反映实际情况的系统评价体系。

本部分根据长江上游大型水库移民多维贫困治理综合成效内容，参考前人的研究，综合考虑库区和移民安置区的共同特点，在数据可获得的前提下，采用多指标综合测定方法。[①]

第一个层次为综合指标，表示综合成效，用长江上游大型水库移民多维贫困

---

① 龚宵侠. 西部民族地区反贫困：绩效评估与未来取向 [J]. 西北人口，2009，30（4）：117-121.

治理实施综合成效指数来表示。第二个层次为主体指标，表示反映长江上游大型水库移民多维贫困治理实施综合成效的三个主要指标，分别为：生态环境效应水平、社会效应水平和经济发展效益水平。第三个层次为群体指标，本层次主要反映第二个层次生态环境效应水平、社会效应水平和经济发展效益水平的各项具体指标，共包括15项，其中，生态环境效益水平主要包括：生活、工业污染物处理率，自然灾害发生频率，居住环境满意度，森林覆盖率，塌岸、滑坡治理率。据调查，库区部分水库库岸不稳定，侵蚀不断，滑坡和塌岸现象时有发生，而且个别水库位于城镇下游，城镇居民生活污水和工业废水直接排入水库，对水库水环境造成了污染。据四川省扶贫开发局统计，2015年底，四川全省移民村生活垃圾收集处理率为62.93%，比全省水平低4.96个百分点；移民区和移民安置区乡（镇）生活污水集中处理率64.57%，比全省水平低2.37个百分点；森林覆盖率36%，与全省平均水平基本持平。加强环境承载能力与保护生态环境对库区、安置区经济社会发展具有重要影响，有助于促进农业生产的可持续发展。同时，促进生态环境的良性循环，是实现移民区和移民安置区社会经济生态协调发展的有效路径。

社会效益水平主要包括：道路交通等基础设施改善度，新农合参加率，新农保参加率，教育与移民培训满意度，用水用电改善度。新农合与新农保是农村地区社会保障的主要形式，其筹资渠道将个人缴费、集体补助与政府补贴三种渠道相结合，三方筹资，使农村居民在养老与医疗上有一定保障，减轻家庭负担。同时，要统筹考虑库区移民长远发展问题，通过劳动就业技能培训等方式，可以增强移民就业和增收能力。

经济发展效益水平主要包括：生产开发项目益贫效果，第二、三产业转移就业率，家庭人均年可支配收入，家庭人均耕地面积，恩格尔系数。具体指标见表6-1。

表6-1　长江上游大型水库移民多维贫困治理综合成效水平评价指标体系

目标层	准则层	指标层
综合成效（A）	生态环境效益水平（B1）	生活、工业污染物处理率（B11）
		自然灾害发生频率（B12）
		居住环境满意度（B13）
		森林覆盖率（B14）
		塌岸、滑坡治理率（B15）

续表

目标层	准则层	指标层
综合成效（A）	社会效益水平（B2）	道路交通等基础设施改善度（B21）
		新农合参加率（B22）
		新农保参加率（B23）
		教育与移民培训满意度（B24）
		用水用电改善度（B25）
	经济发展效益水平（B3）	生产开发项目益贫效果（B31）
		第二、三产业转移就业比率（B32）
		家庭人均年可支配收入（B33）
		家庭人均耕地面积（B34）
		恩格尔系数（B35）

本书将评价指标按照优、良、中和差四个等级的赋分标准进行划分。其中，"优"表示该项指标达到了极好的水平，相应的赋分标准为 90~100 分；"良"表示该项指标达到了较好水平，相应的赋分标准为 80~89 分；"中"表示该项指标达到了一般水平，相应的赋分标准为 60~79 分；而"差"则表示该项指标未能完全得到实行，或者是实施效果不佳，仅达到了较低水平，相应的赋分标准记为 0~59 分。各指标的赋分标准值见表 6-2。

表 6-2　　　　　　　　各指标的评判和赋分标准

指标	单位	优（90~100 分）	良（80~89 分）	中（60~79 分）	差（0~59 分）
生活、工业污染物处理率（B11）	%	>85	65~85	40~64	<40
自然灾害发生频率（B12）	%	<10	10~39	40~60	>60
居住环境满意度（B13）	%	>90	60~90	40~59	<40
森林覆盖率（B14）	%	>40	30~40	10~29	<10
塌岸、滑坡治理率（B15）	%	>90	60~90	40~59	<40
道路交通等基础设施改善度（B21）	%	>90	60~90	40~59	<40
新农合参加率（B22）	%	>99	90~99	70~89	<70
新农保参加率（B23）	%	>95	90~95	70~89	<70

续表

指标	单位	优 (90~100分)	良 (80~89分)	中 (60~79分)	差 (0~59分)
教育与移民培训满意度（B24）	%	<90	60~90	40~59	<40
用水用电改善度（B25）	%	>90	60~90	40~59	<40
生产开发项目益贫效果（B31）	%	>90	60~90	40~59	<40
二三产业转移就业比率（B32）	%	>60	40~60	20~39	<20
家庭人均年可支配收入（B33）	元	>14650	10247~14650	9574~10247	<9547
家庭人均耕地面积（B34）	亩	>2	1~2	0.79~0.9	<0.79
恩格尔系数（B35）	%	<35	35~40	41~50	>50

表6-2中各指标的评判标准参考了库区移民"十三五"规划相关标准设计，按照移民区和安置区区域发展规划水平年的标准制定优等的标准。其中生活、工业污染物处理率大于85%，森林覆盖率大于40%，道路交通等基础设施改善率为大于90%，新农合参加率大于99%，新农保参加率大于95%，用水用电改善度大于90%，第二、三产业转移就业比率大于60%，家庭人均年可支配收入高于14650元，需要说明的是，在家庭人均年可支配收入的评判标准中，10247元参照了"十三五"规划基准年区域农村居民的平均收入水平，9547元参照移民"十三五"规划基准年的平均收入水平。家庭人均耕地面积指标按照现有移民家庭人均耕地面积数量划分为4个等级，其中0.79亩为人均移民耕地面积。其余指标的评判标准则通过实地调查与专家论证两个方面最终确定。

6.3.2.2 评价方法

本书采用层次分析法来对长江上游大型水库移民多维贫困治理综合成效进行评价。层次分析方法是对定性问题进行定量分析的一种简便、灵活而又实用的多准则决策方法。

6.3.2.3 研究结果

本书根据德尔菲法的原理，基于多维贫困治理成效测算要求，通过专家打分，确定指标权重。德尔菲法作为建立在专家专业知识与经验判断基础上的群体决策方法，具有匿名性、反馈性和易于统计的特点，通过多次与专家交互的循环过程，逐渐提炼收敛分散的意见于统一。

本书制定的专家咨询表共包括两个部分。

第一部分为综合指标。具体为：生态环境效益水平、社会效益水平和经济发展效益水平。

第二部分按照三项主体指标对应设计了三张表格。一是生态环境效益水平，包括生活、工业污染物处理率，自然灾害发生频率，居住环境满意度，森林覆盖率，塌岸、滑坡治理率5个群体指标。二是社会效益水平，包括道路交通等基础设施改善度，新农合参加率，新农保参加率，教育与移民培训满意度，用水用电改善度5个群体指标。三是经济发展效益水平，主要包括：生产开发项目益贫效果，第二、三产业转移就业率，家庭人均年可支配收入，家庭人均耕地面积，恩格尔系数5个群体指标。

本书采用特征根法对主体指标的权重进行计算，各主体指标均通过了一致性检验，得到长江上游大型水库移民多维贫困治理各个主体指标和群体指标的权重（见表6-3）。

表6-3　长江上游大型水库移民多维贫困治理综合成效评价指标体系中各指标的权重

综合指标（权重）	主体指标（权重）	群体指标	权重
综合成效（1）	生态环境效益水平（0.340）	生活、工业污染物处理率（B11）	0.140
		自然灾害发生频率（B12）	0.263
		居住环境满意度（B13）	0.231
		森林覆盖率（B14）	0.164
		塌岸、滑坡治理率（B15）	0.202
	社会效益水平（0.364）	道路交通等基础设施改善度（B21）	0.201
		新农合参加率（B22）	0.210
		新农保参加率（B23）	0.216
		教育与移民培训满意度（B24）	0.196
		用水用电改善度（B25）	0.177
	经济发展效益水平（0.296）	生产开发项目益贫效果（B31）	0.194
		第二、三产业转移就业比率（B32）	0.215
		家庭人均年可支配收入（B33）	0.221
		家庭人均耕地面积（B34）	0.169
		恩格尔系数（B35）	0.201

根据上述长江上游大型水库移民多维贫困治理综合成效指标体系的设计，来构建综合成效评价模型，其计算公式如式（6.1）所示：

$$P = \sum_{j=3}^{3} w_j h_j \tag{6.1}$$

其中，W_j 表示各主体指标的权重，h_j 表示各主体指标的标准值，P 为长江上游大型水库移民多维贫困治理综合成效评价指数，反映这一时期长江上游大型水库移民多维贫困治理综合成效水平。

按照前述表 6-2 中评价指标体系的赋分标准，参考汪芳与郝小斐（2008）的研究实践，再次采用德尔菲法，根据调查统计资料，邀请从事水库移民后期扶持与脱贫攻坚理论研究工作的学者与政府相关职能部门的专家共同为长江上游大型水库移民多维贫困治理综合成效进行打分。其间，将优、良、中、差等分别赋值为 90~100 分、80~89 分、60~79 分和 0~59 分。"优"表示该项指标目前已达到了库区移民"十三五"规划水平年的标准；"良"表示该项指标达到了较好水平；"中"表示该项指标目前达到的水平为一般；而"差"则表示该项指标未能取得成效，政策实施效果不佳，仅达到了较低水平。

根据式（6.1）计算出评价指标各项得分具体见表 6-4。

表 6-4　　长江上游大型水库移民多维贫困治理综合成效评价得分

主体指标（权重）	群体指标	初次权重	最终权重	专家打分	得分
生态环境效益水平（0.340）	生活、工业污染物处理率（B11）	0.140	0.047600	70	3.33
	自然灾害发生频率（B12）	0.263	0.089420	75	6.71
	居住环境满意度（B13）	0.231	0.078540	80	6.28
	森林覆盖率（B14）	0.164	0.055760	80	4.46
	塌岸、滑坡治理率（B15）	0.202	0.068680	70	4.81
社会效益水平（0.364）	道路交通等基础设施改善度（B21）	0.201	0.073164	100	7.32
	新农合参加率（B22）	0.210	0.076440	85	6.50
	新农保参加率（B23）	0.216	0.078624	85	6.68
	教育与移民培训满意度（B24）	0.196	0.071344	70	4.99
	用水用电改善度（B25）	0.177	0.064428	85	5.48
经济发展效益水平（0.296）	生产开发项目益贫效果（B31）	0.194	0.057424	60	3.45
	第二、三产业转移就业比率（B32）	0.215	0.063640	60	3.82
	家庭人均年可支配收入（B33）	0.221	0.065416	60	3.93
	家庭人均耕地面积（B34）	0.169	0.050024	60	3.00
	恩格尔系数（B35）	0.201	0.059496	65	3.87
总计			1		74.61

由表 6-4 可知，长江上游大型水库移民多维贫困治理综合成效评分总分为 74.61 分（保留小数点后两位，下同）。具体来说，从主体指标来看，生态环境效益水平总体得分 25.60 分，社会效益水平总体得分为 30.96 分，经济效益水平总体得分为 18.05 分。从群体指标来看，得分最高的为交通道路等基础设施改善度，得分约为 7.32 分，其次是自然灾害发生频率，得分为 6.71 分，值得注意的是，参照表 6-2 对于各指标的赋分标准，此处自然灾害发生频率得分越高，表明自然灾害发生的频率越大。排在第三位的为新农保参加率，得分为 6.68 分，其后是新农合参加率为 6.50 分，第五位的是居住环境满意度，为 6.28 分。而得分最低的则是家庭人均耕地面积，仅为 3.00 分，这与实际调查的情况一致。倒数第二位的是生活、工业污染物处理率，为 3.33 分，倒数第三位的是生产开发项目益贫效果，为 3.45 分，倒数第四位的是第二、三产业转移就业率，为 3.82 分，倒数第五位的是家庭恩格尔系数，为 3.87 分。其余的指标中得分低于 5 分的指标依次是家庭人均年可支配收入，为 3.92 分；教育与移民培训满意度，为 4.99 分；塌岸、滑坡治理率，为 4.81 分；森林覆盖率，为 4.46 分。指标得分高于 5 分的为用水用电改善度，为 5.48 分。

6.3.2.4 结论与启示

本部分基于客观视角对长江上游大型水库移民多维贫困治理综合成效进行了分析与测算，结果发现：

一是整体上看，长江上游大型水库移民多维贫困治理的社会效益水平较高，主要表现在交通道路等基础设施的改善、新农合和新农保的参加率以及用水用电的改善这四个方面，说明移民区及安置区的基础设施得到了较大的改观，饮水安全和用电获得了有效保障，社会保障体系正在不断健全，相关的后期扶持政策与脱贫攻坚举措收获了较高的社会效益水平，为库区和移民安置区经济社会可持续发展奠定了一定的基础。

二是经济发展效益水平则不容乐观。首先，最为突出的表现是家庭人均耕地面积不足。人多地少，资源承载力低和环境容量不足是绝大部分库区和移民安置区面临的主要问题。据课题组调查，2015 年底，调研区域移民人均耕地仅为 0.79 亩，且可供农业开发的土地后备资源缺乏。其中，中低产田土面积 656.97 万亩，占移民村组耕地面积的 59.66%，土地较为贫瘠，地力差，导致了移民人均自种粮食产量低，农村居民人均占有粮食 407.12 千克，而移民人均占有粮食仅为 350.01 千克。由于粮食自供能力差，所调研的大多数移民农户都需要额外买米买面。耕地资源不足产生了一系列的连锁反应，增加了移民农户家庭对食品消费的支出，在一定程度上提高了移民的恩格尔系数。

其次，生产开发项目的益贫效果不佳，增收减贫效益较为低下，据了解，目前在库区和移民安置区已经建立的农民专业合作社组织中，普遍存在产业开发项目利益联结不紧密的问题，主要原因一方面是移民在生产开发中组织化程度低，大部分移民是以个人或户为单位参与联合体生产开发，同时已形成的专业大户、家庭农场、农民专业合作社规模小，移民在与龙头企业的联结中处于弱势。另一方面是到库区和移民安置区投资的业主投入的风险更大，不愿实行保底收购、保底分红、二次返利等确保移民增收的措施。从生产开发项目本身来看，同质化现象较为突出。据课题组调查，地处金沙江流域的凉山彝族自治州2015年底核桃种植面积360万亩、占全省的30%，规划到2025年增加到1000万亩。凉山、广元、绵阳核桃年产量都超过5万吨。在产量剧增的同时，造成价格断崖式下跌，2016年核桃收购价是2008年以来价格最低的，类似的还有猕猴桃、柑橘等产业，同质化带来的品质下降和价格跌落成为产业减贫增收联结机制的重大隐忧。同时，生产开发项目约有80%以上集中于农业部门，主要依靠土地资源和劳动力的投入。而库区多集中在生态环境脆弱区域，自然灾害频发，从已有的研究来看，自然灾害会影响农业生产的收成，而耕地面积越大，移民农户越容易因为自然灾害而陷入贫困（杨浩等，2016）。加之库区及安置区土地资源并不丰富，对扩大种植业、林果业等农业项目开发有一定局限性，导致生产开发项目的益贫效果受到局限。

再其次，第二、三产业转移就业比率较低，这项指标与教育与移民培训这一指标息息相关。据了解，移民培训项目包括实用技术培训、就业技能培训和职业教育培训。包括种植业培训、养殖业培训、林果业培训、餐饮住宿、畜牧兽医等项目的培训，但由于年均培训次数较低，培训周期较短，大多数参与培训的移民户反映培训效果不佳。移民城镇就业机会低，绝大多数都从事建筑工地行业的体力劳动，收入较低。

最后，移民农户家庭年人均可支配收入较低，食品消费支出大，恩格尔系数较高。2015年底，四川省移民人均可支配收入为9574元，尽管比2010年的4633元增加了4941元，年均增幅达到15.62%，但是与全省农村居民平均水平相比仍然有差距，与全省农村居民的人均可支配收入10247元相差673元。低于全省农村居民平均水平的移民人口达到792995人，占全省移民后期扶持总人口的71.46%。

三是生态环境效应水平得分居中。其中，效益水平较低的集中在生活、工业污染物处理率和自然灾害发生频率两项指标。据四川省扶贫开发局统计，2015年底，四川全省移民村生活垃圾收集处理率为62.93%，比全省平均水平低4.96

个百分点；移民区和移民安置区乡（镇）生活污水集中处理率64.57%，比全省平均水平低2.37个百分点，个别水库位于城镇下游，城镇居民生活污水和工业废水直接排入水库，对水库水环境造成污染。库区部分水库库岸不稳定，侵蚀不断，滑坡和塌岸现象时有发生，严重影响移民的生产生活可持续发展。

综上所述，长江上游大型水库移民多维贫困治理综合成效主要体现在对道路交通等基础设施、社会保障及通水通电等社会维度指标上，而城镇转移就业、生产项目发展及移民农户收入提高等方面的成效仍需提高。

基于客观视角对长江上游大型水库移民多维贫困治理综合成效的测算，结合上述研究结论，可以得到以下启示：

一是长江上游大型水库移民多维贫困治理成效维度比较单一，主要集中在社会效益指标，经济发展效益与生态环境效益相对不足，因此需要提高多维度的综合成效。

一方面，统筹兼顾，突出重点。以库区和移民集中安置区为重点，优先解决特殊困难移民农户的生产生活问题，统筹解决当前存在的、涉及移民权益和稳定的累积性问题，全面实施库区移民增收计划，促进移民社会经济整体协调发展。另一方面，多元投入，协调发展。按照政府主导、部门协作、合力推进的原则，统筹考虑库区和移民安置区的经济社会发展实际问题，整合多方力量，实现协调可持续发展。

二是长江上游大型水库移民多维贫困治理措施的同质性较强，未能充分考虑区域及移民农户的多元化特征。比如，在民族地区以传统的农牧业为主要生产方式，水利水电站征地移民造成的土地资源损失恢复难度巨大，以土地为依托的传统移民安置方式难度极大。现行安置补偿政策实施效果并不显著，移民人口发展机会有限，收入来源稳定性不强。针对民族地区库区移民安置补偿工作，一方面，要坚持因地制宜，多措并举，实行多元化的安置补偿方式。根据《中华人民共和国民族区域自治法》中关于"国家在民族自治地方开发资源、进行建设的时候，应当照顾民族自治地方的利益""国家采取措施，对输出自然资源的民族自治地方给予一定的利益补偿"，以及充分利用《大中型水利水电工程建设征地补偿和移民安置条例》留出的民族地区"编制移民安置规划应当尊重少数民族的生产、生活方式和风俗习惯"的创新空间，在安置方式选择、宗教文化类特殊实物补偿、林下资源补偿补助、后期扶持政策上，都应该有所突破和创新，以突出区域特色。目前，要在"有土安置"和"逐年补偿安置"之外，大胆探索更多的安置方式和补偿办法。将有土安置与逐年补偿安置结合，让移民既有基本生活来源又有事可做，如有的地区可以利用有限的耕地种植供旅游消费的蔬菜等。积极探索"逐年补偿安置"与"有土安置"结合方式为主，一次性货币安置、社会保障安置等方式为辅的安置办法。另外，建立以移民安置资金为基础，其他扶持政策为助力的综合安置政策。将移民安置工程与新农村和美丽家园建设相结合，与城镇化建设相结合，与旅游产业发展相结合，按照产村相融"扶贫新村、移民新村、牧民定居、旅游村寨"四种模式，规划移民安置点的建设内容。对于符合一次性安置条件尤其是集中进入集镇参与旅游的移民，可以在补偿标准、宅基地划拨面积、小额资金贷款方面给予更大支持。

6.3.3 多维贫困治理成效的主观分析

《中共中央国务院关于打赢脱贫攻坚战的决定》明确提出，要切实提高扶贫成果可持续性，让贫困人口有更多的获得感。库区移民作为多维贫困治理公共政策最直接的服务对象，不仅应在政策的需求表达和决策中具有发言权，对政策举措的满意程度也是衡量其有效性的重要标志。因此，库区移民的主观感受一方面可直接反馈于政府公共政策的质量，另一方面可被看作督促政府提升公共政策质量和绩效的重要测度。[①] 作为政府惠民政策的多维贫困治理不再只是决策者或是政府单方"由上而下"的价值传播，而必须做出"由下而上"的选择与调整来回应库区移民民生关切。因此，从移民主观感受的角度去探讨多维贫困治理成效，不仅能全面地反映长江上游库区和移民安置区多维贫困治理水平，更给予了移民重要的发声渠道。

6.3.3.1 变量描述

本书认为移民农户由于其自身内部的行动逻辑对长江上游库区和移民安置区多维贫困治理的需求偏好有差异，影响其满意度的因素比较多，而移民满意度影响因素存在主次之分。基于此，本书定义因变量 y 为二元变量，将农民满意度影响因素 x 分为两类：一是移民农户对后期扶持政策的评价，本部分参照水利部颁布的《关于加强水库移民后期扶持政策实施监督检查工作的通知》，参考该通知中公布的"大中型水库移民后期扶持监测评估指标体系"，将移民的满意度评价指标分为 4 个一级指标，即资金发放、项目实施、实施保障体系、实施效果；14 个二级指标，分别为：移民生活水平现状（x_{113}）、现金直补资金发放（x_{12}）、教育（x_{13}）、农田水利建设（x_{14}）、移民生产发展能力（x_{114}）、政府公共服务（x_{112}）、医疗卫生（x_{15}）、饮水设施（x_{16}）、住房（x_{17}）、供电设施

[①] 卢海阳，郑逸芳，黄靖洋. 公共政策满意度与中央政府信任［J］. 中国行政管理，2016（8）.

(x18)、道路建设（x19）、生态环境保护（x110）、培训（x111）、社会稳定（x115）（见表6-5）。

表6-5　　　　　　　　　　　主要变量描述统计

一级	二级	变量说明	最小值	最大值	均值	方差
资金发放	现金直补资金发放（x12）	每人每年600元，发放20年	1	5	3.25	1.299
项目实施	教育（x13）	九年义务教育、学前教育、扫盲活动、教学条件等	1	5	2.66	1.251
	农田水利建设（x14）	水窖、机井、灌溉渠道、排灌站等	0	5	3.63	0.938
	医疗卫生（x15）	医疗可及性、医疗服务及设备、新农合等	1	5	2.44	1.275
	饮水设施（x16）	自来水、水管铺设等	1	5	4.02	1.060
	住房（x17）	安全性等	1	5	4.09	1.057
	供电设施（x18）	安全性、持续性等	1	5	4.19	0.935
	道路建设（x19）	道路硬化、道路加宽等	1	5	4.17	0.953
	生态环境保护（x110）	清洁能源使用、垃圾处理等	1	5	4.05	1.022
	培训（x111）	农业科技推广培训、再就业培训等	1	5	3.43	0.972
实施保障体系	政府公共服务（x112）	社会秩序与法律维护、政治宣传与指导等	1	5	3.35	1.027
实施效果	移民生活水平现状（x113）	有稳定收入来源、可满足日常基本生活开支等	1	5	3.23	1.289
	移民生产发展能力（x114）	具备生产可持续发展的能力与条件等	1	5	2.22	1.046
	社会稳定（x115）	乡风文明建设、犯罪率等	1	5	3.82	0.675

移民农户家庭特征包括7个指标，即被调查移民农户的家庭年收入（x21）、家庭共有人口数（x22）、民族（x23）、未成年人口数（x24）、50~60岁人口数（x25）、家庭平均受教育年限（x26）、家庭病患者人口数（x27）（见表6-6）。

表 6-6 农户家庭主要变量描述统计

一级	二级	变量说明	最小值	最大值	均值	方差
移民农户家庭特征	家庭年收入（x21）		1500	150000	8266.71	13898.33
	家庭共有人口数（x22）		1	15	4.15	1.99
	民族（x23）	汉族=0，非汉族=1	0	1	0.64	0.48
	未成年人口数（x24）		0	5	0.59	0.99
	50~60岁人口数（x25）		0	3	0.46	0.74
	家庭平均受教育年限（x26）		0	16	5.30	2.95
	家庭病患者人口数（x27）		0	5	0.55	0.79

鉴于多维贫困治理评价 4 个一级指标、14 个二级指标均由被调查移民农户主观作答，标准值界定存在模糊性，因此，本书采用单因素的模糊评价。根据评价决策需要，将评价标准分为"非常不满意、不满意、一般、比较满意、非常满意" 5 个等级，并间隔均等赋值，评价集合 v = [非常不满意，不满意，一般，比较满意，非常满意] = [v5, v4, v3, v2, v1] = [1, 2, 3, 4, 5]。

6.3.3.2 移民农户满意度影响因素因子分析

将影响农民满意度的 21 个因素归为两类，各类影响因素间可能存在相关性。因而可以做以下假设：(1) 移民农户对后期扶持政策评价的 14 个变量间存在相关性；(2) 移民农户家庭特征 7 个变量间存在相关性。

对影响移民农户满意度的两类影响因素数据分别进行 KMO 抽样适应性检验和 Bartlett 球型检验来确定其是否存在相关性，如果假设不成立，使用原始变量做下一步分析。

多维贫困治理满意度评价指标变量和移民农户家庭特征变量的 KMO 值分别为 0.821 和 0.653，同时，Bartlett 球型检验给出的相伴概率均为 0.000，小于显著性水平 0.05。因此，数据通过了 KMO 检验和 Bartlett 球型检验，可以对其进行因子分析。

首先，运用因子分析法分析所有样本户，将为数众多的指标减少为几个新因子，重现系统内变量之间的内在联系，得到主因子得分方程和每个主因子的方差贡献率，即：

$F_j = \beta_{1j} x_{11} + \beta_{2j} x_{12} + \cdots + \beta_{14j} x_{114}$，其中，$F_j$ 为主成分（j = 1, 2, …, m），$x_{11}, x_{12}, \cdots, x_{114}$ 为各指标，$\beta_{1j}, \beta_{2j}, \cdots, \beta_{14j}$ 为各指标在主因子 F_j 中的系数得分。

因子分析相关矩阵特征值表明，前三个主因子所包含的信息量占总体信息量的 78.207%，可以将变量指标划分为三大类。

由主因子方程系数可见，第一主因子 F1 主要由 x110（生态环境）、x12（直发直补资金）、x13（教育）、x114（移民生产发展能力）、x15（医疗卫生）构成，方差贡献率达到 49.810%，这些因素都直接或间接与社会基础设施与经济条件相关，可以概括为"社会基础设施与经济条件相关因子"。第二主因子 F2 主要由 x14（农田水利建设）、x16（饮水设施）、x17（住房）、x18（供电设施）、x19（道路建设）、x113（移民生活水平现状）、x115（社会稳定）构成，方差贡献率 22.665%，概括为"社会基础设施与社会秩序相关因子"。第三主因子 F3 主要由 x111（培训）决定，方差贡献率 5.732%。

其次，对移民农户家庭特征变量进行因子分析。

从政策功能的角度出发，库区移民后期扶持和贫困治理的意义在于外在帮扶与自我发展，而"外在帮扶"又要通过"自我发展能力建设"起作用，使帮扶对象具备"内生发展"能力，这正是后期扶持与贫困治理的真正目标之所在，因此，不仅外在帮扶质量对移民的满意度具有重要影响，而且移民农户家庭收入、受教育程度等家庭特征也不同程度地影响农户满意度。

同理，通过因子分析得到相关矩阵特征值表明，前五个主因子所包含的信息量占总体信息量的 84.348%，可以将变量指标划分为五大类。

由主因子方程系数可见，第一主因子 F4 主要由 x22、x23 和 x24 构成，方差贡献率达到 28.409%，反映了被调查对象民族、家庭共有人口数和未成年人口数对满意度的影响。第二主因子 F5 主要由 x26 决定，方差贡献率 15.801%，反映受访者家庭平均受教育年限对后期扶持政策评价的影响。第三主因子 F6 主要由 x21 决定，方差贡献率 14.601%，反映移民农户家庭年收入情况对满意度的影响。第四主因子 F7 主要由 x27 决定，方差贡献率 13.518%，反映移民农户家庭病患者人口数。第五主因子 F8 主要由 x25（50~60 岁人口数）决定，方差贡献率 12.019%。

6.3.3.3 移民农户满意度影响因素分析

在前面的研究中确定了 8 个新的变量 F 来反映农民满意度影响因素的变化信息。接下来进一步研究变量 F 与农民满意度之间的关系，构建 Logistic 回归模型。

$$\text{logit}(P) = \ln\frac{P(y)}{1-P(y)} = \beta_0 + \sum_{i=1}^{8}\beta_i \times F = \beta_0 + \beta_1 \times F_1 + \cdots + \beta_8 + F_8$$

利用 SPSS20.0 版软件进行 Logistic 回归分析，通过对模型整体检验的卡方检验结果可知，8 个自变量的 Logistic 回归模型的拟合优度卡方值为 83.237，并达到 0.05 显著水平，表示所投入的自变量中至少有一个自变量可以解释样本因变量的结果。

根据对模型关联强度检验，结果表明自变量与移民农户满意度之间具有中强度关联（0.671），综合以上分析可以认为模型能有效拟合样本数据。同时，SPSS软件输出 Logistic 回归模型分类正确率为 87.5，说明自变量能有效预测样本因变量的结果。

农户满意度影响因素的模型的估计结果看出 F1 在 5% 的水平上对移民农户满意度有着显著的影响，且其回归系数远远高于其他主因子，其他变量对移民农户满意度影响较小（见表 6-7），Logistic 回归模型估计式如下：

$$\text{logit}(P) = 0.555 + 2.389F_1 + 0.381F_2 + 0.259F_3 - 0.192F_4 + 0.102F_5 + 0.378F_6 + 0.248F_7 + 0.117F_8$$

表 6-7　　　　　　　　　　Logistic 回归模型估计结果

项目	因子	系数	标准差	Wald 检验	自由度	显著性	Exp(B)
step1	F1	2.389	0.408	34.325	1	0.000	0.092
	F2	0.381	0.300	1.613	1	0.204	0.683
	F3	0.259	0.254	1.035	1	0.309	0.772
	F4	-0.192	0.305	0.395	1	0.530	1.211
	F5	0.102	0.305	0.112	1	0.738	0.903
	F6	0.378	0.365	1.074	1	0.300	0.685
	F7	0.248	0.343	0.521	1	0.470	0.781
	F8	0.117	0.352	0.111	1	0.739	0.889
	constant	0.555	0.346	2.578	1	0.108	0.574

对 Logistic 回归模型估计结果对移民农户满意度影响因素分析如下：

一是从估计结果来看，第一主因子 F1 的检验值达到 0.000，具有显著性，并且其回归系数 2.389 远远高于其他主因子的系数。第一主因子 F1 主要由 x110（生态环境保护）、x12（现金直补资金发放）、x13（教育）、x114（移民生产发展能力）、x15（医疗卫生）构成，综合了移民农户对这五项评价的信息，表明生态环境、现金直补资金发放、教育、医疗卫生和移民生产发展能力是后期扶持政策满意度影响的最重要因素，且这些因素对后期扶持满意度成正相关关系。

为了找出这五个因素分别对满意度的影响程度，因此，有必要对 F1 各指标求权重，计算公式为：

$$W_i = \frac{(\sum_{j=1}^{m} \beta_{ij}) \times e_j}{\sum_{i=1}^{n}[(\sum_{j=1}^{m} \beta_{ij}) \times e_j]}$$

W_i 表示某指标 x_i 的权重。

根据对第一主因子 F1 的 5 个指标权重计算结果可知，影响满意度的关键指标在于 x15（移民生产发展能力）与 x12（现金直补资金发放）的评价，分别占到 0.07434 与 0.07104，这与调查的情况一致（见表 6-8）。长江上游库区和移民安置区主要集中在自然环境条件差、生产资料缺乏、土地贫瘠的区域，不利于传统农业耕作模式的发展，导致移民农户原有的生存技能不能再局限于农业，需要逐渐向工业、建筑业、交通运输业、批发和零售贸易、餐饮业等其他的行业发展。而据调查，受访者家庭平均受教育年限只有 5 年半，再就业培训一年两次，一次 7~10 天，并不能从根本上提升移民农户在新环境下的生产发展能力，调查中，一半以上的农户对未来的发展感到信心不足。同时，2006 年国务院印发的《关于完善大中型水库移民后期扶持政策的意见》明确规定后期扶持直发直补标准为每人每月 50 元，发放 20 年，但十多年来该资金发放标准一直未调整，绝大多数农户提出了"提高直发直补标准，按物价增长指数测算"的建议。

表 6-8　　　　　　　　　　　　F1 各指标权重

因素	$\sum_{j=1}^{m} \beta_{ij} \times e_j$	权重
x11	0.056626	0.067075
x12	0.057969	0.07104
x13	0.0499	0.04724
x15	0.0557	0.07434
x17	-0.05304	0.05649
合计	0.167155	0.316185

移民农户对库区生态环境（x11）的评价也是影响满意度的关键指标之一。据调查，已建库区和安置区出现生态环境恶化、水土流失严重、水质污染加剧等现象，特别是库区塌岸滑坡、浸没淤积和防护工程维护等问题已严重影响到移民的生产生活。

二是第四主因子 F4 与因变量满意度成负相关关系，F4 主要由 x22、x23、

x24 构成，反映了被调查对象民族、家庭共有人口数和未成年人口数对满意度的影响，该估计结果在一定程度上说明家庭总人口与未成年人口少的汉族移民农户较少数民族移民农户对后期扶持政策的评价更高，这与后期扶持政策未能满足少数民族移民的特殊性有关。总的来说，少数民族库区移民具有五大特殊性：特殊的自然环境条件、特殊的生产方式和收入构成、特殊的人口和社会结构、特殊的文化氛围和宗教习俗及特殊的战略地位。而现行后期扶持政策，自 2006 年 7 月 1 日起，对全国大中型水库农村移民实行统一的政策标准，即不分水利水电工程移民、新老水库移民、中央水库和地方水库移民，也并未为适当照顾少数民族的特殊性及特殊困难留有空间。据了解，由于大多数少数民族库区移民为后靠安置，他们往往从原居住的河谷、平原等宜农、宜商地区后靠，迁往周边农地不充分、土地质量较差、生存空间狭小的高山地区，缺乏必要的生产资料，不利于传统农业耕作模式的发展，同时区域环境的局限也导致库区移民依靠产业化经营的可能性降低，库区移民收入的可持续性受到了极大挑战。

6.3.3.4 结论与政策建议

本部分在参照"大中型水库移民后期扶持监测评估指标体系"的基础上，结合库区移民家庭特征指标，设计了多维贫困治理成效满意度评价指标体系。通过因子分析得出，一方面，移民对生态环境、现金直补资金发放、教育、医疗卫生和移民生产发展能力的评价是后期扶持政策满意度影响的最重要因素，特别是对移民生产发展能力、现金直补资金发放与生态环境保护这三方面的评价尤为突出。另一方面，少数民族库区移民满意度评价较汉族移民低。

本部分结论对于提高移民满意度，提升多维贫困治理绩效具有启发意义。

第一，库区移民农户的科技文化素质普遍较低，这是造成库区移民生计可持续发展面临极大挑战的主要和深层次原因，现有移民劳动力能力素质不再适应新的发展需要，难以向非农产业转型，而文化教育、技能培训和整体能力素质的提高需要一个过程，短期内难以明显见效，需要继续扩大"阳光工程""雨露计划"等项目的覆盖率和绩效，持之以恒地加强培训，有效化解移民贫困人口务工难、增收难等问题，提供可持续的脱贫致富保障。

第二，全面推广水电资源开发惠民补助办法，补助资金由市（州）、县财政筹措，比例按税收分配比例承担。适当提高后期扶持基金提取比例，分别按一分钱提取水资源费和每度电多提 4 厘（涉藏地区特殊情况有所提高）的标准，用于建立水库移民稳定发展专项扶持资金，主要用于当地的移民技能培训、基础设施建设、教育经费补充、医疗和扶贫等。

第三，采取工程治理、监测预警等综合措施加强生态环境保护。加大对崩塌、滑坡、泥石流等地质灾害勘查防治和高切坡整治力度。对目前较为稳定及相对稳定而不致直接造成重大危害的崩滑体采取以实施监测预警为主的措施处理，对群众生命财产造成较大危害的崩滑体采取工程治理或搬迁避让的措施处理，积极推广塌坡、崩岸治理技术；加强对水库回水和易受风浪影响区域的水土流失治理，治理浸没和清理淤积。

第四，将少数民族水电移民区后续产业发展内容列入大中型水电工程移民安置规划的设计规范中。帮助移民群众发展现代农业和第三产业。同时，将移民安置点建设与新农村、美丽家园建设相结合，与城镇化建设相结合，与旅游产业发展相结合，规划移民安置点的建设内容。

6.4 多维贫困治理面临的挑战

由于历史和现实的因素，长江上游库区和移民安置区一般地处偏远、土地贫瘠、自然灾害频繁、文化卫生事业不发达、经济基础薄弱，已经脱贫的移民农户也面临诸多返贫挑战，主要包括精准脱贫难度指数高、区域个体返贫压力大、摆脱贫困内生动力弱和脱贫后续发展挑战大等。

6.4.1 脱贫攻坚难度指数高

（1）主体功能区视角。

长江上游库区和移民安置区空间上呈现出经济地理的边缘性、政治地理的敏感性、生态地理的脆弱性等多重叠加耦合，从国家主体功能区角度看，大多数地区属于限制开发区或禁止开发区，也是全国重要的生态功能区。这些地区资源环境承载能力较低，不具备大规模高强度工业化、城镇化开发的条件，重要任务是提供生态产品；而生态产品要转变成生态经济，进而变成生态优势，不仅取决于生态交易市场，而且还高度依赖是否拥有形成共识、权威的政策法规制度，同时，与人类社会文明程度、国家经济发展水平也密切相关。加之各国之间、中央与地方之间、不同地区之间的生态利益博弈，生态生产者与生态购买（需求）者之间形成的价格易于被扭曲低估。

生态产品价格要回归市场价值，如退耕还林、退牧还草相关补贴标准，可以提高到贫困地区群众认为放弃耕种农作物、放弃养牛羊（机会成本）等是一种经济人的理性选择，此时的价格才是均衡价格。当生态价格低于机会成本时，保护建设生态的内在动力就值得各方担忧。在我国，生态产品的定价权在中央政府，地方政府无定价权，但拥有一定的议价权，而贫困户则既无定价权也无议价权。

因此，生态功能区的脱贫严重依赖国家层面的生态政策、资源开发政策等，而上述政策的调整变动涉及不同利益集团的既得利益，考验着各方智慧。

(2) 社会发育视角。

一个地区社会发育程度低体现在多方面，社会心理层面表现为个体意识尚未觉醒；群体意识层面表现为眼光狭小，注重眼前利益、局部利益，忽视长远利益和全局利益，小生产者意识根深蒂固地禁锢着人们的思维；文化氛围层面表现为文化消费在其本质上还属于满足人自然本性需求的消费。社会发育程度低的原因是复杂的，从空间层面看，社会发育程度低的地区往往具有空间环境上的相对封闭性，与外界交往、联系匮乏；从历史层面看，空间环境的封闭性又容易造成社会发育程度低的地区长期停留在一种社会形态中，呈现出平行而非上升式的发展历程，文化积累长期处于低水平陷阱中。长期的自我封闭与低水平循环发展，容易造成人们对落后生产生活方式和低水平形象思维的路径依赖，形成贫困文化，陷入低水平均衡陷阱。就长江上游库区和移民安置区而言，社会发育程度相对较低的地区，主要集中在大小凉山彝区和高原藏区。

综上所述，地理环境封闭、历史发展欠账、文明发育不足，思想观念滞后等，直接制约着这些地区人文素质的改善与提高，导致并加重了贫困深度。而打通封闭环境、弥补历史欠账、消除贫困文化、更新发展理念均要经历一个较长的过程，社会发育的耗时性和脱贫攻坚的限时性之间存在着巨大反差与内在矛盾，成为低社会发育程度地区脱贫攻坚最大的难点。

(3) 特殊类型村视角。

特殊类型贫困村与一般贫困村相比，存在着特殊的属性特征，造成其成为脱贫攻坚的难点所在。根据长江上游移民村的特点，高半山村和空心村脱贫最为艰难。高半山区特指农区河谷以上，位于山体相对高度一半以上或海拔高度在2300米以上的农村地区。高半山区地理区位与贫困区域基本重合。高半山村脱贫攻坚面临着扶贫工作是优先尊重主体意愿还是遵循经济效益的两难选择；面临着异地扶贫二次搬迁带来的生活便利性与生产不便性的艰难选择。位于高半山的贫困村，其区域环境封闭、山高坡陡、气候恶劣、生态脆弱、交通不畅、信息闭塞，往往形成地理和信息上的双重孤岛，身处其中的贫困者与外界联系、交流匮乏，生产发展处于自给不自足的状态，人们居住分散、劳动素质低下、思想观念陈旧，在缺乏外力有效介入的情况下，先进的意识、技术和制度均难以自我产生，也难被本土贫困者自主引进，容易形成贫困的"孤岛"。

伴随着精壮劳动力的流失，人才空心化问题凸现，而不管是脱贫还是发展，其首要保障就是人力和人才的保障，缺乏人的支撑，空心村的农业劳动生产、基础设施建设、公共服务运行、科技推广示范等均难以推行，容易造成村庄的"塌陷"。

（4）深度贫困群体视角。

少数民族、残疾人、儿童等既是扶贫重点更是脱贫的难点。少数民族致贫原因复杂，多维贫困叠加，特别是代际贫困问题突出。贫困代际传递既是慢性贫困的特性，也是慢性贫困的成因。慢性贫困意味着扶贫具有长期性，巩固拓展脱贫攻坚成果，全面推进乡村振兴如何兼顾短期与长期问题，达到"标本兼治"，既实现短期暂时性脱贫又确保长期稳定性脱贫，是少数民族脱贫的一大难点。此外，少数民族贫困不仅是自然生态环境因素的产物，更是贫困人群生活方式等人文要素失调作用的结果。贫困和文明观念落后往往共生共存，成为少数民族脱贫的又一个难点。

残疾人脱贫的挑战主要体现在：一是收支状况中存在着隐蔽性贫困问题，即残疾人的医疗康复消费高，在传统以收入为标准的贫困线衡量下，可能将贫困残疾人视为非贫困人口，从而出现瞄准偏误；二是传统扶贫主要是直接或间接帮助增收，然而贫困残疾人需求特殊，更加多元，脱贫需求与扶贫供给之间存在着精准对接难题；三是残疾人精准扶贫除了注重发挥政府的主导作用之外，更需要社会爱心人士、社会企业、社会组织的积极参与，而当前残疾人精准扶贫中政府和社会力量还难以实现充分有效对接。

6.4.2 抗逆力弱返贫风险高

降低脆弱性、增强抗逆力是脱贫攻坚要实现的重要目标。由于信息不对称，在精准脱贫评估考核中，相关主体可能存在掩盖于己不利的信息的动机，以获取利己的扶贫政策与资源，而一旦脱贫的政治高压形成，下级扶贫主体又可能出于政绩，"急躁冒进"，人为地让贫困对象"数字脱贫"（虚脱），即面临精准脱贫退与不退的"道德风险"问题。精准脱贫考核中，被考核者存在着隐藏信息的动机，在脱贫考核机制不健全时，由扶贫部门自主考核容易导致考核过程流于形式，听汇报开座谈会多，以"说"代"做"多，内部人"自己考核自己"多。在信息不对称情况下，帮扶对象也有隐藏信息的动机，村级组织和村民更倾向于隐藏信息延迟"退出"。当村组织、村民在评估考核中力量较弱时，容易造成"被脱贫"，当完全让被帮扶者评估时又会造成"难脱贫"，因此即使有客观标准，脱贫结果也可能难以被老百姓所认可。

当前长江上游库区和移民安置区经济发展普遍面临缺乏核心竞争力、经济发展后劲不足、经济结构不合理等诸多问题，很多已经脱贫摘帽的贫困人口始终面临返贫的风险。第一，长江上游库区和移民安置区多处于山区，自然条件恶劣，贫困移民人口数量较多且分散，贫困移民户对转移性收入倚重程度高，经营性、工资性、财产性收入占比低，务工工资性收入稳定性差；第二，这些地区经济发展受到多种因素限制，地方财政收入仅能维持其自身基本运转，在改善民生、保障公共安全等方面力不从心，而过大的扶贫压力导致地区经济发展、基础设施建设和产业转型缺乏必要的资金支持，对外招商引资时缺乏明显优势和足够的吸引力；第三，这些地区农业发展受到国际市场农产品价格倒挂的影响，近年来农业收入因市场价格波动而有所减少，缺乏特色等现象较为普遍，无法提供足够的就业岗位和带动经济发展；第四，缺乏必备的基础条件和网络经济来有效应对不断变化的市场经济和网络经济；第五，移民人口普遍向外流动，大多数青壮年长期外出务工，劳动力的缺乏难以推动农村经济快速发展。脱贫离不开持续稳定增长的直接性物资支持，目前这些地区主要靠政府利用行政体系推动的扶贫方式以现金或物资供应作为主要手段，这种减贫措施虽然具有低风险、见效快、考核方便的优点，但在一定程度上加深了贫困移民户对政府及外界力量的依赖，进一步放弃对财富的主动追求和对生产的积极谋划，不利于农业生产和农村经营活动的创新发展。政府或其他组织及个人一旦停止或减弱资金、技术扶持力度，贫困移民户就容易返贫。

返贫人口的脱贫挑战在于返贫本身意味着贫困者的脆弱性。脆弱性既是贫困的原因，也是脱贫的障碍，更是返贫的重要影响因素。这种脆弱性既可能源于自身的能力不足，也可能源于外部的权利赋予和机会创造再一次失败。返贫，不仅意味着在经济上从摆脱贫困退落到再一次跌入贫困，而且也意味着对这些曾经历经艰难走出困境的脱贫对象的心理实行了二次打击。另外，现行的一些政策法规排斥了深陷贫困境遇的群体，如农村的黑户死角问题、大小凉山彝区的失依儿童问题。

6.4.3 激发脱贫内生动力难

虽然长江上游库区和移民安置区贫困问题是多层面、多角度的复杂原因综合而成的，但是其中最突出的问题还是温饱问题和收入问题，因此无论是政府还是贫困移民户自身都对贫困地区的经济、物质投入比较重视，却忽视了贫困移民人口精神、思想观念、人力资本等方面，部分贫困移民户缺乏脱贫致富的主观能动性和积极性，过度依赖政府的扶贫帮扶政策，形成"等、靠、要"的思维模式，出现了贫困移民户与政府在脱贫攻坚中的博弈，而长期以来形成的以政府为主体的扶贫模式在某种程度上对这种思维模式进行了进一步强化。部分贫困移民户其抵御风险的能由于力较弱，面对突发意外、自然灾害、市场巨变等状况时无法进行有效应对，自力更生发展致富动力差；部分贫困户受技术、市场等因素影响，发展受挫失去信心；部分贫困移民户存在体制歧视观念、职业歧视观念、地域歧视观念、就业方式歧视，眼高手低，导致出现很多基层岗位无人问津的现象。

过度依赖政府帮扶、忽视自身脱贫能力建设，导致无法从根本上改变贫困状态，贫困户在脱贫后容易因外在条件的变化而返贫。因此想要持续推进库区和移民安置区的脱贫攻坚，对贫困移民群众还要进行遵纪守法、伦理道德以及移风易俗方面的培训教育，不能忽略了思想精神教育。常言道，提升内部动能是关键，要将扶贫和扶志、扶智相结合，让扶贫从"输血式"转变为"造血式"才能增强贫困地区脱贫致富的内生动力。

6.4.4　脱贫长效机制构建难

贫困移民群众收入来源单一使整体经济条件较差，很多贫困移民户都缺乏生产经营启动资金，小额贷款金额度小，发展家庭种养业生产经营难度大。而移民村企业入驻很少使得产业发展缓慢，科技教育发展滞后，以工代赈、科技扶贫的力度不够，劳务输出收效甚微，区域内医疗卫生条件相对较差，贫困移民身体素质机能不够，往往会使劳动力下降，让家庭陷入返贫风险。

一方面，政府投入具有明显的短期行为，致贫原因错综复杂，政府投入只能解决矛盾相对尖锐的、表现相对突出的问题，而不能从根本上解决贫困的深层次问题。当政府投入不断递减后，已脱贫的贫困移民户因资金链断裂又会陷入贫困之中。另一方面，在市场经济大背景下，政府主要集中于资金扶持和物资扶持，只能解决贫困移民户的燃眉之急和一时之困，无法有效促进贫困移民掌握脱贫致富技术和经营管理技能。此外，随着电子信息化时代的到来，贫困移民户因受教育水平有限、思想相对落后，掌握及运用科学技术成了一大难题，无法在第一时间掌握先进的生产、管理、销售技术，制约了其脱贫致富的能力。我国现在提出"开发式"扶贫和"开发式"移民，是要从传统向创新，从外部注入转向内部培育扶贫模式，随着模式的变化，长江上游库区和移民安置区也要结合地方实际情况做出属于自己行之有效的多样化脱贫方法，不能仅仅固守传统做法。

实现贫困区域和人口长期稳定脱贫，既要坚持"输血式"救济型扶贫，也要实施"造血式"开发型扶贫；既要确保短期内脱贫，又要将贫困人口"扶上马，送一程"，提高其稳定脱贫的能力。

一方面，在扶贫压力之下，通过直接给贫困移民人口现金、简单兜底等方式，能够短期内直接使贫困移民人口脱贫，这种简单的扶贫方式往往使得扶贫工作"方便了"扶贫帮扶者,却没有针对贫困移民人口进行个性化的帮扶,不利于贫困移民人口稳定脱贫。另一方面,在外部简单给钱、给物的情况下,容易形成贫困移民人口"等、靠、要"的思想,过度依赖外力,将扶贫资源福利化,并未用于扶持发展生产、改善生活条件等领域。在大规模资源投入的情况下,其贫困状况虽然短期内得到改善,但由于自身可持续生计资本积累水平难以抵御自然和市场多重风险,极易出现贫困反复。

第 7 章

水库移民三维资本与移民贫困研究

我国自1949年以来产生了2000万以上的水库移民,即非自愿移民。移民活动是一种强制性的社会变迁,非自愿移民的贫困现象是世界性的普遍问题,该群体的贫困发生率远高于非移民群体,[1] 截至2017年底,全国贫困移民人口达55.1万人。不仅如此,农村库区移民与非移民相比收入差距较大:农村移民人均纯收入为全国农民人均纯收入的83%左右,仅为城镇居民人均纯收入的30%,[2] 收入分配不平等、贫富分化严重将导致相对贫困问题。尽管精准扶贫政策和后期扶持政策对于提升移民收入水平,解决移民的绝对贫困问题有显著效用,但收入差距上扩大带来的相对贫困问题势必为后续的政策起效埋下隐患。一方面,收入差距的扩大将削弱移民户收入的增长,降低移民群体的"获得感"与"幸福感",使移民有"边缘化感"和"被剥夺感",不利于库区长足稳定;[3] 另一方面,随着收入水平的提升和贫困标准的升高,此时相对贫困的移民户群体可能具有强烈的脆弱性风险问题,容易陷入"二次扶贫"甚至"多次扶贫"的危机中,降低了政策效率。[4] 十九届四中全会提出"建立解决相对贫困的长效机制",因此,在提高收入水平、降低绝对贫困的同时,如何有效防止收入过度分化以及相对贫困所带来的后续问题,是2020年后我国贫困治理的重心转向"相对贫困"治理中需要各界共同决策的问题。

减少相对贫困治理的重要手段是缩小收入差距,实现共同富裕。移民是经历

---

[1] World Bank. World Development Report 1996: From Plan to Market [M]. Oxford England Oxford University Press, 1996.

[2] 中华人民共和国水利部, http://www.mwr.gov.cn/.

[3] Jalan, J., Ravallion, M. Behavioral Responses to Risk in Rural China [J]. Journal of Development Economics, 2001 (66): 23-49.

[4] Zhang Y, Wan G. The Impact of Growth and Inequality on Rural Poverty in China [J]. Journal of Comparative Economics, 2006, 34 (4): 712.

强制性搬迁的群体，造成移民与非移民收入的差距来源于外部原因和内部原因的共同作用。外部原因来源于搬迁行为的冲击，有研究显示，搬迁行为将引致三维资本的损失：即人力资本失灵、社会资本解体、心理水平低下[1][2][3]。内部原因来源于如个人资本禀赋的异质性等因素的影响[4]，在一定程度上均给移民改变贫困现状、恢复生计带来了不确定性和脆弱性。那么，库区搬迁行为和三维资本禀赋最终如何作用于家庭收入，这些因素又在多大程度上影响了相对贫困，不但需要对搬迁行为作用下搬迁行为与三维资本因素进行系统分析和综合考量，也需要对相对贫困进行分解分析，对相对贫困的成因进行量化。

7.1 三维资本对水库移民收入影响的理论分析

7.1.1 三维资本

（1）人力资本。

人力资本一直在经济学领域受到很多关注。因为"人身上最有价值的资本就是人本身"[5]。国外对人力资本的定义作出较大贡献的经济学家主要有西奥多·舒尔茨、贝克尔、杰森等学者。西奥多·舒尔茨（Theodore Schultz，1960）认为，人力资本是对人的知识、技能、经验投资而形成的，有利于提高人口质量和劳动者时间价值[6]。本书认为人力资本是促进个人福利积累和经济增长的重要来源，是人所拥有的知识、技能、经济等的综合体。并且，人力资本的积累与提升可以依靠教育、技能培训以及学习与经验。

（2）社会资本理论。

社会资本理论起源于西方国家完善的社会市场、健全的社会制度的基础之上，是以"信任"为核心的公民精神，作为弥补正式制度的部分进行社会治理，可被定义为："是人们投资、镶嵌在社会关系中，并想得到一定回报的一种可以

---

[1] 胡静，杨云彦. 大型工程非自愿移民的人力资本失灵——对南水北调中线工程的实证分析[J]. 经济评论，2009（4）：74-80.
[2] 黄健. 复杂系统视角的水库移民社会网络研究[J]. 统计与决策，2012（11）：69-71.
[3] 陈祎，成媛. 脱贫攻坚背景下宁夏生态移民心理距离与交往意愿实证研究[J]. 西南民族大学学报（人文社会科学版），2019，40（7）：186-191.
[4] 严登才. 搬迁前后水库移民生计资本的实证对比分析[J]. 现代经济探讨，2011（6）：59-63.
[5] 阿弗里德·马歇尔. 经济学原理：珍藏本[M]. 朱志泰，陈良碧译. 北京：商务印书馆，2012.
[6] 西奥多·W. 舒尔茨. 人力资本投资——教育和研究的作用[M]. 蒋斌，张蘅译. 北京：商务印书馆，1990.

获得、可流动资本"。[1] 法国著名社会学家皮埃尔·布迪厄最早将社会资本描述为"资源综合体",它通过人与人之间的联系和交往构成,可以为集体中每个成员提供信任、认可的支持。国内对社会资本的定义来源于社会网络里的成员的交往与互动构建的有可再造的社会网络,它具有网络、规范、信任等核心要素,决定着网络中成员互惠互利的机会和个人关系网络构成。[2] 关于社会资本的作用,大量的研究表明了社会资本在促进个体获得社会资源、社会支持、就业信息和知识技能有着重要作用,从而提高个体的社会经济福利水平。[3][4] 社会资本在不同群体之间的分配不均,造成了不同群体投资社会资本以及取得社会资本所带来的经济效益的不均,贫困程度越深,利用社会资本反贫困的作用就越有限。[5]

(3) 心理资本理论。

首先,关于心理资本的内涵,不同时期的学者根据了不同程度的解释。塞利格曼(Seligman,2002)提出基于积极心理学,认为心理资本是一种可以通过衡量、开发和管理员工积极心理因素提高组织绩效水平的资本。基于此,卢桑斯(Luthans)将此观点引入管理学,引发学者们关注工作绩效、工作态度、工作行为、竞争与创新之间的关系。卢桑斯(Luthans,2004)还认为,心理资本是可以通过投资进行开发和干预的,它是个人获得可持续的竞争优势的重要来源。此外,心理资本的测量与开发方面,柯江林(2009)开发了本土心理资本量表,为心理资本测量的本土化奠定了基础。张阔等(2010)编制的积极心理资本问卷划分了自我效能、韧性、乐观、希望等层次;也有学者对心理资本对社会融入[6]、工作绩效[7]、就业能力[8]等方面的影响进行研究。

---

[1] 林南. 社会资本:关于社会结构与行动的理论 [M]. 张磊译. 上海:上海人民出版社,2005.
[2] 皮埃尔·布迪厄. 实践与反思 [M]. 蒋梓骅译. 南京:译林出版社,1998.
[3] 刘娜,向冠春. 高等教育与个体社会资本、生活资本获得研究 [J]. 学术论坛,2010 (8):189 - 92.
[4] 余慧. 个体性社会资本、集体性社会资本与心理健康——一项关于城市居民的实证研究 [D]. 上海:复旦大学,2008.
[5] 江媛. 社会资本理论下的贫困代际传递问题研究 [D]. 南昌:南昌大学,2015.
[6] 曾维希,李媛,许东新. 城市新移民的心理资本对城市融入的影响研究 [J]. 西南大学学报(社会科学版),2018,44 (4):131 -9,97.
[7] 王雁飞,门晓会,朱瑜. 领导心理资本对员工绩效的影响机制——变革型领导行为与组织承诺的作用研究 [J]. 华南理工大学学报(社会科学版),2017 (6):47 - 54.
[8] 林萍,吴贵明. 心理资本培育:大学生就业能力提升的应有之题 [J]. 福建论坛(人文社会科学版),2011 (12):215 -218.

7.1.2 三维资本对水库移民收入的影响

在搬迁行为和三维资本对水库移民收入水平与相对贫困影响的理论分析中，本书重点先要回答的是，引起库区农户收入不平等的原因是什么。首先，移民搬迁行为是造成移民生计资本损失、进而造成收入不平等的重要原因。[1][2] 原因在于，移民的生产生活体系由于搬迁被破坏，移民面临就业能力受损、社会资本被破坏以及移民人力资本失效等多重风险，[3][4] 使移民原本积累的资本禀赋与能力对于缓解贫困、提高收入水平等丧失了效用。[5] 这些研究中尚未关注到移民搬迁行为和资本因素对引起的移民相对贫困的交互影响。有学者发现，移民参与搬迁后，人力资本效率下降，移民的人力资本因搬迁行为出现失灵的现象。[6] 由此可见，移民搬迁行为会先通过影响生计资本的效用，进一步决定移民的生计水平。

农户生计资本的异质性同样是影响其收入不平等的重要原因。不少学者针对研究分别从人力资本、社会资本、心理资本等多个角度对其进行了分析。人力资本方面，知识水平、健康状况和技能水平包含于人力资本。人力资本作为体现劳动力质量与数量的资本类型，影响着劳动者获取生计资源的能力和可持续生计的稳定性。[7] 自舒尔茨提出系统的人力资本理论以来，国内外的研究几乎都证明了一个不争的事实：人力资本水平的提高有利于降低贫困脆弱性[8]，同时，有利于缩小收入差距。[9] 而通过加强疾病防治和提升健康水平、保证基础教育和鼓励职

---

[1] 李雪, 付文革, 韩一军. 粮食政策对主产区贫困户收入影响的实证研究——基于冀鲁豫农户调研数据 [J]. 中国农业资源与区划, 2019, 40 (9): 151-159.

[2] 孟凡杰, 修长百, 安旭涛. 民族地区产业结构变迁对城乡收入差距的影响——来自内蒙古的经验证据 [J]. 中央民族大学学报 (哲学社会科学版), 2019, 46 (5): 136-145.

[3] Michael M. Cernea, 郭建平, 施国庆. 风险、保障和重建：一种移民安置模型 [J]. 河海大学学报 (哲学社会科学版), 2002 (2): 1-15.

[4] Zhang Y, Wan G. The Impact of Growth and Inequality on Rural Poverty in China [J]. Journal of Comparative Economics, 2006, 34 (4): 712.

[5] 孙良顺. 水库移民贫困成因与反贫困策略：基于文献的讨论 [J]. 河海大学学报 (哲学社会科学版), 2016, 18 (4): 77-83, 92.

[6] 胡静, 杨云彦. 大型工程非自愿移民的人力资本失灵——对南水北调中线工程的实证分析 [J]. 经济评论, 2009 (4): 74-80.

[7] 冯伟林, 李树苗. 人力资本还是社会资本？——移民社会适应的影响因素研究 [J]. 人口与发展, 2016 (22): 2-9.

[8] Sen, A. Editorial: Human Capital and Human Capability [J]. World Development, 1997, 25 (12): 1959-1961.

[9] 张建清, 卜学欢. 人力资本三维要素与城乡减贫成效差异——基于CHNS微观调查数据的实证研究 [J]. 软科学, 2016, 30 (10): 43-48.

业教育、重视技能培训和提升技能水平等多种途径重构移民的人力资本，促进气候移民生计可持续发展。[1] 社会资本方面，社会资本的核心内容是网络、信任、规范等要素，社会资本被称为可以弥补人力资本和物质资本不足的"穷人的资本"，[2][3] 社会资本中包含的社会网络、协同合作、互惠和信任基础都对农户减贫与增收发挥着显著回报效应。[4] 在中国传统的乡土社会中，即使如今正处于社会转型期，血缘、亲缘、地缘关系依然支配着农民社会资本，亲人、朋友、邻里之间有着强烈的互惠的枢纽联系，[5] 是个体重建社会资本的重要根基和先赋资源。随着移民搬迁行为，移民的社会资本具有一定的"脱域性"特征，[6] 不足的社会资本意味着获取外部资源可能性的减少，而社会网络规模的扩大、信息渠道的丰富，将会使移民获得更多的社会支持，面临更少的风险与不确定性。

此外，心理资本也和人力资本与社会资本类似被发展和管理，而且与人力资本和社会资本相比，心理资本的发展与管理只需要相对较少的成本，但会产生比其他资本更大的回报。[7] 这是因为除物质资本外，心理资本具有一定的调节作用，它基于个体的自我感知与控制，可以进一步调控人力资本与社会资本的边际效益。张红芳（2009）的研究发现，心理资本对多方面绩效变量有间接的作用，具体来说心理资本对最终提升组织竞争优势和组织绩效水平没有直接关系，而是通过促进人力资本、社会资本，间接创造和维持竞争优势和绩效水平。李文静等（2017）发现心理资本影响移民生计状况的中介变量。心理资本水平的提高，首先作用于提高社会资本的效能发挥水平，再间接地提升了移民的收入水平。上述研究结果可以证明，心理资本对帮助农户脱贫致富有一定的调节作用。本书借鉴卢桑斯（Luthans，2007）建立的心理资本干预模型，提出通过心理资本的中介调节作用目标与路径设计，从克服障碍，执行计划；建立自我效能感和积极期望；体验成

---

[1] 何志扬，张梦佳. 气候变化影响下的气候移民人力资本损失与重构——以宁夏中南部干旱地区为例 [J]. 中国人口·资源与环境，2014，24（12）：109 – 116.

[2] 周晔馨. 社会资本在农户收入中的作用——基于中国家计调查（CHIPS2002）的证据 [J]. 经济评论，2013（4）：47 – 57.

[3] 叶初升，罗连发. 社会资本、扶贫政策与贫困家庭福利——基于贵州贫困地区农村家户调查的分层线性回归分析 [J]. 财经科学，2011（7）：100 – 109.

[4] Knack, S, Keefer, P. Does Social Capital Have an Economic Payoff? A Cross – Country Investigation [J]. The Quarterly Journal of Economics，1997，112（4）：1251 –1288.

[5] 刘小峰，周长城. "熟人社会论"的纠结与未来：经验检视与价值探寻 [J]. 中国农村观察，2014（3）：73 – 81.

[6] 谢家智，王文涛. 社会结构变迁、社会资本转换与农户收入差距 [J]. 中国软科学，2016（10）：20 – 36.

[7] Luthans, F, Youssef, C. M., Avolio, B. J. Psychological Capital：Developing the Human Competitive Edge [M]. Oxford, UK：Oxford University Press, 2007.

功、说服与激发；增加资源，避免风险等四个方面来对移民个体的活动产生积极的调节与干预，达到基于自信、希望、乐观和韧性四个维度构成的良好的心理状态，最终实现持续的绩效产出，即收入的增加以及收入差距的缩小。

综上所述，本书构建了和三维资本对移民收入影响的理论分析框架，如图 7-1 所示。

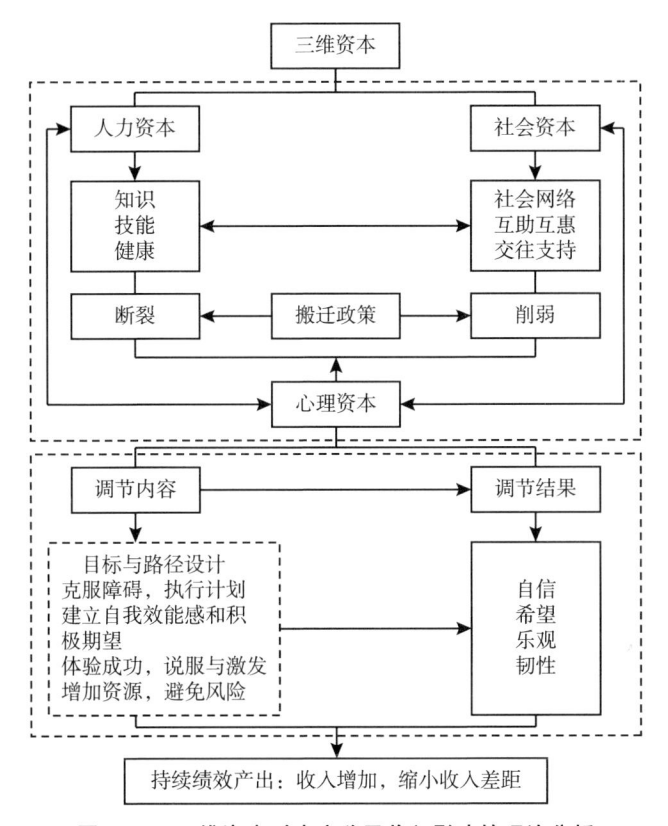

图 7-1 三维资本对水库移民收入影响的理论分析

通过对已有文献的梳理，我们发现虽然对库区移民收入影响因素的研究已取得不少成果，但还存在以下问题：一是从研究视角上，目前研究多关注移民搬迁后生计资本的变化和贫困诱因，[1][2] 缺乏搬迁行为本身和三维资本对库区不同农

---

[1] 严登才. 搬迁前后水库移民生计资本的实证对比分析 [J]. 现代经济探讨, 2011 (6): 59-63.
[2] 李聪, 柳玮, 黄谦. 陕南移民搬迁背景下农户生计资本的现状与影响因素分析 [J]. 当代经济科学, 2014, 36 (6): 106-112, 126.

户收入的冲击的相关研究，以及进一步对搬迁行为和资本作用于农户收入不平等的交互影响分析，同时，忽视了心理资本对不同农户收入变量的中介与调节作用，导致增收政策精准度偏离；二是从研究主题看，缺乏对库区农户相对贫困问题研究，系统考量搬迁因素和三维资本是否引起库区收入水平不平等的重要影响，以及量化其对移民相对贫困的贡献差异的研究不足。三是在实证方法上，一般采用均值回归，研究结果缺乏稳健性。

基于上述分析，本书拟研究以下内容：一是移民搬迁行为和移民相对贫困的关系。移民搬迁行为会造成移民人力资本失灵、社会资本断裂、心理资本不足，导致移民收入下降，与库区非移民收入差距进一步加大，面临陷入相对贫困的风险。二是三维资本与移民相对贫困的关系。农户的资本禀赋是收入的重要来源，资本禀赋的异质性也会导致移民的相对贫困。三是搬迁行为与三维资本对农户收入和移民相对贫困的交互响应作用。四是心理资本分别与人力资本、社会资本对移民相对贫困的交互项影响作用。有研究显示，心理资本对其他资本效用有一定的调节作用，原因是心理水平高的农户，在面临外部冲击时，能更好地评估自己的劳动力，运用技能知识、社会网络、信息渠道合理地调整生计策略，主动发挥自己的能动性，去创造和积累资本与财富，使自己能保有生存和再发展的生计存量。[①]

基于上述分析，本书基于长江上游大型水库 386 户移民户、237 户非移民户的调查数据，从搬迁行为与三维资本的视角，实证分析移民搬迁行为和三维资本对库区农户收入的影响，构建总体样本和移民样本两个不同主体、不同收入水平家庭的农户收入均值与分位数模型，研究移民搬迁行为、三维资本对农户收入的综合影响，并进一步运用离差法测度移民与非移民的收入差距，探究移民相对贫困的影响因素。

7.2　三维资本对水库移民收入影响的实证分析

7.2.1　数据来源及变量说明

（1）数据来源。

数据来源于本书课题组于 2017 年对金沙江下游水库地区，包括向家坝水

[①] 李文静，帅传敏，帅钰等．三峡库区移民贫困致因的精准识别与减贫路径的实证研究［J］．中国人口资源与环境，2017，27（6）：136－144．

库、溪洛渡水库、雷波水库6个移民乡镇386户移民农户与237户非移民户的实地调查数据。调查内容主要涉及移民农户基本信息、文化水平、健康状况、知识技能掌握程度、各类社会关系以及心理状态等其他家庭以及社区层面内容。

本部分要说明的重要内容是移民和非移民两个群体之间的收入不平等状况和移民的贫困问题。表7-1的人均收入、基尼系数和贫困发生率三个指标用以对样本收入差距情况进行描述性分析。根据调研数据，移民群体的人均收入为7536.79元，低于非移民的8584.21元。从人均收入分析，无法得出二者是否有显著性差异，进一步对非移民和移民两个群体的收入进行显著性检验，经非参数检验（P=0.008），结果在1%的水平上显著，说明移民和非移民的收入存在显著差异。另外，用基尼系数衡量移民和非移民群体的收入不平等的情况，移民群体的基尼系数为0.3779，大于非移民群体的基尼系数0.3676，说明相比于非移民，移民群体内部的收入不平等程度略高。从贫困发生率看，移民群体也显示出更高的贫困发生率。

表7-1　　　　　　　　　　样本收入差距描述性分析

项目	全体农户	移民	非移民
人均收入（元）	7936.44	7536.79	8584.21
基尼系数	0.3768	0.3779	0.3676
贫困发生率（%）	3.50	3.78	3.01

资料来源：根据调研数据整理所得。

以上从描述性分析仅能说明移民群体和非移民群体存在收入不平等的现象，至于这样的收入不平等的现象和搬迁行为以及三维资本之间是否存在因果关系，需要进一步实证分析。但在这之前，建立收入与搬迁行为以及三维资本的关系模型是分析收入不平等的前提，下面本书将利用调研数据，运用均值回归和分位数回归，进一步对总体样本与移民样本的收入决定模型进行分析。

（2）变量说明。

因变量用样本人均年收入自然对数 LnY 来衡量。

自变量由以下几个方面来衡量：

人力资本（human capital）：人力资本是移民家庭劳动力、知识技能、健康水平的集合体，本书经过参考程名望（2014）、李文静（2017）等学者的研究，采用教育水平、劳动力数量、健康水平、技能水平四个指标测量人力资本。

社会资本（social capital）：社会网络体现了个体间社会网络、互惠规则的联结。根据相关理论和大型库区的地区社会关系特征，设置四个指标进行社会资本测度，即社会网络规模、求助人数、家庭或亲戚中公职人数、礼金支出。社会网络规模、礼金支出变量可直接衡量农户在传统的中国"人情社会"中的社会资本存量，求助人数、家庭或亲戚中公职人数变量则可以代表农户社会资本的质量和异质性。[1]

心理资本（psychological capital）：本书借鉴柯江林等（2009）开发的中国本土心理资本简短版本问卷测量心理资本。基于4个维度——自我效能、乐观、韧性、希望，共设定16个问题，调研问题包括"对搬迁后的生活满意吗？""能克服搬迁后生活和发展中的困难吗？""与周围相比，家庭经济情况如何？""对未来生活有信心吗？"，使用5级评分量表，得分越高，心理资本越高。

移民搬迁行为变量：移民搬迁行为变量为虚拟变量。非自愿搬迁移民户家庭设置为1，非移民户则为0。

移民搬迁行为变量与生计资本的交互项：根据李聪等（2014）关于异地扶贫搬迁政策对农户生计资本影响的研究结论，为验证水库移民搬迁行为是否强化了生计资本对农户收入影响的程度，本书引入移民搬迁行为与生计资本交互项。此处生计资本是对人力资本、社会资本、心理资本运用极差法进行标准化处理后，用因子分析法计算因子得分加以衡量。

人力资本、社会资本与心理资本交互项：个体能否更大限度地发挥人力资本、社会资本的增收效用，很大程度上是由其心理资本决定的。基于此，本书引入两个交互变量：人力资本与心理资本的乘积，社会资本与心理资本的乘积。其中，人力资本、社会资本也分别按照表7-2变量体系合并经因子分析计算其得分来衡量。[2]

控制变量是选取户主年龄和政治面貌作为个人维度的控制变量；抚养比和家庭人均耕地面积作为家庭维度的控制变量；距离县城路程作为村级维度的控制变量。表7-2报告了变量的定义和取值情况。

---

[1] 冯娇，陈勇，周立华，侯彩霞，王睿. 基于可持续生计分析框架的贫困农户脆弱性研究——以甘肃省岷县坪上村为例 [J]. 中国生态农业学报，2018，26（11）：1752-1762.

[2] 于米. 人力资本、社会资本对女性农民工体面劳动的影响——心理资本的调节作用 [J]. 人口学刊，2017，39（3）：97-105.

表7-2　　　　　　　　　　　　　变量的定义与取值

变量	定义	极小值	极大值	均值	标准差
因变量					
收入	人均收入（元）	2454	67640	7921.4773	7533.3393
自变量					
人力资本					
教育水平	家庭平均受教育年限（年）	0	12.5	5.9294	2.5987
劳动力数量	家庭劳动力人数（年）	0	6	2.9133	1.4957
健康水平	健康自评：1=很差；2=较差；3=一般；4=较好；5=很好	1	5	2.3306	1.2850
技能水平	技能水平自评：1=很差；2=较差；3=一般；4=较好；5=很好	1	5	2.8184	1.4899
社会资本					
社会网络	逢年过节去拜访的亲戚户数（户）	1	10	3.2791	1.8389
求助人数	困难期，可以求助的户数（户）	0	4	1.4986	0.9839
公职人数	亲朋好友中担任公职人数（人）	0	6	1.0569	1.3431
礼金支出	一年中礼金支出（元）	300	4000	856.6017	589.2976
心理资本	心理资本指数总和	16	80	47.0461	16.0553
移民搬迁行为变量					
是否移民	1=是，0=否	0	1	0.6404	0.4792
交互变量					
是否移民×三维资本	是否移民乘以三维资本总得分	−1.56	1.98	−0.0609	0.5762
心理资本×人力资本	心理资本指数乘以人力资本得分	0	0.99	0.2769	0.2257
心理资本×社会资本	心理资本指数乘以社会资本得分	0	0.91	0.2161	0.1893
控制变量					
年龄	户主年龄（岁）	26	90	53.4905	12.2758
政治面貌	家中党员身份人数（人）	0	2	0.1545	0.3838
抚养比	家庭中非劳动年龄人口对劳动年龄人口数之比	0	5	0.5856	1.0221
耕地	人均耕地面积	0.3	5	0.9567	0.6981
县城距离	住处距离县城距离	1.5	145	34.1466	28.3368

7.2.2 研究方法

本书首先评估移民搬迁行为与三维资本对不同农户主体、不同收入水平家庭的综合影响，根据经典的明瑟收入函数，构建基本模型如下：

$$\ln Y_{ij} = \partial_0 + \partial_1 HC_{ij} + \partial_2 SC_{ij} + \partial_3 police + \partial_4 police \times TC \\ + \partial_5 PC + \partial_6 PC \times HC + \partial_7 PC \times SC + \sum_{k=1}^{k} \partial_k CV_{ijk} + \varepsilon_{ij} \quad (7.1)$$

其中，式（7.1）中 lnY 表示人均收入的对数；HC 表示人力资本维度四个指标；SC 表示社会资本维度四个指标；police 表示移民搬迁行为变量；police×TC 表示移民搬迁行为变量与三维资本得分交互项；PC 代表心理资本指数；PC×HC、PC×SC 分别表示心理资本与人力资本得分以及心理资本与社会资本得分；CV 表示控制变量；ε 为误差项；符号 ∂ 为待估计系数，i 表示第 i 个被访者，j 表示总体农户样本或移民样本。

7.2.3 实证研究结果

7.2.3.1 全体农户样本的均值回归

为估计移民搬迁行为和三维资本对总体样本农户收入的影响，采用最小二乘法（OLS）估计模型对式（7.1）进行回归分析。先在全体农户中分别回归纳入搬迁行为和三维资本变量（模型1~模型4），然后，将所有变量同时纳入模型进行回归（模型5），结果如表7-3所示。逐步回归模型和同时纳入所有变量的模型5相比，模型核心解释变量系数和显著性未发生明显变化，表明回归估计结果较为稳健。因此，本书基于模型5的结果进行具体分析。

表 7-3　　　　　　　　　全体农户样本的均值回归

项目层	指标层	1	2	3	4	5
移民搬迁行为	是否移民	-0.383*** (0.030)				-0.312*** (0.031)
	是否移民×三维资本	-0.312** (0.043)				-0.27** (0.037)
人力资本	教育水平		0.132* (0.072)			0.097* (0.063)
	劳动力数量		0.162** (0.058)			0.151** (0.050)

续表

项目层	指标层	1	2	3	4	5
人力资本	健康水平		0.273* (0.051)			0.205* (0.045)
	技能水平		0.362*** (0.048)			0.350*** (0.068)
社会资本	社会网络			0.215*** (0.119)		0.168*** (0.100)
	求助人数			0.157* (0.063)		0.137* (0.050)
	公职人数			0.078* (0.001)		0.054* (0.080)
	礼金支出			0.115* (0.130)		0.084* (0.113)
心理资本	心理资本				0.128*** (0.120)	0.115*** (0.056)
	人力资本×心理资本				0.087* (0.057)	0.071* (0.075)
	社会资本×心理资本				0.083* (0.068)	0.065* (0.077)
控制变量	年龄	-0.034 (0.054)	-0.028 (0.065)	-0.007 (0.091)	-0.053 (0.130)	0.021 (0.056)
	公职人数	0.042 (0.058)	0.022 (0.049)	0.051 (0.108)	0.013 (0.151)	0.036 (0.044)
	抚养比	-0.061 (0.081)	-0.058 (0.064)	-0.008 (0.082)	-0.078 (0.117)	-0.042 (0.055)
	耕地	0.034 (0.078)	0.032 (0.068)	0.083 (0.099)	0.051 (0.141)	0.032 (0.060)
	县城距离	-0.057 (0.080)	-0.061 (0.070)	-0.033 (0.095)	-0.129 (0.135)	-0.05 (0.061)
常数	—	7.899*** (0.089)	7.764*** (0.070)	8.205*** (0.095)	7.899*** (0.135)	7.766*** (0.061)
R^2	—	0.268	0.261	0.252	0.236	0268
pro > F	—			0		

注：*** 表示通过1%水平显著性检验，** 表示通过5%水平显著性检验，* 表示通过10%水平显著性检验；括号中的数字表示标准误。

一是移民搬迁行为对农户收入的影响。搬迁变量系数通过1%的显著性水平检验，其系数显著为负，表明移民搬迁行为使农户收入水平下降，与程广帅等（2013）对丹江口移民的研究结果一致。这可能和选取的移民样本有关系，本书采访调研的移民户搬迁年限平均不足三年，由于移民搬迁后客观上存在着社会适应性的一般规律，即从短期来看，移民还处在生产生活的适应期阶段，移民各项生计资本难以迅速恢复与重建，导致在移民适应期内收入水平的降低；而从长期来看，移民农户的生计恢复逐渐进入到相对稳定的阶段，对其收入水平可能产生积极正向的影响。[①] 意味着移民后期扶持政策需要进行细分，针对不同搬迁时间的移民出台有差异的移民后期扶持政策，以期提高移民搬迁政策的目标瞄准性。

二是移民搬迁行为与三维资本对农户收入的交互影响。三维资本是农户创造收入的重要资源禀赋和内在动力。搬迁行为会在一定程度上破坏三维资本的存量和质量，从而进一步影响农户的收入水平，因而二者存在对农户收入的共同影响。模型5中交互变量系数显著为负，表明搬迁移民行为弱化了三维资本对农户收入水平的影响。背后的原因是，移民搬迁行为使移民的三维资本遭受一定程度的损失，三维资本不能发挥原本的增收功效，进而导致移民的收入与非移民群体进一步扩大。

三是三维资本对农户收入的影响。人力资本维度的所有变量均通过显著性水平检验，且系数显著为正。其中，技能水平显示出最高的边际收益，技能水平上升一个层次，人均收入水平将提高35%；之后是健康水平，健康水平提升一个等级，对收入的贡献度为20.5%；接下来是劳动力数量，劳动力数量增加1人，对收入的影响为15.1%；对收入影响最小的是人均受教育水平，人均受教育水平增长1年，人均收入水平增加9.7%。这可能是因为在库区，农户本身受教育程度不高，并且，农户无论在库区本地务农获取收入，还是选择到县城或是外省务工获得工资，多以劳动密集型行业为主，这些行业对其教育水平要求较低，对技能水平、健康、劳动力数量要求较高，因此，教育人力资本的回报率较低。

社会资本方面，所有变量系数均为正，且通过显著性检验。表明社会资本能有效提升人均收入。在控制其他因素的条件下，对人均收入贡献度按大小排列依次为社会网络、求助人数、礼金支出、公职人数。当社会网络规模增加1个单位，对收入的影响为16.8%；求助人数和家庭公职人数增加1人，对收入影响度

[①] Nee, V. A Theory of Market Transition: From Redistribution to Markets in State Socialism [J]. American Sociological Review, 1989, 54 (5): 663–681.

分别为13.7%、5.4%；亲戚中公职人数对收入的影响最小，为5.4%，亲戚公职人数回报率较低的结果与部分研究结果不一致，尼（Nee，1989）的研究结果发现，在转型经济中政治身份依然在收入分层中起着举足轻重的作用。本书研究区域范围为20年后的中国农村库区，利用政治身份增收的途径和渠道都很狭窄，公职人数回报率因此较低。

心理资本方面，为了验证心理资本是否对发挥人力资本、社会资本的效用有调节作用，在移民户均值回归中引入心理资本分别与人力资本、社会资本的交互项，交互项回归系数表明，心理资本对人力资本与社会资本的增收效用具有显著的正向调节效应，即若心理资本升高或者降低，人力资本和社会资本对农户收入的正向或者负向的影响作用会增强。从系数大小上可以看出，心理资本对人力资本增收的正向调节作用比对社会资本增收的正向调节作用更大。

7.2.3.2 移民户样本的均值回归

为进一步考察移民户的三维资本对其收入的影响，选取386户移民户样本，纳入三维资本进行回归估计，结果见表7-4。模型6～模型8为分别纳入各三维资本进行回归，模型8为同时纳入三维资本以及交互项的回归变量。结果显示，在移民户收入决定模型中，与全体农户样本存在较大差异。其中，人力资本方面，仅有健康水平和技能水平依旧对移民户收入有显著性影响，但其影响系数与全体农户样本相比低10%左右；人均受教育年限、劳动力数量的系数不显著，可以说明移民群体产生了"人力资本失灵"的现象，这可能是因为搬迁初期，移民刚来安置地不久，原本的农业劳动力还处于向非农劳动力的转移期，或者由于失地导致劳动力面临大量闲置，此时对其收入起决定性影响的是移民群体的健康水平和技能水平，二者水平的高低直接影响移民生计机会和生计类型。社会资本方面，社会网络与求助人数依旧在移民收入决定模型中具有显著性影响，但公职人数和礼金支出系数不再通过显著性检验，说明移民的社会资本存在一定的断裂，进一步地说明，社会网络的数量、质量以及个体间的互惠互助有助于增加移民对安置地环境的认知和认同，有利于移民获得相关生计信息，提高移民恢复力，拓宽移民发展经济的渠道。心理资本方面，人力资本、社会资本与心理资本交互项的系数分别为0.048、0.031，虽然在10%的水平上显著，但均小于全体农户样本的交互项系数，说明移民户的心理资本有待进一步开发，除了物质上的帮扶，改变移民的精神面貌能有效发挥生计资本的效用。

表7-4　移民样本的均值回归

项目层	指标层	6	7	8	9
人力资本	教育水平	0.14 (0.073)			0.033 (0.077)
	劳动力数量	0.11 (0.070)			0.103 (0.064)
	健康水平	0.323 (0.065)			0.197* (0.060)
	技能水平	0.409*** (0.048)			0.340*** (0.106)
社会资本	社会网络		0.196*** (0.119)		0.153*** (0.128)
	求助人数		0.137 (0.174)		0.051* (0.060)
	公职人数		0.057 (0.083)		0.046 (0.086)
	礼金支出		0.14 (0.130)		0.136 (0.129)
心理资本	心理资本			0.046*** (0.119)	0.128*** (0.094)
	心理资本×人力资本			0.052* (0.082)	0.048* (0.069)
	心理资本×社会资本			0.047* (0.076)	0.031* (0.074)
控制变量	—	控制			
常数	—	7.872*** (0.062)	8.332*** (0.011)	8.032*** (0.102)	7.877*** (0.075)
R^2		0.223	0.205	0.199	0.246
prob > F	—	0			

注：*** 表示通过1%水平显著性检验，** 表示通过5%水平显著性检验，* 表示通过10%水平显著性检验；括号中的数字表示标准误。

7.2.3.3　分位数回归

本书选取收入水平10%、50%和90%分位数依次代表低收入家庭、中等收入家庭、高收入家庭，分析移民搬迁行为和三维资本对不同收入水平家庭的影响差异。

（1）对全体农户样本的分位数回归，结果见表 7-5。

表 7-5　　全体农户样本的分位数回归

项目层	指标层	QR = 10	QR = 50	QR = 90
移民搬迁行为	是否移民	-0.2638*** (0.031)	-0.2053*** (0.032)	-0.1513*** (0.066)
	是否移民×三维资本	-0.1760** (0.037)	-0.1467** (0.038)	-0.102** (0.079)
人力资本	教育水平	0.075* (0.068)	0.152* (0.069)	0.185* (0.143)
	劳动力数量	0.0557** (0.054)	0.126** (0.055)	0.171 (0.114)
	健康水平	0.135* (0.045)	0.117 (0.046)	0.164* (0.096)
	技能水平	0.369*** (0.069)	0.328*** (0.070)	0.295*** (0.146)
社会资本	社会网络	0.147** (0.101)	0.147** (0.102)	0.129*** (0.212)
	求助人数	0.189* (0.055)	0.034* (0.055)	0.032 (0.115)
	公职人数	0.012 (0.081)	0.019* (0.082)	0.013 (0.170)
	礼金支出	0.0358 (0.117)	0.0575* (0.118)	0.016 (0.246)
心理资本	心理资本	0.111* (0.065)	0.153** (0.077)	0.187** (0.120)
	人力资本×心理资本	0.102* (0.142)	0.131** (0.098)	(0.156) (0.128)
	社会资本×心理资本	0.072* (0.045)	0.101** (0.145)	0.138** (0.083)
控制变量	—	控制		
常数	—	7.872*** (0.075)	7.885*** (0.076)	7.912*** (0.158)

注：***表示通过 1% 水平显著性检验，**表示通过 5% 水平显著性检验，*表示通过 10% 水平显著性检验；括号中的数字表示标准误；QR 表示分位数。

一是移民搬迁行为对全体农户的影响。随着收入水平的提升，移民搬迁行为系数增大，但系数显著为负，说明相比于中、高收入家庭，移民搬迁行为对低收入家庭的影响更大；移民搬迁行为与农户三维资本的交互项系数随分位数的增大而逐步增大，系数显著为负，同样说明移民搬迁行为对低收入家庭的生计资本效用有更大的削弱作用。

二是三维资本对全体农户的影响。人力资本方面，人均受教育年限和劳动力数量对低收入家庭的收入影响小于中、高收入家庭，说明教育和劳动力存在"马太效应"，需进一步推进教育公平化以及培育低收入家庭的劳动力，加快缩小教育与劳动力引致的收入差距；健康水平与不同收入水平的关系为正"U"型，对低收入和高收入家庭有显著影响，与杨玉萍发现无论在城市和农村，收入水平与健康资本的回报率成负向关系的研究结果一致；[①] 技能水平对低收入家庭的影响大于中、高收入家庭。社会资本方面，社会网络对于低、中收入家庭的影响略大于高收入家庭；求助人数系数随收入的升高而降低，说明求助人数变量对低收入家庭增收效用更大；公职人数变量、礼金支出变量在不同收入水平下呈倒"U"型，其对中等收入家庭影响大于低、高收入家庭，社会资本指标能在一定程度上反映出社会资本对相对贫困家庭的增收有着举足轻重的作用。心理资本方面，心理资本系数均显著，且随收入的升高而增大；人力资本、社会资本分别与心理资本的交互系数对所有家庭都有显著影响，也随收入水平的升高而升高，说明心理资本的调节作用相比于低收入农户家庭，对高收入家庭影响更大。

(2) 对移民样本的分位数回归。

基于移民样本的分位数回归与全体农户的分位数回归也有一定的差距，结果见表7-6。人力资本方面，教育变量系数、劳动力系数随收入水平的升高而增大，但只对中、高收入家庭有显著影响，对低收入家庭收入无显著影响；健康变量在低收入、高收入家庭中有显著影响，并且对低收入家庭的影响大于高收入家庭；技能水平变量对所有收入水平的移民户均有显著影响，但随收入的增高而降低。在人力资本四个变量中，技能水平对低收入家庭收入的贡献率为37.9%，排名第一，第二为健康水平，贡献率为16.1%，说明技能水平和健康水平对于低收入移民户的收入都是重要的影响因素。社会资本方面，社会网络对低收入移民户的影响大于中、高收入移民户；求助变量仅对低收入移民户有显著影响；公职人数对中、高收入移民户有显著影响，且系数相差不大；礼金系数与不同收入水平

---

① 杨玉萍. 健康的收入效应——基于分位数回归的研究[J]. 财经科学, 2014 (4): 108-118.

呈倒"U"型关系，且仅对中等收入移民户有显著影响。心理资本方面，心理资本的效用随收入水平的增高而增高，且对低收入移民户收入无显著影响；人力资本与心理资本的交互项系数、社会资本与心理资本的交互项系数均对中、高等收入移民户有显著影响，且对高等收入移民户影响更大，说明心理资本对发挥人力资本和社会资本增收的效用随收入水平的降低而不断降低，并且不足以使低收入移民群体利用人力资本和社会资本创收，反而能进一步提升高收入移民户家庭的收入水平，这也进一步反映了低收入移民户的精神风貌，间接影响了低收入移民户发挥其他生计资本增收的效用，阻碍了其提高生活水平的步伐。

表7-6　　　　　　　　　　移民样本的分位数回归

项目层	指标层	QR = 10	QR = 50	QR = 90
人力资本	教育水平	0.03 (0.080)	0.054* (0.062)	0.079* (0.123)
	劳动力数量	0.075 (0.065)	0.086** (0.050)	0.105** (0.100)
	健康水平	0.161* (0.062)	0.084 (0.048)	0.110* (0.095)
	技能水平	0.379*** (0.107)	0.302*** (0.082)	0.296*** (0.163)
社会资本	社会网络	0.192** (0.125)	0.159** (0.096)	0.153* (0.191)
	求助人数	0.064* (0.064)	0.104 (0.049)	0.0894 (0.097)
	公职人员	0.0108 (0.090)	0.0119** (0.069)	0.0118*** (0.138)
	礼金支出	0.1333 (0.191)	0.1352* (0.147)	0.1236 (0.292)
心理资本	心理资本	0.174 (0.097)	0.212** (0.076)	0.275** (0.149)
	人力资本×心理资本	0.152 (0.183)	0.157** (0.140)	0.177** (0.149)
	社会资本×心理资本	0.095 (0.049)	0.123** (0.191)	0.163** (0.098)

续表

项目层	指标层	QR = 10	QR = 50	QR = 90
控制变量	—	控制		
常数	—	7.872 *** (0.075)	7.885 *** (0.076)	7.912 *** (0.158)

注：*** 表示通过1%水平显著性检验，** 表示通过5%水平显著性检验，* 表示通过10%水平显著性检验；括号中的数字表示标准误；QR 表示分位数。

综合上述分析发现，移民行为和三维资本不同收入水平的农户和移民户收入具有不同程度的影响作用，且移民样本和全体农户相比，对搬迁行为、三维资本敏感程度差异较大。

7.2.3.4 移民的贫困研究

移民与非移民的收入差距度量。为了测度移民的相对贫困，运用移民与非移民的收入差距表示移民的相对贫困，本书参考邱玲玲（2017）测度县域农村收入差距的方法，运用离差法测度移民与非移民的收入差距，通过调研样本中移民户人均收入与非移民人均收入的平均值的差值的绝对值表示移民与非移民的收入差距，计算公式为：

$$gap_m = |y_m - y_a| \tag{7.2}$$

其中，gap_m 为 m 移民与非移民的收入差距，y_m 为 m 移民户的人均收入，y_a 为非移民人均收入的平均值。

为了防止三维资本指标层变量过多而使回归结果不准确，为保证计算的简便度和准确度，将三维资本按照表7-2的变量体系，分别合并为人力资本、社会资本与心理资本，代入分位数明瑟收入差距方程。本书选取10%、50%和90%分位数依次作为小、中、大收入差距水平划分，研究搬迁与三维资本对移民相对贫困的贡献度，结果见表7-7。

表7-7　　　　　　移民与非移民的收入差距分位数回归

分位数	OLS	QR = 10	QR = 50	QR = 90
移民搬迁行为	-0.283 *** (0.021)	-0.275 ** (0.087)	-0.311 ** (0.034)	-0.323 *** (0.056)
人力资本	-0.412 ** (0.028)	-0.317 *** (0.029)	-0.416 *** (0.024)	-0.438 ** (0.032)
社会资本	-0.343 ** (0.067)	-0.247 *** (0.041)	-0.288 *** (0.035)	-0.383 ** (0.110)

续表

分位数	OLS	QR=10	QR=50	QR=90
心理资本	-0.192** (0.068)	-0.205** (0.022)	-0.177* (0.182)	-0.149* (0.037)
人力资本×心理资本	0.436** (0.059)	0.419** (0.043)	0.473** (0.036)	0.302* (0.074)
社会资本×心理资本	0.272** (0.048)	0.298** (0.061)	0.268** (0.051)	0.138** (0.039)
常数项	6.946 (0.027)	6.718*** (0.176)	6.768*** (0.148)	7.292*** (0.030)

注：*** 表示通过1%水平显著性检验，** 表示通过5%水平显著性检验，* 表示通过10%水平显著性检验；括号中的数字表示标准误；QR表示分位数。

移民搬迁行为变量在所有分位点通过显著性检验，说明移民搬迁行为无论在收入差距大还是收入差距小的家庭中，对移民与非移民的收入差距有缩小作用。

人力资本系数对收入的缩小作用随着分位数的增大而增大，符合上文研究中教育、医疗健康和技能培训的不平造成了收入差距的结果。另外，人力资本是三维资本中对收入差距最大的家庭贡献率最大的指标。说明人力资本对贫困人口减贫效用更大。[1]

同样，社会资本系数也在所有分位数上对缩小差距有显著影响。一方面，社会资本对收入差距的缩小效用随着收入差距的增大而增大，说明在低收入移民群体中，社会资本的积累将明显增加其收入水平，缩小其与高收入家庭的收入差距。[2][3] 而在收入差距较小的家庭中，缩小效应较小。另一方面，无论在中、低收入群体中，还是在高收入群体中，相比于人力资本，社会资本的缩小效用较小，谢沁怡（2017）指出，随着农村地区教育人力资本的提高，外出务工收入成为农村居民重要的收入之一，健康人力资本直接影响了农村居民的自主生计决策。此外，与人力资本相比，社会资本虽然是"穷人的资本"，但对于贫困居民而言，更是一种稀缺资源，因此，相比于人力资本，社会资本对缩小移民与非移民收入差距效用更小。[4]

---

[1] 李晓嘉，蒋承．农村减贫：应该更关注人力资本还是社会资本？[J]．经济科学，2018（5）：68-80.
[2] 陈银娥，王毓槐．微型金融与贫困农民收入增长——基于社会资本视角的实证分析[J]．福建论坛（人文社会科学版），2012（2）：12-17.
[3] 苏静，肖攀，阎晓萌．社会资本异质性、融资约束与农户家庭多维贫困[J]．湖南大学学报（社会科学版），2019，33（5）：72-80.
[4] 谢沁怡．人力资本与社会资本：谁更能缓解贫困？[J]．上海经济研究，2017（5）：51-60.

心理资本方面，心理资本的平均缩小效用为19.2%，但随着收入差距水平的升高，缩小效用逐渐减小，对收入差距最大的移民家庭的缩小效应为14.9%，低于收入差距较小的家庭的20.5%；心理资本与人力资本的交互项系数在随收入差距的增大而减小，说明心理资本发挥人力资本缩小收入差距的效用，在收入水平较低移民户家庭中的作用小于高收入的移民户，收入水平较低的移民户需要进一步运用心理资本发挥其他生计资本的作用，心理资本对缩小移民与非移民收入差距效用最小，但心理资本具有一定的调节作用。

7.3 研究结论与启示

7.3.1 研究结论

本章从移民搬迁行为和三维资本出发，探究其对全体农户和移民户收入的综合影响，并进一步运用离差法对移民与非移民的收入差距进行了测度，探讨搬迁行为与三维资本如何影响移民的贫困。得出以下主要研究结论：

第一，总体上，移民搬迁行为在一定程度上降低了农户的收入水平，并且还会弱化三维资本对移民家庭的增收效用，移民搬迁行为的冲击和搬迁行为对三维资本的弱化作用在低收入家庭中更加显著。

第二，相对于全体农户的三维资本都对其收入有显著影响，在移民户中，出现一定程度的"人力资本失灵"和"社会资本断裂"的现象。但心理资本对人力资本和社会资本的增收效用具有正向的调节作用。

第三，不同收入水平的农户和移民户对三维资本敏感程度差异较大，在全体农户样本中，教育和劳动力人力资本存在"马太效应"；健康水平和技能水平对低收入家庭的影响最大。社会网络、求助人数对低收入家庭增收效用更大，在一定程度上反映出社会资本是一种"穷人的资本"；心理资本的调节作用对高收入家庭影响更大。在移民户中，教育、劳动力对低收入家庭收入无显著影响；健康变量对中等收入家庭无显著影响，技能水平和健康水平对于低收入移民户的收入有至关重要的影响。社会资本方面，社会网络对低收入移民户的影响大于中、高收入移民户；求助变量仅对低收入移民户有显著影响；公职人员数对中、高收入移民户有显著影响；礼金系数仅对中等收入移民户有显著影响。心理资本方面，心理资本对低收入移民户收入无显著影响；心理资本的交互项系数均对低收入移民户无显著影响，但对高收入移民户影响更大，心理资本不足以使低收入移民群体利用人力资本和社会资本创收，反而能进一步提升高收入移民户家庭的收入水平，进一步反映了低收入移民户的精神风貌较低的现状。

第四，移民搬迁行为和三维资本也是移民与非移民收入差距的影响因素，在收入差距最大的家庭中，人力资本贡献了最大的缩小效用，为43.8%。

7.3.2 启示

本书研究发现强制性社会搬迁背景下，移民搬迁行为与三维资本影响不同群体的农户收入水平和收入差距的效果存在差异。移民搬迁行为对于移民群体来说是一次被迫调整和重新适应的活动，面对全新的生产生活环境，无论是社会融入，还是经济恢复与发展，对于水库移民都是一次不小的挑战。如果不能很好地跨过这道屏障，不仅会让移民失去当前和未来生活的竞争优势和机会，还会使移民家庭陷入贫困，严重影响库区的社会经济发展。为防止收入提高的同时加剧收入不平等，避免落入相对贫困的陷阱，得到如下启示：

第一，因人因地精确施策，对不同搬迁时间的移民配套有差异的移民后期扶持政策，提高移民搬迁政策的目标瞄准性，并且需进一步在库区建立和完善以降低脆弱性为主要目标的政策体系，加快贫困搬迁农户的生计转型，重构可持续生计。

第二，在开发人力资本方面，要进一步实施教育公平化，教育力度、教育优惠政策需进一步向库区倾斜，并且，应加大培训力度，着力提高劳动者的技能水平和自我发展能力，培育低收入家庭的劳动力转型与升级。另外，要继续强化库区移民的健康医疗服务，保障移民的健康水平。

第三，在重建社会资本方面，首先，从移民自身来说，在迁入安置地后，要主动转变思维，积极地去融入当地的生产生活环境。其次，从社区平台建设来说，政府相关部门和社区可为移民群众搭建重建与积累社会网络的平台，如在社区内和社区之间举办联谊会和各种文娱体育活动等，弱化移民在心理上的"边缘感"和"隔阂感"，重建和积累社会资本。

第四，在提高心理资本方面，首先，在移民搬迁安置前，对搬迁规划、移民赔偿、安置生活等方面信息公开透明，并鼓励移民积极主动了解移民搬迁政策和安置规划。通过事前的宣传和移民的主动参与，可以让移民脱离"被拆迁，被安置"的被动依赖心理，主动掌握对未来生活的预期判断，从心理上首先适应与融入新环境。其次，还可以以移民户喜闻乐见的方式宣传各地移民开创新生活的典型事迹，营造积极乐观的移民社会氛围，帮助移民重建良好的心理资本，以发挥心理资本的调节作用，增加移民的产出绩效。

第 8 章

水库移民安置补偿政策优化与多维治理研究

按照国家《大中型水利水电工程建设征地补偿和移民安置条例》要求，安置后要使移民生活达到或者超过原有水平。但受到生产生活方式的改变和耕地等必要生产资料减少等综合因素的影响，部分移民生活陷入了绝对或相对贫困状态，库区移民的贫困问题已经严重制约了库区和安置区经济社会发展。同时，我国水电富集区多位于青藏高原向四川盆地的过渡地带，地形以高山峡谷为主，当地耕地极度匮乏。调剂土地的难度越来越大，人地矛盾的问题突出。开垦荒地将导致严重的水土流失，破坏生态稳定，采取淹没区垫高造地等措施也将使土地开发代价极高，投入产出比很低，难以达到规划目标。随着水利水电开发工程逐步进入核心涉藏地区等少数民族地区，其社会、文化、经济所体现出的区域宗教性特点就成为焦点。水利水电工程建设势必涉及宗教设施的迁移，进而改变各藏族信众已经习惯的宗教活动格局，影响到他们的宗教行为习惯。并且，由于各少数民族居住的地理条件以及他们各自的生产生活方式都有所不同，但在建筑形式上又互相涵盖，难以准确区分，且在江河上游高海拔的民族地区，移民大部分收益来自周边林草地，如松茸、虫草的采集，天然草场放牧等。现行的移民补偿补助体系尚没有纳入这部分林下资源和牧草资源。因此，为促进库区移民可持续发展，完善和优化移民安置补偿政策尤为重要。

8.1 库区移民社会保障安置政策优化

养老保障政策是针对水利水电工程建设征地涉及老年移民的一种生产安置方式。该项政策创立于四川省，目前也仅在四川省运行，运行时间已达十余年。与重庆市及部分沿海发达省区水利水电工程移民社会保障已基本与当地被征地农民的社会保障政策衔接相比，四川省水利水电工程建设征地养老保障政策一直独立于被征地农民社会保障政策和体系之外，实行单建统筹。因此本部分内容主要基于四川省现行水利水电移民养老保障政策，探讨其如何有效与被征地农民社会养老保险政策有效衔接，最终实现并轨。

8.1.1 现行移民养老保障安置实施概况

2005 年 4 月 2 日，四川省人民政府办公厅以《四川省人民政府办公厅关于印发〈瀑布沟水电站农村移民养老保障安置试行办法〉的通知》发布《瀑布沟水电站农村移民养老保障安置试行办法》，四川省首次提出一种新型移民安置方式——养老保障安置，养老金发放标准为每月 160 元/人，计发 10 年，取整后养老保障安置移民人口所需缴费资金 20000 元/人，全额纳入移民安置投资概算。从移民办好养老保障安置手续次月起，随后期扶持资金发放渠道按月发给 160 元/人养老保障金，直至终身。

2008 年，为有效缓解农村移民"有土安置"压力，规范和完善四川省水电工程移民养老保障安置方式，四川省出台文件进一步细化明确了移民养老保障安置的条件、标准和相关要求，对指导做好四川省农村老年移民安置工作发挥了积极的促进作用。[①]

2013 年以后规定对养老保险实行动态调整。[②] 在每个调整年的上年底之前，省扶贫移民局根据每年全省城市居民最低生活平均保障水平，结合物价变化和农村居民人均年纯收入增长情况，综合研究提出次年移民养老保障金调整和发放标准。标准调整后的资金缺口，在建大中型水利水电工程由项目法人负责，已建工程在库区基金和其他财政性资金中解决。这次调整，不仅结合社会经济发展状况对养老金发放标准进行了调整，更重要的是提出了未来养老金发放标准动态调整的要求和方法，在一定程度上弥补了养老保障安置方式存在的不足。

2016 年，四川省扶贫移民局、省发展改革委、省财政厅联合出台了《关于

---

① 2008 年，四川省发展改革委、省移民办联合制定的《关于我省大中型水电工程移民政策有关问题的通知》，明确规定，各电站到相应移民规划水平年前男满 60 周岁、女满 55 周岁的农村移民可以自愿选择养老保障，不再配置土地，土地"两费"用于养老金统筹。养老金标准从 2009 年 1 月起每人每月从 160 元调整为 190 元，期限从搬迁之日起至死亡之日止，土地"两费"不足以发放养老保障补助的，在库区基金和其他财政性资金中解决。移民在土地"两费"发放完毕之前死亡的，应将"两费"余额一次性发给其合法继承人。

② 2013 年，为进一步保障老年移民合法权益，结合社会经济发展情况，四川省扶贫移民局、省发展改革委联合出台了《关于调整全省大中型水利水电工程移民养老保障安置政策有关问题的通知》，文件规定：从 2014 年 1 月起，全省已建、在建大中型水利水电工程继续执行既定的养老保障安置政策，使用范围、条件和管理方式不变，每人每月养老保障金发放标准由现行的 190 元提高到 310 元。并明确此次调整政策标准后，移民养老保障金发放标准实行年度动态调整机制，除特殊情况外，原则上每两年调整一次。

调整全省大中型水利水电工程移民养老保障金发放标准的通知》，文件规定：从2016年1月起，每人每月养老保障金发放标准由现行的310元提高到360元。

移民养老保障安置方式实行以来，在各地政府的宣传解释和积极推动下，移民群众对养老保障安置方式有了全面的了解，认可度也很高。2008年以后的水利水电工程中满足养老保障条件的农村移民，大多不再选择"有土安置"，转为选择养老保障安置。

移民养老保障既定的标准无法保障现阶段移民日益提高的物质和精神生活的需要，已不适应新形势下确保移民生活水平不降低的要求。其存在问题主要表现在以下几个方面：

第一，安置标准较低，差距大。享受养老保障安置的人口大多是年岁已高、体弱多病，无务工渠道，收入来源单一的群体，除每月310元的养老金和50元后期扶持费以外，基本没有其他收入来源。而被征地农民一次性缴纳15年城镇职工养老保险，达到退休年龄后，按2013年物价水平，初始每月可领取700元左右，同时每年享受国家调整政策。

第二，动态调整机制不完善。农村移民养老保险金从2005年执行该项政策以来，仅在2008年、2014年调整过两次，未建立完善的动态调整机制。

第三，财政负担重。由于农村移民养老保障金是以土地"两费"为基础统筹计算，以人均寿命来测算，账户资金总量不变。随着这几年养老保障金逐年领取、养老保障金标准的上调及人均寿命的增加，养老保障金账户资金缺口必将越来越大，政府财政兜底量也随之越来越大。

8.1.2 移民社会养老保障优化研究

(1) 总体原则。

构建库区移民社会养老保障政策体系需要坚持三个原则：基本权利保护原则、辅助性原则和统筹原则。这三个原则就要求政府在提供基本保障的基础上，充分尊重基层移民农户的自主性，尊重差异性，通过引导和激励，帮助移民农户实现自我发展。

但是需要注意两个方面，一方面是库区移民区和安置区大多数在地理上属于偏远落后地区，包括部分少数民族地区，其社会结构和文化构成与其他地区有很大差异，集中体现在精神文化方面就是：主观能动性较差，市场参与意识较为薄弱，"等、靠、要"观念突出。这就要求政府在基本权利保护的基础上，更加强调辅助性。引导树立"勤劳致富，自力更生"的共同思想认识，在此基础上，通过教育、宣传和乡村人才培养，实现生产生活可持续发展。

同时，需要注意的另一个方面是四川省水利水电工程开发较早，由于受多方面因素的影响，全省已建大中型水利水电工程不同程度存在一些遗留问题，而工程建设时间越早，情况就越复杂，移民问题也越多，特别是在1991年4月30日前建设的老水库移民问题更加突出。因此，如何统筹历史遗留问题的化解与新政策的妥善落实，已成为优化库区移民社会养老保障体系急需攻克的重点和难点。

现行的被征地农民社会保障政策的内容主要包括养老保险、医疗保险、失业保险以及最低生活保障和医疗救助四方面内容。其中按城镇安置的被征地农民纳入城镇职工养老保险、城乡居民或城镇职工医疗保险、失业保险以及相应的城市最低生活保障、医疗救助；按农业人口安置的被征地农民纳入新型农村社会养老保险、新型农村合作医疗保险以及相应的农村最低生活保障、医疗救助。与现行的大中型水利水电工程移民养老保障安置在缴费标准、资金渠道和适用范围对象等方面均有差异，据调查，对参保人来说，社会养老保险较养老保障安置领取标准更高，适用范围更广，资金来源更加安全、稳定、有保障，更能适应经济社会发展的要求。因此，移民社会养老保障政策的优化需要统筹衔接被征地农民社会保障政策与大中型水电工程移民安置特点，在移民自愿选择的基础上，与现行移民安置政策和被征地农民社会保障政策互不影响，彼此独立。

（2）移民社会养老保障政策优化实施方案。

移民社会养老保障政策应着眼于基本权利保护原则、辅助性原则和统筹原则来制订优化实施方案。

首先，关于适用对象的问题。

鉴于大中型水利水电工程建设征地移民安置，主要包括生产安置和搬迁安置两大类，而社会养老保险安置主要是针对失去生产资料的农民，因此社会养老保障安置的实施对象主要是进行生产安置的已经达到退休年龄的移民农户，具体为男年满60周岁、女年满55周岁的农村老年移民人口。按照"低进低出"的原则，将达到法定退休年龄的老年移民纳入社会养老保险体系，适当降低缴费基数和领取待遇，与其他移民安置方式标准基本均衡，从而尽量避免了出台新政策而制造新矛盾的问题。

其次，关于新老移民社会保障安置政策的统筹与衔接问题。

一是新建工程农村移民社会养老保障安置政策。规划水平年达到法定退休年龄，即男年满60周岁、女年满55周岁的农村生产安置移民人口，可自愿选择社会养老保险安置，其缴费与领取标准参照被征地农民养老保险政策建立移民社会养老保险。

二是在建、已建工程移民社会养老保障安置政策。为统筹考虑在建和已建工程中已安置和尚未安置的移民的养老保障问题，可以对已选择现养老保障安置的在建和已建工程老年移民适当倾斜，将已选择养老保障安置的移民，全部纳入移民社会养老保障安置体系。其中，针对在建和已建工程中已选择养老保障方式安置的农村移民，可自愿提出申请，一次性缴纳15年基本养老保险费。将养老保障安置方式移民转入基本养老保险，扣除剩余的养老保障金，所需资金不足部分由移民个人承担50%。

考虑对在建和已建工程老年移民的政策倾斜，除原养老保障安置方式外参加城镇职工基本养老保险的农村移民，参保时年满65周岁的，缴费金额减少3000元；超过65周岁的，每年长1周岁减少3000元，但实际缴费总金额最少不低于54000元。

三是优化政策的创新点。在缴费标准上，建立了一种"低进低出"的移民养老保障安置模式，在降低缴费比例的同时又减少了领取待遇，在缴费标准上是一个创新。根据分析测算，对选择社会养老保险安置的移民，需一次性缴纳5.9万元/人的参保费，较现行其他移民安置方式的人均安置费用高，但相对来说差别不大；从安置后待遇来说，老年移民领取标准约470元/人每月，较现行农村移民养老保障的每人每月310元高，但差别不大。但是，该政策创新了一个高于现行移民养老保障安置方式标准，又低于现行被征地农民社会保险标准的安置方式，将老年移民纳入了社会保障体系，但缴费基数和领取待遇均低于现行被征地农民的社会保险政策，这是一个政策的创新。

同时，该方案充分考虑与现行移民养老保障政策衔接，将实施范围定位于达到法定退休年龄的老年移民，某种意义上是一种纳入社会保险体系的养老保障政策，但同时也建立了一套有别于现行被征地农民社会养老保险体系的政策，打破了原单建统筹、体外循环的局面，是移民政策的重大创新和突破。

8.2 逐年货币补偿安置政策优化研究

长期实物补偿和货币补偿安置方式属于无土安置方式。无土安置方式有以下优点：一是克服了耕地不足的困难，可有效缓解水利水电工程大面积征地后土地资源缺乏，以有土方式安置移民难度大的现实问题。二是节约了安置的总成本，缓解了政府的压力。无土安置减少了配置土地的造地成本和相应的基础设施投资，减轻了政府的压力，有利于促进农村产业结构的转换和生态环境保护。同时，在库区耕地资源有限，人地矛盾突出的现实情况下，调地安置的难度较大，实施无土安置可减轻移民安置任务。三是有利于提高移民的满意度和积极性。无土安置使搬迁安置更具灵活性，减轻了安置环境容量对安置点选择的制约性，移民可选择交通条件、经济条件、居住环境等更为优越的地方进行安置，在一定程度上减轻了水库淹没对移民原有的社会关系网络的影响，对于加快工程建设具有促进作用。

经过多年的探索和经验积累，长期实物或货币补偿等无土安置方式对现阶段水利水电移民安置的积极作用逐渐凸显，使越来越多的项目开始了对逐年补偿安置方式的探索和实践。①

8.2.1 实施逐年货币补偿的意义及问题

（1）实施的意义。

一方面，逐年货币补偿安置方式可以有效缓解人地矛盾。逐年货币补偿安置是一种无土安置方式，可有效缓解水利水电工程大面积征地后土地资源缺乏、以有土方式安置移民难度大的现实问题。有别于高速公路、铁路等项目的线型征地，水利水电工程是片区征地，对建设征地区内自然、经济和社会影响程度大，移民形成区域集中性，同一行政区域内的安置任务大，实施传统的有土安置方式面临资源缺乏的挑战。随着水电工程逐步深入高山峡谷地区，不适宜安置移民，在该类地区实施逐年货币补偿安置方式优势更为凸显。另一方面，搬迁安置更为灵活。实施逐年货币补偿安置方式后，可打破以土定搬迁的原则，使搬迁安置更有灵活性，减轻了安置环境容量对安置点选择的制约性。因此，移民可选择交通条件、经济条件、居住环境等更为优越的地方进行安置，提高了移民的满意度，同时，为从事商品经营、运输业、旅游业等第二、三产业提供更为便利的自然和社会条件，为移民产业结构调整创造条件，从而提高移民生产生活水平，减少产生次生贫困的可能性。

（2）存在的问题。

逐年货币补偿安置方式已在部分大中型水利水电工程移民中进行探索实践，但就目前的实施现状分析，逐年货币补偿安置仍然存在以下问题：

一是政策依据及配套措施不够完善。目前，虽已有电站移民进行逐年货币补偿安置方式的探索实践，但目前大多数省市还未正式出台实施该生产安置方式的制度或管理办法。政策依据的缺乏使得逐年货币补偿安置方式在实施中诸多受阻。例如在四川省某电站实施逐年货币补偿安置方式中，对移民进行政策宣传并

---

① 2012年2月7日国家发展改革委印发了《国家发展改革委关于做好先移民后建设有关工作的通知》，文件中明确提出探索逐年货币补偿的安置方式，为逐年货币补偿方式提供了国家层面的政策依据，因此，逐年货币补偿安置方式逐渐成为一种新型的移民安置方式。

征求初步意见时，由于较传统安置方式改变较大，大部分移民要求政府出台正式文件对该方式进行确认和约束。同时，政策依据及配套措施的不完善也为政策的实施留下了一定的问题，如为减少出现社会不稳定问题，实施逐年货币补偿后，应对一次性解放的大量聚集性劳动力进行合理的就业引导，同时配套相关培训和优惠政策。

二是边界条件不统一。目前逐年货币补偿安置方式的补偿范围、补偿标准、兑付方式等边界条件并不完全统一。实施逐年货币补偿的各电站大多参照其他电站成功经验，结合自身特点制定本电站的操作方式，如目前已实施逐年货币补偿的电站中，其补偿期限存在 50 年、土地承包期、电站运行期三种方式。不统一的操作方式虽然为各电站提供了灵活操作的空间，但操作方式的不同一定程度上带来了移民间的不公平，容易引起临近电站移民之间的攀比，给将来的移民问题埋下隐患。

三是对部分现有政策产生影响。实施逐年货币补偿安置方式后，原有部分技术规范和政策为其顺利实施造成了一定的阻碍。例如，由于搬迁安置的灵活性，移民往往可选择交通等条件较好的地点进行安置，导致远迁人口所有增加；同时，远迁移民淹没线剩余指标的处理也影响着移民对该种方式的选择和移民的满意度；移民享受的优厚条件容易引起安置地原有居民不平衡；逐年支付的补偿费用能否进入电价成本也影响着项目法人的积极性和资金承受能力等。这些是目前移民上访的主要问题，也是急需研究并制定配套措施的问题。

四是对其他安置方式产生影响。逐年货币补偿安置方式按照被征收耕园地数量确定补偿标准，对丧失不同数量土地的移民进行区别补偿，与目前现有的其他安置方式的安置原则存在一定差异。现存主要的农业安置、养老保障、自谋职业及投亲靠友等自主安置方式中，安置在同一集体组织内的农业安置大多标准相同，自主安置通常实行全库区相同。为平衡各种生产安置方式，便于移民在同等边界条件下进行选择，减少移民间攀比，现存其他生产安置方式需做出一定的调整。

在此情况下，需要综合逐年货币补偿本身的特点，考虑对现有政策及现有其他生产方式产生影响的情况，对逐年货币补偿的实施统一边界条件，并及时制定出台相关的政策。

8.2.2 逐年货币补偿政策优化研究

针对目前试点电站的成功经验和出现的问题，本书对逐年货币补偿安置方式的政策依据、补偿对象、补偿范围、补偿标准、补偿资金来源、补偿资金是否实施保底或封顶处理、补偿资金兑付方式、补偿资金动态调整及补偿期限等问题提出优化思路。

8.2.2.1 补偿对象

目前在已实施逐年货币补偿方案的大中型水利水电工程中,确定补偿对象有两种方式:一种是以生产安置人口为补偿对象;另一种是根据被征收土地的面积和地类据实补偿,确定每亩土地的补偿费用,即通常所说"对地不对人"。

8.2.2.2 可操作性分析

一方面,对于方式一,对生产安置人口补偿相等的土地费便于操作中的统一管理,简化工作内容;但另一方面,方式一可能引起移民间的攀比,且使征收土地量少的生产安置人口投机选择,增加补偿资金压力,也对征收土地量多的生产安置人口产生不公平。

在已实践的工程中,根据《云南金沙江中游水电开发移民安置补偿补助意见的通知》,云南省以人均补偿法确认补偿对象。金沙江中下游河段水电工程逐年货币补偿对象的界定方法中以人为补偿对象的主要有如下三种:一是针对外迁集中安置移民,搬迁安置移民均列为逐年货币补偿人口,享受统一长效补偿标准;二是逐年货币补偿人口指标落实到村组后,由村组按照实际占用耕地面积大小、年龄大小等原则分解到户、到人;三是根据库区征收耕园地情况,对选择逐年补偿的生产安置人口全库区统一执行同一补偿标准。

对于方式二,按照被征收的土地的面积和种类据实补偿,不落实逐年货币补偿人口,仅按照征占用耕地面积落实逐年货币补偿金额到户,每户领取逐年货币补偿费用。从操作性上分析,方式二需对承包到户的被征收土地进行区别登记、计算和发放等方面的管理,增加了工作内容,但由于土地勘界成果可反映建设征地区各级行政单元内永久征收的集体承包土地数量,征收的土地地类和数量为固定值,不会随时间推移而发生变化,因此方式二的补偿范围较为明确,减少了复核等后续工作。

目前实践逐年货币补偿的水利水电工程中,除云南省以外的水利水电工程大多以被征收土地(耕地或园地)为对象进行补偿,包括最早的双河口水电站、长洲枢纽、四川毛尔盖和两河口水电站等,同时,原以发放口粮方式补偿的广西岩滩水电站,在实施口粮的货币补助后亦以将移民口粮补助费定额发放于各村民小组,由村民小组制定本村民小组口粮补助分配方案,足额分配落实到户到人。

通过分析,综合两方式间的政策依据、合理性、可操作性,结合现有工程的实践经验分析,本书认为,为充分体现对移民受征地影响的不同程度的不同补偿标准,同时减少补偿后续工作,建议采用方式二,即按照被征收土地的面积和种类进行据实补偿。

8.2.2.3 补偿范围

在对被征收土地据实补偿进行研究后,需进一步对逐年货币补偿的土地补偿范围进行研究。水电工程涉及征用的土地类别很多,哪些类别适合进行逐年货币补偿,哪些类别更适合一次性补偿,是补偿范围的重要研究点。按照《全国土地分类》的文件内容,我国农用地包括:耕地、园地、林地、牧草地及其他农用地五类。对这五类农用地是否适合逐年货币补偿,应当结合受影响区域农民的主要收入构成以及五类农用地的自身特点分析。

通常认为林地、牧草地及其他农用地的产出较难以确切的时间段为衡量单位,且这三类农用地直接经济产出量的核算难度也较大,不适合采用逐年货币补偿的方案,应一次性补偿于集体经济组织。同时,鉴于四川省目前水利水电征地一般不涉及草地或涉及草地量很少(通常少于征收土地总量的1%),因此,此处不再对草地进行研究。

对于耕地的园地是否适合纳入逐年货币补偿范围,根据现有的实践经验和研究理论,目前主要存在两种方式:以被征收的耕地(含可调整为耕地的园地)为补偿范围,以及以被征收的耕地和园地为补偿范围。同时,对移民的开荒土地是否进行补偿同样存在争议。因此下面依次对耕(园)地、开荒耕地和园地进行分析:

(1) 耕(园)地。

从农民的收入构成角度分析,工程建设对移民生产生活的影响主要体现在征收耕地后影响农民的种植业收入,因此,在各地的逐年货币补偿方案实践中耕地都被首先确认为必须补偿的对象。

在各地的实践案例中,除可调整为耕地的园地外,其他园地则会根据大型水利水电项目所在地的实际情况,综合考虑相应类别的土地征收量及当地移民的收入构成,确定是否纳入逐年货币补偿的范围。主要从以下三方面进行分析:

一是从耕地、园地各自的特点角度分析,在绝大多数地区,耕地、园地一般都是一年一产或一年两产,园地收入主要来源于各类成年果木,具有直接经济产出,在土地产出及收益多元化发展中,园地已逐步成为大多数农民农业收入的主要部分。

二是从历史原因和种植条件角度分析,根据现有实际情况,大部分种植果木的土地由于生长环境需要,原是由改变耕地的耕作方式直接进行转化而来;其余园地则由开荒土地进行逐渐熟化而来。在经过土地熟化期后,土壤得到了改良,使园地本身具有与耕地同样的耕作条件。

三是从行业技术规范分析,根据《水电工程农村移民安置规划设计规范》

(DLT5378-2007)，生产安置人口应以其主要农业收入来源受水电工程建设征地影响的程度为依据计算确定。对以耕（园）地为主要收入来源者，按建设征地处理范围涉及计算单元的耕（园）地面积除以该计算单元征地前平均每人占有的耕（园）地数量计算生产安置人口。《水利水电工程建设征地移民安置规划设计规范》（SL 209-2009）规定，生产安置人口应以其主要生产资料受淹没影响的程度为基础进行确定。对以耕（园）地为主要生活来源者，按库区涉淹村、组受淹没影响的耕（园）地，除以该村、组征地前平均每人占有的耕（园）地数量计算，必要时还应考虑库内与库外土地质量极差因素。

同时，从园地自身的特点分析，本书认为，将园地纳入逐年货币补偿范围是合理的。但同时考虑到水利水电建设征地涉及各区域的实际情况有所不同，结合移民安置行业技术规范，本书认为根据建设征地区被征地移民人均农业收入构成情况进行分析，在园地收入为移民主要农业收入的情况下，将园地也纳入逐年货币补偿的补偿对象。需要注意的是，为提高分析的针对性，在分析过程中，需专门分析被征地移民的农业收入构成，而非建设征地涉及行政区域内农民的家庭收入构成情况。

（2）开荒耕地和园地。

通常，在水库工程建设征地区，土地承包到户之后，农民为了改善生存条件，在此基础上又通过自主开荒获得了很多耕地、园地，特别是园地。对自主开垦获得的耕、园地是否纳入逐年货币补偿范围需要进行研究。

首先，根据移民行业技术规范，建设征地影响的实物指标的调查是对"土地利用现状"进行调查，对于土地证书上不符合的，应进行现场复核确定。对于自主开垦用于耕种的土地，应以土地耕作事实作为调查的结果。

其次，从操作性角度分析，对集体经济组织所有的土地进行开垦的，并不会增加集体经济组织土地总量，而是对地类的改变。因此，在实际操作中，研究认为应尊重事实，减少对现实情况的扰动，以降低社会稳定风险。

同时，通过相关电站实际情况分析，对于承包合同中没有的自主开荒的土地，村集体、集体成员通常并没有就此提出过争议，认为是属于开荒者应得的使用权。各地补偿范围实践中也并未强调补偿范围是否仅包括1982年依法承包到户的耕园地，仅强调"淹多少，补多少"的原则，以移民被征收的实际耕、园地为基础确定补偿范围。在云南梨园水电站中，为保障移民的切身利益和发展，电站涉及两县出具认可文件确认建设征地范围内移民自行开垦并耕种三年以上，无使用权纠纷的土地，予以明确土地使用者的承包经营权，并予以完善相关手续。

综合相关法律对开垦土地的分配认可，同时从技术规范和历史情况等方面分析，并结合现有实践经验，本书认为，对移民自主开垦用于耕种的土地，同样构成了移民农业收入的一部分，与其他承包土地一样，应纳入逐年货币补偿的范围。

因此，对于逐年货币补偿范围，本书认为应包括集体经济组织所有的耕地，作为移民重要农业收入的园地，以及通过自主开垦获得的耕、园地，以下统称为集体经济组织所有的耕（园）地。

8.2.2.4 补偿形式

从目前实践情况分析，对征收的农村耕（园）地进行逐年补偿主要有实物和货币补偿两种形式，目前大多数电站都以货币形式进行补偿。

一是实物补偿方式。兑付实物的好处是移民可以直接拿到粮食，省略了购买的环节；坏处在于只能以某一种粮食支付，由于土地产出和实物需求的多样性，单一补偿粮食并不能满足移民生活的全部需要，而忽略了粮食除了满足移民的日常生活还需满足牲畜的饲养，忽略了多样性的需求；同时也忽略了土地除粮食外的其他产出产值。

二是货币补偿方式。首先，随着物流业的迅速发展，直接拿到粮食的优势已渐渐削弱，补偿同类粮食的方式伴随着可能滋生多样性选择限制的劣势，也直接忽略了土地的其他产出从而使所获少于土地产值。其次，由于货币本身的通用性，货币补偿方式可有效地解决实物补偿中移民对粮食的多样性需求。较之实物补偿，货币补偿方式应用范围更广、接受程度更高且更能适应经济社会的变化，对提高移民生产生活水平更有利。通过目前实践情况来看，实践项目情况中，除极少数外，绝大多数项目均选择货币补偿方式，且移民满意度高，依赖性逐渐增加。

因此，从为方便移民生活，提高移民生产生活水平的角度分析，同时结合目前电站实践情况，本书认为应以货币方式作为逐年补偿的补偿形式。

8.2.2.5 资金来源

通过已实践逐年货币补偿的电站及现有的理论分析总结，目前所探索可作为逐年货币补偿资金的来源中，较具有可操作性的方式主要有使用补偿土地的土地补偿费及安置补助费、作为电站运行成本及土地"两费"的投资收益作为逐年支付的补偿费用。

具体的组合操作方式有以下三种：一是按照移民条例，将纳入逐年补偿的耕、园地的补偿补助费一次性计入投资概算，逐年发放，不足部分由项目法人从电站运行成本或收益中提取；二是按照移民条例，将纳入逐年补偿的耕、园地的补偿补助费一次性计入投资概算，逐年发放，不足部分由"土地两费"的投资收益中提取；三是按照移民条例，将纳入逐年补偿的耕、园地的补偿补助费一次性计入投资概算，逐年发放，设计单位通过逐年发放年产值进行折现以测算所需补偿资金的现值，全额计入概算。

在实际电站移民征地补偿中，多采用方式一。《云南省人民政府办公厅关于印发云南金沙江中游水电开发移民安置补偿补助意见的通知》（以下简称《通知》）中关于逐年货币补偿资金的来源规定如下：移民长效补偿费实行逐年定量递增。在电站建设期，该项费用从审定的投资概算中列支；在电站运行期，水电项目法人同意从发电收益中提取资金补充移民长效补偿费，交由当地人民政府负责兑付，即建设期资金从土地补偿费和安置补助费中列支，运行期资金从电站运行收益中提取。阿海水电站、观音岩水电站和梨园水电站等逐年货币补偿的资金来源均根据《通知》的规定，按照此种方式执行。

从收益稳定性来看，逐年货币补偿的前期资金由土地"两费"解决，收益稳定，后期从电站收益中提取，从目前电力行业政策等情况分析，该部分资金来源稳定。从合理性上分析，土地"两费"用作移民安置符合法律政策的规定；电站收益得益于电站开发，反哺进行移民安置，操作方式合理。通过收益稳定性合理性分析，结合实际项目实践经验，方式一较为合适。

但是这种方式也存在一定的风险，首先，由于逐年货币补偿后期资金来源于电站收益，补偿资金的发放便与项目法人建立了长期关系。在长期的补偿过程中，若出现补偿标准因当时社会经济发展或其他原因未按照被支付者期望时间和额度进行调整，或补偿资金未准时支付等问题时，项目法人很可能面临地方政府或移民对此提出的诉求或质疑，甚至出现阻挠正常工作等不稳定情况。

其次，方式一的后期所需资金从电站成本或收益从列取，将会对电站的收益产生影响，业主为使收益不降低也可能会不定期提出提高电价等需求。通过两河口水电站的实证分析，在考虑土地年产值每年增长3%（从规划水平年标准起增长）、土地"两费"按照基准年标准计算且保持不变的条件下，征收土地的土地"两费"大约可使用11年，远低于补偿所需年限。对于双江口水电站，在土地年产值每年增长3%（从基准年标准起增长）及基准年标准下的土地"两费"每年收益8%的条件下，土地"两费"大约可使用13年，同样远低于补偿所需年限。土地"两费"可补偿的年限有限给后期补偿所需资金带来了很大压力。

因方式一资金来源总体稳定且符合规范要求，将电站收益反哺于移民的操作方式合理，目前预测风险可通过规范管理体制或提高电价的方式进行适当规避，因此，综上分析，本书认为方式一可用。

而方式二，由于所需投资收益率高，资金的商业运营存在投资风险，对移民的逐年补偿造成不稳定因素。同时，若需土地"两费"及其收益能满足逐年货币补偿费用，则所需投资收益率较高。

对于方式三来说，从收益稳定上来看，方式三中逐年货币补偿的全部资金均由土地"两费"解决，收益稳定。从可操作性分析，方式三考虑了补偿资金的时间价值，对补偿资金进行了合理的折现，根据双江口水电站初步测算成果，按照土地年产值每年3%的增长、发放50年、折现率为8%的测算原则下，逐年补偿资金折算现值为土地"两费"的19.58倍。在既定的补偿资金增长率和折现率不变的前提下，方式三将所有的补偿资金均纳入了电站概算，对逐年货币补偿资金进行了全额保障，同时便于与其他工程进行统一管理，也减少了概算计入项目中不合规的操作风险。同时，方式三可有效解决项目法人与补偿资金长期相关、增加项目成本、影响项目收益、无法解决水利工程收益偏少等问题。

但是，方式三在对补偿所需资金进行折现时，三个至关重要的因素：折现年限、折现年值（受土地年产值增长幅度直接影响）及折现率难以有效确定。根据后续的"补偿期限"篇章分析成果可知，对于补偿年限即折现年限，目前并无可靠的确定依据，将暂定为长期，这将直接影响折现现值。另外，土地年产值增长幅度与社会经济发展情况有关，长期的经济发展情况难以预测，因此确定某一符合当前预期发展水平的增长率并不能得到有力的依据。同时，折现率同样与社会经济增长率、当期银行长期存款利率、通货膨胀率等密切相关，难以进行准确预测。

通过对三种方式分别进行是否合乎规范、资金来源是否稳定等方面的分析，本书认为其他方式均存在一定风险，仅方式一较为合适。

8.2.2.6 补偿资金保底与封顶

通过已实践逐年货币补偿的电站及现有的理论分析总结，对于补偿资金的保底与封顶，目前所探索的主要有三种方式：保底封顶、保底不封顶、不保底不封顶。

（1）合规性分析。

《中华人民共和国土地管理法》（以下简称《土地管理法》）、《中华人民共和国农村土地承包法》（以下简称《土地承包法》）、《大中型水利水电工程建设征地补偿和移民安置条例》以及各地关于移民安置补偿的省级政策规定中，均对农民的耕（园）地使用权进行了保护，对于被征收的土地，现有法律及政策中均规定必须按照土地原有用途进行足额补偿。对于大中型水利水电工程建设用地同样必须做到应补尽补，本着"淹多少，补多少"的原则制定移民安置计划。可见，若对征地补偿采取保底与封顶处理并不合规。

（2）合理性分析。

水利水电工程建设征收移民耕（园）地，使其失去部分或全部的生产资料。

一方面，若对某些被征收的耕（园）地较少的农户采取保底方案，则相当于强加于项目法人的责任。因移民的贫困并非因项目法人导致，项目法人无法承担保底带来的额外责任，是对项目法人的不公平待遇。而另一方面，若对某些被征收的耕（园）地较多的农户采取封顶方案，则会侵犯农户的合法权益，看似为了避免农户之间的攀比，实则是盲目平均，封顶线之上的利益由农户无条件转移给项目法人，是为对移民的不公平待遇。

(3) 可操作性分析。

从操作性上分析，无论保底抑或封顶，均变动了村组补偿费用总量。由于统一村组内补偿单价一致，因此，补偿费用总量的变化直接反映为被补偿耕（园）地总量的变化，从而引起前后指标的不平衡。从目的性分析，归根结底，保底或封顶的目的是对移民间的补偿资金收入进行平衡，以减轻由于固有承包情况对部分移民产生不公平，但后续分析将提到，此类不平衡可通过补偿资金兑付到户前，由集体经济组织通过村民委员会等形式商议发放方案而解决，将更有效充分减小内部成员收入的不平衡。

因此，本书认为必须对所有征收土地按照相关规定足额补偿，不进行保底亦不进行封顶。同时建议对生活确实困难被征收的耕（园）地数量又有限的逐年货币补偿移民，纳入社会救助体系实施救助，结合移民安置规划方案，将此部分移民加入农村最低生活保障制度的救助对象。

8.2.2.7 补偿资金兑付方式

通过已实践逐年货币补偿的电站及现有的理论分析总结，对于逐年货币补偿的补偿资金兑付方式大致存在兑付到人、兑付到户及兑付到集体经济组织三种观点。

(1) 土地所有权。

从土地所有权方面分析，我国土地是国家或集体所有，进行逐年货币补偿的耕（园）地同样归集体所有。因被征收后，土地的土地权属性质发生改变，由集体所有变为国家所有，土地的逐年货币补偿归根到底是对征收土地权属之后的补偿。根据我国《土地管理法》《土地承包法》关于土地所有权及《物权法》的相关规定，土地补偿费用应补偿于土地所有权者，此处为集体经济组织。因此，拥有被补偿耕（园）地所有权的集体经济组织享有其逐年补偿资金。

(2) 平衡历史差异。

根据农用地实际情况分析，诸多水利水电工程所涉及农用地自1982年承包到户之后，一直维持原承包关系不变，再未进行调整，导致现有承包情况存在一定的滞后性和土地分配的不完全性。若将集体所有的土地分配固化在当前状态，对承包到户后因为生育、婚嫁等情况变动的人口将存在不公平性；同时也将导致自逐年货币补偿方案实施之日起，移民之间在补偿款方面的贫富差距将被一直延续下去，随着逐年货币补偿标准的提高，这一差距还有可能进一步扩大。

（3）可操作性。

从可操作性上进行分析，因土地征收后，各移民户选择不同方式进行安置，成员分散可能导致原有集体经济组织难进行统一管理；同时，逐年货币补偿期限长，集体经济组织难以实现逐年进行资金分配方案的讨论和分配。

鉴于兑付于集体经济组织在操作性上的难度，结合上述对土地所有权及历史差异平衡方面的分析，本书认为可在补偿资金发放前，先由集体经济组织行使土地所有权，制订并提交统一的分配方案；此后，按照资金分配方案，逐年货币补偿资金直接兑付于移民户。

集体经济组织研究制订分配方案可平衡处理移民户间较大差异，以减少因收入差异大而引起被征收土地面积、类型相差较大的农户之间的攀比心理。

8.2.2.8 补偿期限

通过已实践逐年货币补偿的电站及现有的理论分析总结，对于逐年货币补偿的补偿年限大致存在两种观点：一是与土地承包期一致；二是与电站运行期一致。

各电站在确定逐年货币补偿的补偿时限时有所不同。较早尝试逐年货币补偿的云南、广西等省份相关政策中，规定逐年货币补偿时限与电站运行期限相同。如四川毛尔盖水电站、云南桥头水电站、广西岩滩水电站和长洲水利枢纽、湖南托口水电站等逐年货币补偿的时限与电站运行期限相同，而两河口水电站在进行逐年货币补偿时从满足移民心理预期、政府承担兜底责任、与现行的集体土地承包政策衔接一致等方面考虑，逐年货币补偿时限与土地承包年限一致。

（1）与土地承包期一致。

以土地承包期为逐年货币补偿年限有一定的缺陷。由于水利水电工程建设征地改变了土地所有权，土地不再属于集体经济组织所有，移民当前的土地承包关系也已终止，并无法获得补偿款项。而若现今土地承包期仍然成立，土地承包期满后，移民也将不能继续进行承包。

因此，若以土地承包期作为逐年货币补偿年限，当土地承包期满后，移民将无法再获得逐年补偿资金，使移民生产生活情况受到影响。

（2）与电站运行期一致。

现有理论分析认为，如果电站的所有权和经营权发生变更，则补偿责任也相应转移。

但对于电站运行期而言，将电站运行期作为逐年货币补偿年限基于水利水电工程报废后将对土地进行复垦，交由移民耕种。然而目前，尚无可靠的法律政策依据要求报废的水利水电工程必须进行复垦，且恢复农用地耕作条件。

同时，电站运行的长期性也为电站复垦带来了不确定性，运行废止后的社会经济及技术环境难以预料，对电站废止后的土地进行复垦且恢复至农业生产标准未必会适合当时的经济社会发展情况。若不能再用于农业生产，则恢复不了移民的生产条件，逐年补偿的费用理应继续；若无须复垦土地至农业生产标准，根据当时的社会经济条件，逐年货币补偿可能已可提前终止或改变其补偿方式和金额。

同样的，由于土地所有权已经发生改变，征收后，土地收归国有，项目法人拥有土地使用权。项目报废后，根据我国现行土地管理制度，土地可由项目法人申请变更使用方式另作他用，或归还于国家再行安排，并不能直接改变土地所有权而归还于原集体经济组织。

因此，将电站运行期作为逐年货币补偿的期限也不合适。

通过上述分析，因土地承包期和电站运行期都有可能由于政策、技术等方面的原因出现不确定性因素，导致研究期限暂不能明确。同时，为便于与今后移民政策相衔接，本书认为应将逐年货币补偿的补偿期限暂定为长期。

8.2.3 结论与建议

通过对逐年货币补偿安置方式进行政策依据、补偿对象、补偿范围、补偿形式、补偿标准、补偿资金来源、补偿资金是否实施保底或封顶处理、补偿资金兑付方式、补偿资金的动态调整、补偿期限等问题进行研究，得出以下主要研究结论：分析可知，实施逐年货币补偿具有积极的意义，但目前也存在一定的问题。逐年货币补偿安置方式是一种无土安置方式，可有效缓解水利水电工程征地后土地资源缺乏、以有土方式安置移民难度大的现实问题。同时可打破以土定搬迁的原则，使搬迁安置更有灵活性，减轻了安置环境容量的制约性，也使移民可选择更为优越的地方进行安置，从而提高移民满意度和积极性，促进工程开发进程。

目前，逐年货币补偿尚缺乏有力的政策支持，其补偿范围、补偿标准、资金来源、兑付方式等边界条件并不完全统一，已有电站仅相互参照实施；同时，逐年货币补偿实施后，现有部分政策对其的影响也逐渐凸显，与其他生产安置方式间的协调性也亟待解决，开展逐年货币补偿的相关研究十分必要。

通过分析，本书认为，逐年货币补偿安置方式相关边界条件如下：

第一，逐年货币补偿是对被征收的集体经济组织所有的耕（园）地长期逐年进行货币补偿；同时，从便于移民工作的可操作性，同时照顾到集体经济组织移民和非移民的切身利益和现实需求，本书认为应对集体经济组织所有的其他被征收土地采取一次性补偿。

第二，逐年货币补偿以耕地年产值作为补偿标准，并根据土地等级或所属区域进行分级执行；对已公布征地年产值标准的地区执行最新公布标准，对未公布征地标准的地区进行耕地年产值测算执行；逐年货币补偿资金按照被逐年补偿的耕（园）地数量和执行耕地年产值的计算结果进行补偿，不设置保底和封顶；逐年货币补偿标准按照已公布征地年产值进行调整，或每3年对耕地的测产标准进行重新测量以调整标准。

第三，逐年货币补偿资金按照移民条例，将纳入逐年补偿的耕（园）地的补偿补助费一次性计入投资概算，逐年发放，不足部分由项目法人从电站运行成本或收益中提取。

本书认为逐年货币补偿适宜在新建电站中推广采用，由于与目前安置标准的配置原则有较大差异，且可能造成已有工作和生产措施的浪费，同时需要对耕（园）地落实到户，因此，已建电站并不适宜再行实施逐年货币补偿。

根据以上研究结论，本书提出如下建议：

一是完善逐年货币补偿政策。逐年货币补偿安置方式是对传统移民安置方式的一种有效补充，可以缓解有土安置压力、解决移民长远生计问题，降低移民远迁的社会风险，降低移民安置实施难度、减轻电站融资压力。但根据目前试点逐年货币补偿的电站分析，各电站在操作方式、补偿范围、补偿时限及资金来源上均有一定差别。同时研究发现，逐年货币补偿安置方式缺乏国家层面的政策支持，其补偿模式及边界条件不甚清晰，缺少可操作的具体实施方针和指导意见，建议制定逐年货币补偿安置政策，并对可能出现的问题进行配套政策约束。

二是逐年货币补偿政策应与其他方式进行平衡。逐年货币补偿安置方式是对各集体经济组织按照被征收耕（园）地数量进行区别补偿，而目前，现存主要的农业安置、养老保障、自谋职业及投亲靠友等自主安置方式中，安置标准大多全库区等同。安置标准原则的不等同势必造成选择不同生产安置方式的移民间的不公平。因逐年货币补偿安置方式是供移民自愿选择的其中一种生产安置方式，因此，本书建议通过互相间补偿标准的调整使各类生产安置方式间保持平衡，以便移民在同等边界条件下进行选择，减少相互攀比，保持以各种方式安置的移民之间的公平性。

8.3 移民城镇化安置政策优化研究

近年来，国家大力开发水利水电工程，带动了地区的发展，但也带来了移民问题。因此，如何妥善的安置移民，意义深远。

党的十八大召开以后，城镇化正式成为我国的重点发展战略之一。城镇化的迅速发展，提升了人民的生活水平，促进了经济的发展，推动了社会的进步，意义重大。可以说，城镇化是 21 世纪中国经济高增长的强大动力，是解决中国各种问题（尤其是"三农"问题）的"牛鼻子"，是全面推进我国现代化的必然选择。

8.3.1 城镇化安置概念

广义的城镇化是人类生产和生活方式由乡村向城镇转化的历史过程，主要包括产业结构、就业结构、消费方式等要素的转变。

移民的城镇化，是指以依托国家大力发展城镇化的契机，以区域特色为基础，以乡镇或城市为平台，将绝大部分农村移民相对集中地进行集镇安置，实现农村（农业）人口向城镇（非农业）人口的转换过程，"以农为主"向"第二、三产业为主"转移的过程，乡村生活方式向城镇生活方式转变的过程，最终达到农民生活水平不断提高，居民素质不断上升，区域社会经济不断发展，人与环境更加和谐的目标。

8.3.2 移民城镇化适应性分析

（1）移民城镇化安置条件。

移民城镇化安置需满足一定条件，一是该安置点需具备足够的安置容纳力，二是移民需具备一些非农业生产能力。

首先，社会环境容纳力分析。

根据城集镇目前的资源特点，社会经济现状及规划，第二、三产业结构及规划，居民及移民素质，结合移民安置规划，通过开发第二产业项目，发展运输、商业、餐饮、旅店、旅游、服务等第三产业，预测当地第二、三产业从业人数，分析计算规划水平年城集镇社会经济容量能力。

其次，移民个人从事非农业生产条件。

移民城镇化安置是一种创新生产安置思路，使移民由过去传统农业生产变为从事第二、三产业发展，因此移民需具备从事第二、三产业工作的专业技能或者一定的经商经验以及从商资金等非农业生产条件。

作为经营者：需要移民本人从事经营或管理第二、三产业的工作经验证明材料，具体证明材料如移民个人名下企业的工商年检、税务登记证明等。

作为潜在经营者：需要移民本人参与经营或管理第二、三产业的工作经验证明材料并且具备一定发展资金，具体证明材料如移民个人从事第二、三产业的相关工作证明、担任职务等。

作为第二、三产业务工人员：需要移民本人从事第二、三产业工作的相关证明材料，具体材料如移民个人工作证明、近期从业收入证明等。

作为第二、三产业潜在务工人员：需移民本人具备从事第二、三产业务工技能，具体务工技能应取得劳动部门颁发的职业技能培训上岗证书、个人取得的职业技能证书等。

（2）移民和移民所在区域的特点。

目前，长江上游大型水电站主要分布在大渡河流域、雅砻江流域和金沙江流域，如溪洛渡、乌东德、白鹤滩、叶巴滩、锦屏一级、两河口、瀑布沟和长河坝水电站，移民主要分布在凉山彝族自治州、甘孜藏族自治州和阿坝藏族羌族自治州等少数民族集聚区。

第一，移民个人特点。

金沙江上游：该区域人口密度小，民族以藏族为主，全民信教，主要以藏传佛教为主，宗教活动场所很多，个人和集体均有宗教设施，几乎是"乡乡有寺庙，村村有佛塔，户户有经堂"。移民的社会关系网络基本集中在本村组，少数移民有其他社会关系，移民生活相对封闭。

金沙江下游：该区域人口密度大，民族主要以汉族和彝族为主，移民的社会关系网络较复杂，移民生活相对开放。

雅砻江中上游：该区域人口密度小，民族以藏族为主，全民信教，主要以藏传佛教为主，宗教活动场所较多，移民的社会关系网络基本集中在本村组，少数移民有其他社会关系，移民生活相对封闭。

大渡河中上游：该区域人口密度一般，民族以汉族、藏族、彝族和羌族为主，属多民族混居区，移民的社会关系网络较复杂，移民生活相对开放。

第二，城集镇安置点土地资源筹措。

金沙江上游：该区域地处高原地带，耕地资源多集中在河谷地区，人均耕地约为1亩；水库建成后淹没河谷地带的耕（园）地，其后备土地资源十分匮乏，城集镇周边土地资源筹措十分困难。

金沙江下游：该区域地处山区地带，耕地资源较为丰富，人均耕地约为1.3

亩；耕地多为梯田分布，该区域的后备资源相对丰富，城集镇周边土地资源筹措较容易；

雅砻江中上游：该区域地处高原地带，耕地资源多集中在河谷地区，人均耕地约为1亩；水库建成后淹没河谷地带的耕（园）地，其后备土地资源十分匮乏，城集镇周边土地资源筹措十分困难。

大渡河中上游：该区域地处平原、河谷地带，人均耕地约为1亩；水库淹没的土地多为耕（园）地，其后备耕地资源相对丰富，城集镇周边土地资源筹措较容易。

第三，社会经济条件。

金沙江上游：该区域农民人均纯收入和人均GDP较低，区域电力、交通和通信等基础设施配套不完善，经济社会发展落后，移民生产技能单一。

金沙江下游：该区域农民人均纯收入和人均GDP较高，区域电力、交通和通信等基础配套设施完善，经济社会较发达，移民具备多种生产技能。

雅砻江中上游：该区域农民人均纯收入和人均GDP较低，区域电力、交通和通信等基础设施配套不完善，经济社会发展落后，移民生产技能单一。

大渡河中上游：该区域农民人均纯收入和人均GDP较高，区域电力、交通和通信等基础配套设施较完善，部分地区具备发展旅游业的条件，经济社会一般，移民具备多种生产技能。

第四，收入构成分析。

金沙江上游：区域收入构成中第一产业收入比重较大，约为80%（林下资源收入占的比重较大）；第二、三产业收入比重较小，约为20%。

金沙江下游：区域收入构成中第一产业收入比重较小，约为30%；第二、三产业收入比重较大，约为70%。

雅砻江中上游：区域收入构成中第一产业收入比重较大，约为80%（林下资源收入占的比重较大）；第二、三产业收入比重较小，约为20%。

大渡河中上游：区域收入构成中第一产业收入比重较小，约为50%；第二、三产业收入比重较大，约为50%。

（3）移民城镇化安置区域适宜性分析。

根据移民城镇化安置条件和移民及移民所在区域特点，本部分对四大区域的移民城镇化安置进行了适宜性分析。其中，由于金沙江上游区域存在城集镇周边土地资源筹措困难、社会经济落后、移民主要收入单一（以农业收入为主）等条件制约，初步认为在该区域不太适宜进行有规模的城镇化安置移民。

金沙江下游区域集镇周边土地资源筹措较易，同时，区域内社会经济较发达，且移民主要收入并不依靠纯农业收入，初步认为在该区域内规划有规模的城镇化安置移民是适宜的。

雅砻江中上游区域存在土地资源筹措困难、社会经济落后、移民收入构成较为单一（以农业收入为主）等制约因素，初步认为在该区域规划有规模的城镇化安置移民是不太适宜的。

而虽然大渡河中上游区域存在土地资源筹措困难等制约因素，但由于区域内社会经济水平发展较好，且移民收入构成较为合理（农业与非农业收入相当），加之该区域具备发展旅游业的条件，初步认为该区域具备一定的发展规模城镇化安置的条件。

因此，通过上述分析可见，目前长江上游水电站建设主要集中在甘孜、阿坝和凉山三州少数民族地区，由于社会经济发展水平不高、发展速度慢，地区对经济发展的渴求不急迫，特别是在藏族集聚区尤为突出，因此在水电移民安置规划中大规模实施城镇化安置农村移民是不太适宜的，但局部有条件的地方具有一定的可行性。

8.3.3 结论与建议

将城镇化与水利水电工程移民安置有效结合，是对现行移民安置思路的创新，具有重要意义。本书在梳理移民城镇化政策和规范的基础上，提出了移民城镇化安置的概念，归纳了移民城镇化适宜的安置方式，并对移民城镇化安置的条件、区域适宜性及相关配套政策进行了研究，同时结合典型案例进行了论证。形成结论与建议如下：

第一，移民的城镇化安置是移民安置思路与城镇化战略有机结合孕育而生的一种安置思路，是一种具有直接性、政策性，旨在实现农村人口向城镇人口转换、"以农为主"向"第二、三产业为主"的转移的安置思路。移民的城镇化安置是提高农民生活水平、科技素质，促进移民健康、良好的后续发展以及统筹区域经济发展的重要途径。

第二，移民城镇化的初期会因移民社会关系、经济关系的暂时解体而对移民的后续发展产生一定的影响；但从长远角度来看，移民城镇化是促进移民自身生产、生活转变，移民与城镇共同长远发展的有效途径，更是解决移民安置尤其是涉藏地区移民安置的可行方式。

第三，移民搬迁进入城镇化安置后，适宜其后续发展的生产安置方式主要包括逐年货币补偿安置，第二、三产业安置，复合安置，养老保障安置，自主安置，土地入股分红安置以及留地安置等方式。

第四，由于社会经济发展水平较低、发展速度慢，地区对经济发展的渴求不急迫，因此在水电移民安置规划中大规模实施城镇化安置农村移民不太适宜，但局部有条件的地方具有一定的可行性。

根据分流域城镇化适宜性分析，金沙江下游区域适宜城镇化安置，大渡河中上游区域基本适宜城镇化安置，金沙江上游和雅砻江中上游两个区域不适宜城镇化安置。

综上所述，移民城镇化安置是一项复杂、面广、长久的系统工程，移民城镇化安置规划必须因地制宜，选择适合库区和安置区实际情况的安置方式（尤其是少数民族地区），同时需配套社会保障、医疗教育、产业发展等相关政策进行。总之，移民的城镇化安置是一种新型的水利水电移民安置思路，而长江上游的水电移民城镇化受到其特殊的自然、经济和社会环境的影响，移民安置城镇化任重道远。

第 9 章

稳定脱贫视角下水库移民精准脱贫风险分析

本章研究构建了水库移民脱贫风险分析框架，从移民农户微观视角，以移民农户调研数据实证分析长江上游大型水库移民脱贫进程中可能出现的风险。其中，在静态分析中运用移民农户脆弱性分析与风险的分解方法实证分析了移民农户生计资本框架下的脱贫稳定性和脱贫风险问题。在动态分析中，运用灰色关联预测法分析了移民农户在脱贫进程中显性贫困、隐性贫困和临界贫困组之间的风险动态变化，并分析了各类贫困组内部的风险动态变化。

9.1 脱贫风险及其分析框架

贫困成因可归纳为风险与机会，针对由风险造成的贫困，应进行风险管理，以事前防止非贫困群体陷入贫困及原本贫困的群体更加贫困的可能性。针对机会造成的贫困，应加强外部介入，提供更多的发展机会。在政策上，相对于风险的静态和动态模式，需要从扶贫流程上建议和完善相应的静态与动态风险管理机制，从而使贫困人口稳定脱贫。

基于以上分析提出关于脱贫进程中风险分析的基本框架，如图 9-1 所示。

图 9-1 脱贫风险分析框架

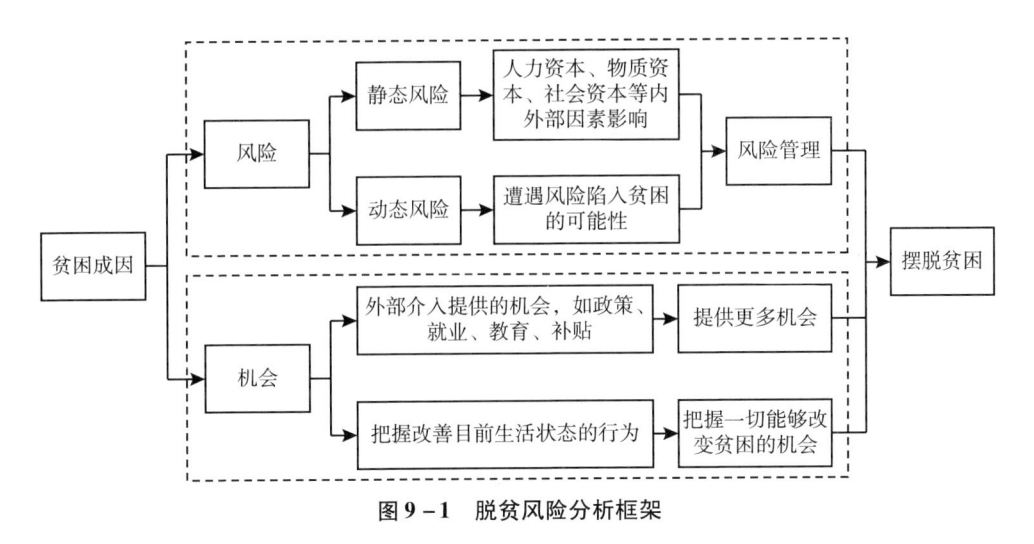

9.2 静态风险分析

9.2.1 数据来源与模型构建

（1）数据来源。

数据来源于本书课题组于 2018 年在两河口水电站、升钟水库和溪洛渡水电站开展的调研。该调研采用分层抽样方法，选取县和村，在移民村级层面采取随机抽样方法，共计搜集农户 267 份问卷。该问卷主要涉及移民农户 2016 年和 2017 年家庭数据，包括家庭成员、家庭资产、家庭储蓄、种植业和林果业基本情况、年收入和年支出情况和家庭基础建设情况、家庭决策及社会关系等。

（2）模型构建和变量描述。

根据利贡和谢克特（Ligon & Schechter，2003）的定义，采用脆弱性分解法，可以将风险分离出来。脆弱性反映的是家庭福利受某些不确定因素影响的波动，这种家庭福利的变动通常可以用消费的效用函数来反映。基于这种思想可以设 h（h = 1，2，…，n）为风险规避的家庭类型（这符合大多数人的普遍心理），其效用函数为严格递增且弱凹性质的实数集函数，表示为 $U_h(\cdot)$：R→R。家庭在某时间段内的脆弱性可定义为家庭确定性等价效用与家庭期望效用的差值，即：

$$V_h = U_h(Z) - EU_h(C_h) \quad (9.1)$$

其中，V_h 为某一家庭的脆弱性值。Z 为家庭在没有风险时的确定性消费，

$U_h(Z)$ 为家庭在确定性等价消费水平下的效用值。C_h 为风险下的家庭消费现实消费，$EU_h(C_h)$ 为家庭消费的期望效用。当 $V_h \leq 0$ 时，家庭没有脆弱性；当 $V_h > 0$ 时，家庭具有脆弱性。脆弱性测量过程中需要选择相关的效用函数。本书采用的是利贡和谢克特（Ligon & Schechter，2003）在脆弱性测量中采用的函数形式，即：

$$U_h(C_h) = \frac{C_h^{1-r}}{1-r^1} \quad r > 1 \tag{9.2}$$

其中，C_h 为家庭的消费。r 表示家庭在消费（生产和生活消费）中的风险偏好，取值越大，表示风险偏好越高。其取值应大于 1，我们将根据利贡等的研究方法采用 r=2 和 r=3 两种取值情况进行研究。利贡和杨文（2012）对脆弱性进行了分解，将脆弱性主要分解为贫困、自然灾害风险和其他风险。本书针对风险的研究内容，进行了如下分解：

$$V_h = D1 + D2 + D3$$

即：

$$V_h = \{U_h(Z) - U_h[E(C_h)]\} + \left\{U_h[E(Z)] - EU_h\left[E\left(\frac{C_h}{M}, F, W, D\right)\right]\right\}$$
$$+ \left\{EU_h\left[E\left(\frac{C_h}{M}, F, W, D\right)\right] - EU_h[E(C_h)]\right\} \tag{9.3}$$

式（9.3）中，$U_h(Z) - U_h[E(C_h)] = D1$，代表贫困带来的脆弱性风险；$U_h[E(Z)] - EU_h\left[E\left(\frac{C_h}{M}, F, W, D\right)\right] = D2$，代表自然灾害风险；$\left[E\left(\frac{C_h}{M}, F, W, D\right)\right] - EU_h[E(C_h)] = D3$，代表其他风险。

脆弱性反映了家庭面临风险时在消费方面的调整，这些调整可能来自家庭内部和外部的各种因素，比如前文所分析到的家庭教育、健康等因素，因此在分析风险时，有必要控制可能影响风险的变量。在外部冲击方面，主要选择灾害冲击，尤其是自然灾害的冲击进行分析。由于特殊的自然地理环境，长江上游地区自然灾害频繁发生，主要原因是干旱、暴雨、洪涝等极端气候频繁发生。此外，库区两侧山体常年受淹，旱情比例有所下降，但库区山体滑坡、泥石流发生频率有所增加，灾害也逐年增加。当地移民部门一般将干旱、风暴、洪水和泥石流列为重大自然灾害。在操作上，本书把库区的旱灾、风暴、洪水和泥石流作为虚拟变量。

在内部风险的分析中主要选择可持续生计资本进行分析。由于体弱多病者占家庭人口的比例、家庭劳动力文化程度等可能会影响到农户脆弱性,[①] 因此有必要将农户健康、教育、社会资本、物质资本等放入控制变量中。另外,因为区域经济发展和非农就业对农户家庭经济有影响,[②] 所以本书将地区变量和是否纯农业户变量放入控制变量中,变量描述性分析见表9-1。根据以上分析,具体的模型设定为:

(1) $V_h = a_0 + a_1 edu_h + a_2 villegehead_h + a_3 farmland_h + a_4 pure_h + a_5 mudslide_h + a_6 flood_h + a_7 windstorm_h + a_8 drought_h + a_9 laborforce_h + a_{10} health_h + e_{1t}$

(2) $C_{1ht} = b_0 + b_1 edu_h + b_2 villegehead_h + b_3 farmland_h + b_4 pure_h + b_5 mudslide_h + b_6 flood_h + b_7 windstorm_h + b_8 drought_h + b_9 laborforce_h + b_{10} health_h + e_{2t}$

(3) $C_{2ht} = c_0 + c_1 edu_h + c_2 villegehead_h + c_3 farmland_h + c_4 pure_h + c_5 mudslide_h + c_6 flood_h + c_7 windstorm_h + c_8 drought_h + c_9 laborforce_h + c_{10} health_h + e_{3t}$

以上模型中被解释变量 C_1 和 C_2 分别表示家庭人均消费和家庭人均非生产性消费值,V_h 表示用家庭人均消费估计的风险脆弱性值。

表9-1显示,2017年库区移民人均消费额略高于2016年。与2016年相比,家庭成员受教育程度与家庭人均耕地面积在2017年都有一定程度的提高。同时,2016年和2017年样本地区的农村移民遭受了不同程度的泥石流、干旱、风灾和水灾。

9.2.2 研究结果

(1) 移民农户与移民村脆弱值。

本书测算了 R=2 和 R=3 时移民农户的脆弱值,具体结果见图9-2。从图9-2可以看出,与 R=2 相比,R=3 时移民农户的脆弱值更大。

图9-3是 R=2 和 R=3 时移民村的脆弱值,在图9-3中,X轴表示移民村名字,显示为村名的拼音缩写。总体来看,藏族与彝族地区的移民村脆弱值较高。

---

① 武拉平,郭俊芳,赵泽林,吕明霞. 山西农村贫困脆弱性的分解和原因研究 [J]. 山西大学学报(哲学社会科学版),2012 (6): 95-100.

② 辛岭,蒋和平. 农村劳动力非农就业的影响因素分析——基于四川省1006个农村劳动力的调查 [J]. 农业技术经济,2009 (6): 19-25.

表9-1　变量描述性分析

变量	2016年 均值(1)	2016年 标准差(2)	2016年 最小值(3)	2016年 最大值(4)	2017年 均值(1)	2017年 标准差(2)	2017年 最小值(3)	2017年 最大值(4)	变量类别	变量定义
C1	3956.87	3734.821	300	24750	4482.397	4304.997	290	26528		人均总消费
C2	2413.145	2322.680	224	16950	2826.118	2751.873	315	14921		本年度人均非生产性消费
Droughts	0.285	0.452	0	1	0.322	0.468	0	1	是=1,否=0	本年度家庭是否遭受过旱灾
Windstorms	0.157	0.365	0	1	0.135	0.342	0	1	是=1,否=0	本年度家庭是否遭受过风灾
Floods	0.139	0.346	0	1	0.146	0.354	0	1	是=1,否=0	本年度家庭是否遭受过洪灾
Mudslides	0.075	0.264	0	1	0.082	0.275	0	1	是=1,否=0	本年度家庭是否遭受过泥石流
Poverty	0.315	0.465	0	1	0.303	0.461	0	1	是=1,否=0	是否建档立卡贫困户
Health	0.416	0.494	0	1	0.375	0.485	0	1	是=1,否=0	家庭是否有慢性病人
Village head	0.067	0.251	0	1	0.071	0.258	0	1	是=1,否=0	家庭成员是否是干部
Pure agriculture	0.764	0.425	0	1	0.768	0.423	0	1	是=1,否=0	是否是纯农业家庭
Education	0.242	0.184	0	0.8	0.246	0.184	0	0.8	%	家庭成员高中以上学历比例
Non-labor force	0.211	0.136	0	0.6	0.216	0.136	0	0.6	%	家庭成员非劳动力比例
Farmland	1.566	1.425	0.02	8.7	1.58	1.417	0	9.4	亩	家庭耕地面积
Income	5736.517	5339.409	550	31600	6566.592	6135.553	590	35080		家庭人均纯收入

图 9-2 移民农户脆弱值

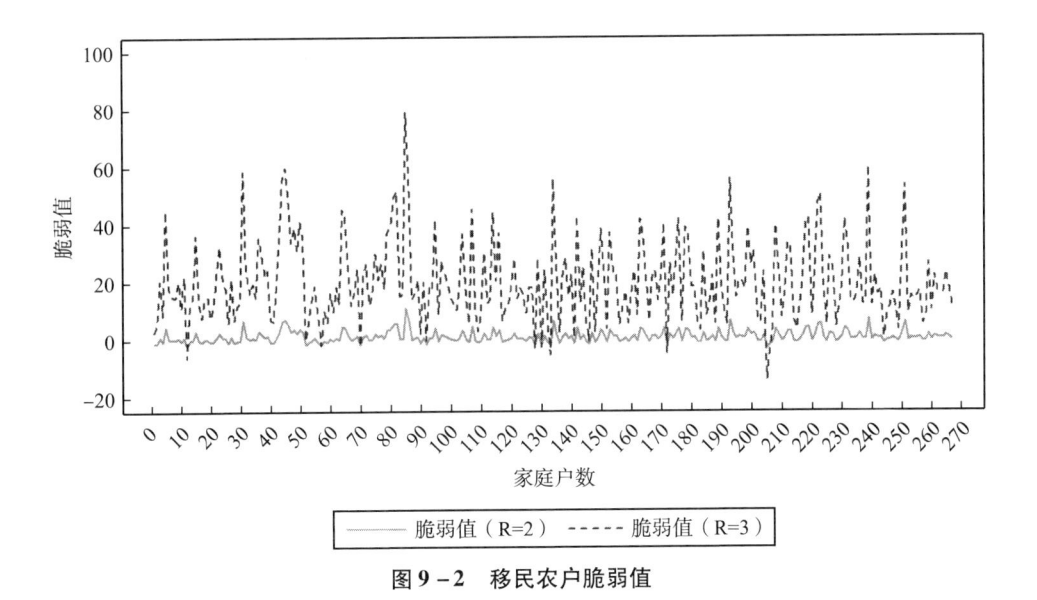

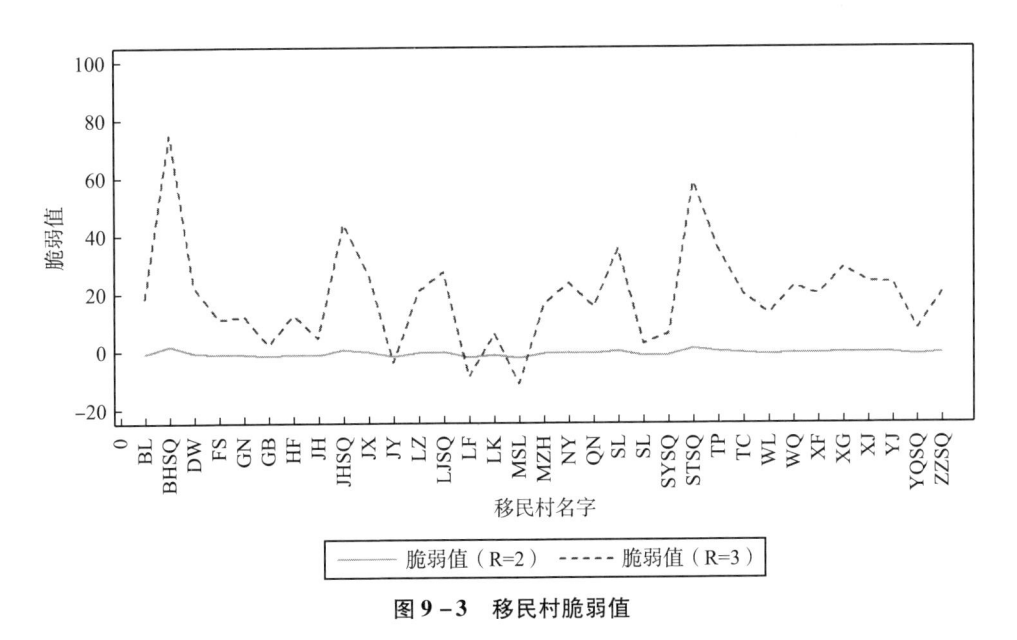

图 9-3 移民村脆弱值

(2) 自然灾害对水库移民脆弱性的影响。

根据前文的计算模型，本书估算了自然灾害对水库移民的影响，具体结果见表 9-2。结果表明，干旱、风暴、洪水和泥石流对库区移民的脆弱性有显著影响。这些事件增加了库区移民的脆弱性，R = 2 增加了 0.38370、0.31389、

0.35405 和 0.30565，R = 3 增加了 11.40823、9.73023、10.42717 和 10.01126。这与课题组对这些村庄的实际观察是一致的。如果存在贫困，脆弱性也会增加 1.05704（R = 2）和 33.97757（R = 3）。家庭人均纯收入的增加，当 R = 2 和 R = 3 时，脆弱性分别会降低 7.79 和 0.00040，说明农民工家庭成员的收入也是贫困脆弱性的影响因素之一，家庭如果拥有更好的经济实力，便能增强应对自然灾害风险影响的能力。

表 9 - 2　　　　　　　　自然灾害对移民农户脆弱性的影响路径

变量	R = 2	R = 3
灾害类变量		
Droughts	0.38370 *** (0.33194)	11.40823 *** (1.11248)
Windstorms	0.31389 *** (0.04702)	9.73023 *** (1.50304)
Floods	0.35405 *** (0.05560)	10.42717 *** (1.74477)
Mudslides	0.30565 *** (0.05783)	10.01126 *** (2.11152)
控制变量		
Poverty	1.05704 *** (0.38846)	33.97757 *** (1.43216)
Health	0.00236 (0.02945)	-0.09502 (0.98429)
Village head	-0.04743 (0.06380)	-1.89773 (1.97487)
Pure agriculture	0.08110 (0.05291)	2.03243 (1.63743)
Education	-0.08992 (0.08525)	-1.37008 (2.92829)
Non-labor force	0.03138 (0.11836)	0.34041 (4.71914)
Farmland	-0.00764 (0.01035)	0.21204 (0.32673)

续表

变量	R = 2	R = 3
Income	-7.79** (3.84)	-0.00040*** (0.21779)
Constant	0.18695** (0.07944)	6.42898** (2.84889)
Hausnman	Prob > chi2 = 0	Prob > chi2 = 0
R^2	0.7512	0.7453

注：*，**和***分别表示在10%、5%和1%的水平上显著；括号中的数字表示标准误。

(3) 自然灾害对水库移民脆弱性的影响路径。

自然灾害对水库移民脆弱性的影响路径结果见表9-3和表9-4。

表9-3　　　　　自然灾害对移民脆弱性影响路径（1-1）

变量	固定效应模型	一阶差分估计	随机效应模型
灾害类变量			
Droughts	-1058.484*** (158.7)	-1093.742*** (165.667)	-1051.575*** (90.452)
Windstorms	-864.494*** (160.529)	-849.912*** (168.485)	-977.514*** (127.226)
Floods	-572.400*** (172.33)	-707.062*** (200.75)	-728.451*** (94.067)
Mudslides	-1082.996*** (243.846)	-1114.045*** (251.743)	-1132.467*** (201.083)
控制变量			
Poverty	-13.605 (130.546)	85.682 (171.016)	72.353 (82.92)
Health	-159.839* (90.638)	-130.799 (87.182)	-64.361 (69.12)
Village head	-59.120 (130.127)	-123.024 (131.611)	-277.911** (116.139)
Pure agriculture	-60.845 (225.698)	-58.142 (202.856)	192.292 (254.14)

续表

变量	固定效应模型	一阶差分估计	随机效应模型
控制变量			
Education	-475.950 (4092.75)	-2113.921 (3843.676)	-313.893 (278)
Non-labor force	4322.41 (2825.592)	2810.248 (2963.624)	386.088 (294.728)
Farmland	-77.708 (135.443)	-105.346 (135.666)	-0.850 (31.573)
Income	0.471*** (0.09)	0.381*** (0.131)	0.691*** (0.029)
Constant	1368.074 (1204.939)	1370.059 (1245.876)	502.837 (371.093)
Haunsman	Prob > chi2 = 0	Prob > chi2 = 0	Prob > chi2 = 0
R^2	0.5526	0.5730	0.5263

注：*，** 和 *** 分别表示在 10%、5% 和 1% 的水平上显著；括号中的数字表示标准。

表 9-4　自然灾害对移民脆弱性影响路径（1-2）

变量	固定效应模型	一阶差分估计	随机效应模型
灾害类变量			
Droughts	-0.096*** (0.011)	-0.105*** (0.006)	-0.101*** (0.011)
Windstorms	-0.095*** (0.009)	-0.092*** (0.006)	-0.094*** (0.009)
Floods	0.037** (0.02)	0.002 (0.012)	-0.026 (0.017)
Mudslides	-0.092*** (0.014)	-0.099*** (0.007)	-0.087*** (0.016)
控制变量			
Poverty	-0.05*** (0.019)	-0.025 (0.023)	-0.114*** (0.024)
Health	-0.009 (0.008)	-0.002 (0.005)	-0.002 (0.005)

续表

变量	固定效应模型	一阶差分估计	随机效应模型
控制变量			
Village head	0.066 * (0.035)	0.05 * (0.028)	0.041 * (0.021)
Pure agriculture	−0.02 (0.017)	−0.019 * (0.01)	−0.075 *** (0.019)
Education	0.099 (0.133)	−0.318 *** (0.106)	−0.059 (0.05)
Non-labor force	0.459 *** (0.142)	0.073 (0.127)	−0.062 (0.073)
Farmland	0.004 (0.009)	−0.003 (0.006)	0.002 (0.005)
Income	0.000 *** (0.000)	0.000 (0.000)	0.000 *** (0.000)
Constant	3.299 *** (0.050)	3.389 *** (0.047)	3.457 *** (0.041)
Haunsman	Prob > chi2 = 0	Prob > chi2 = 0	Prob > chi2 = 0
R^2	0.6028	0.8402	0.6900

注：*，** 和 *** 分别表示在10%、5%和1%的水平上显著；括号中的数字表示标准。

表9-3显示了通过估计方程（2）得出的影响家庭人均总消费的变量的结果。可见，自然灾害对人均消费影响显著，旱灾使受灾户人均消费比未受灾户减少1058.484元。风灾、洪涝、干旱使受灾户减少消费864.494元、572.400元、1082.996元。

表9-4显示了家庭人均消费的对数回归结果。可见，自然灾害对人均消费也有显著影响，从固定效应模型结果看，受灾户人均消费比未受灾户分别减少9.6%、9.5%、3.7%和9.2%。

我们有理由相信，自然灾害对消费的影响系数是正的，因为一些自然灾害增加了家庭支出。例如，洪水冲走房屋，这将增加房屋修复的消费支出。然而，自然灾害对农民消费的影响是显著的，这表明移民已经采取措施减少各种支出，以减少自然灾害的负面影响。

此外，研究结果还表明，人力资本水平和物质资本水平的提高可以提高移民的消费水平，结果是合理的。因为拥有充足人力资本和物质资本的家庭有着多样化的收入来源,因此他们能够承受这些类型的冲击。

表9-5和表9-6显示了方程(3)的估计结果,表明影响家庭人均非生产性消费的变量。结果表明,灾害对家庭非生产性消费有显著的负面影响,但总体上小于自然灾害对总消费的影响。因此,自然灾害主要通过影响生产性消费来影响移民的脆弱性。然而,移民通过减少生产性消费来应对自然灾害带来的冲击,可能会进一步减少他们未来的收入,增加他们陷入深度贫困和长期脆弱性陷阱的可能性。

表9-5 自然灾害对移民脆弱性的影响路径(2-1)

变量	固定效应模型	一阶差分估计	随机效应模型
灾害类变量			
Droughts	-523.347*** (128.222)	-529.964*** (129.687)	-578.367*** (64.615)
Windstorms	-478.118*** (159.687)	-475.381*** (162.491)	-658.688*** (91.831)
Floods	-345.745** (147.914)	-371.018** (153.353)	-499.646*** (78.621)
Mudslides	-540.296*** (192.868)	-546.123*** (196.131)	-659.204*** (136.24)
控制变量			
Poverty	186.412* (110.904)	205.046* (106.954)	13.168 (48.411)
Health	-63.518 (80.33)	-58.067 (81.938)	-48.005 (57.929)
Village head	33.016 (389.337)	21.023 (408.78)	-51.707 (66.519)
Pure agriculture	191.439 (193.986)	191.946 (192.905)	-13.65 (144.363)
Education	-88.075 (2023.381)	-395.487 (2024.34)	-36.816 (158.785)
Non-labor force	1500.118 (1788.855)	1216.317 (1824.667)	-65.663 (235.964)
Farmland	-206.1 (175.344)	-211.287 (178.02)	12.734 (20.91)

续表

变量	固定效应模型	一阶差分估计	随机效应模型
控制变量			
Income	0.477 *** (0.081)	0.46 *** (0.098)	0.43 *** (0.019)
Constant	-149.735 (638.978)	-141.453 (646.341)	367.870 (238.863)
Haunsman	Prob > chi2 = 0	Prob > chi2 = 0	Prob > chi2 = 0
R^2	0.4377	0.4386	0.4243

注：*，** 和 *** 分别表示在 10%、5% 和 1% 的水平上显著；括号中的数字表示标准。

表 9-6　　　　自然灾害对移民脆弱性的影响路径（2-2）

变量	固定效应模型	一阶差分估计	随机效应模型
灾害类变量			
Droughts	-0.061 *** (0.016)	-0.068 *** (0.014)	-0.067 *** (0.012)
Windstorms	-0.077 *** (0.02)	-0.074 *** (0.02)	-0.09 *** (0.016)
Floods	0.052 (0.066)	0.023 (0.061)	-0.071 *** (0.015)
Mudslides	-0.054 ** (0.026)	-0.061 ** (0.024)	-0.075 *** (0.018)
控制变量			
Poverty	-0.009 (0.045)	0.012 (0.039)	-0.163 *** (0.019)
Health	0.001 (0.015)	0.007 (0.015)	-0.001 (0.011)
Village head	0.011 (0.045)	-0.003 (0.061)	0.022 (0.022)
Pure agriculture	0.023 (0.032)	0.024 (0.03)	-0.084 *** (0.03)
Education	0.597 * (0.336)	0.254 (0.342)	-0.037 (0.037)

续表

变量	固定效应模型	一阶差分估计	随机效应模型
控制变量			
Non-labor force	0.456* (0.253)	0.14 (0.276)	-0.055 (0.065)
Farmland	-0.003 (0.019)	-0.009 (0.017)	0.003 (0.004)
Income	0.0000385*** (6.55)	0.0000195*** (5.42)	0.0000402*** (3.34)
Constant	2.813*** (0.109)	2.947*** (0.201)	3.194*** (0.047)
Haunsman	Prob > chi2 = 0	Prob > chi2 = 0	Prob > chi2 = 0
R^2	0.3050	0.3835	0.3072

注：*，**和***分别表示在10%、5%和1%的水平上显著；括号中的数字表示标准。

为了消除模型中未观测到的遗漏变量的影响，因此使用一阶差分方程估计这些模型。表9-3~表9-6中均包含了一阶差分估计量，结果表明这两种方法估计的结果几乎相同。在四种自然灾害中，泥石流和干旱对总消费和非生产性消费的影响仍然最大。

本书进一步分析了自然灾害对移民贫困状况的影响。用中国国家贫困线标准来定义贫困，即以2011年2300元不变价为基准。如果一个家庭的人均纯收入高于这一水平，则认为该家庭不贫穷，否则就是贫穷。具体结果见表9-7。

表9-7　　　　　　　　自然灾害对移民贫困的影响

变量	系数	标准差
Droughts	7.888**	3.724
Windstorms	-7.382	4.718
Floods	-4.137	4.330
Mudslides	-9.883	6.131
Health	7.946	3.146
Village head	9.030	7.285
Pure agriculture	1.367	7.744

续表

变量	系数	标准差
Education	-1.657*	9.298
Non-labor force	1.333	1.195
Farmland	-7.897	1.163
Income	-2.290*	2.321
Constant	-6.627	7.744
R^2		0.5090

注：*，** 和 *** 分别表示在 10%、5% 和 1% 的水平上显著；括号中的数字表示标准。

表 9-7 显示，干旱将大大增加贫困的发生率。此外，研究结果还表明，人力资本和物质资本的增加可以降低水库移民贫困的发生率。

虽然自然灾害增加了贫困的发生率，但并不意味着自然灾害对所有移民都有同样的影响。表 9-8 显示，风灾和水灾分别使贫困家庭和非贫困家庭的收入显著减少，但贫困家庭的收入减少比例大于非贫困家庭。可见，自然灾害可能加深贫困户的贫困。

表 9-8　　　　　自然灾害对贫困家庭和非贫困家庭收入的影响

变量	对贫困家庭收入的固定效应回归	对非贫困家庭收入的固定效应回归
灾害变量		
Droughts	100.705 (74.569)	185.495 (422.91)
Windstorms	-293.998* (91.41)	382.102 (370.717)
Floods	136.678 (266.13)	-187.061* (413.102)
Mudslides	61.440 (127.307)	0.000 (0.000)
控制变量		
Health	-81.187 (102.180)	-7.340 (194.847)
Village head	368.595*** (24.621)	-471.189 (434.059)

续表

变量	对贫困家庭收入的固定效应回归	对非贫困家庭收入的固定效应回归
控制变量		
Pure agriculture	0.000 (0.000)	405.917 (284.686)
Education	5934.255 *** (1843.595)	7357.377 (4668.049)
Non-labor force	2569.988 *** (573.152)	10528.390 *** (3416.323)
Farmland	142.974 (123.104)	-243.591 (328.146)
Constant	185.460 (422.91)	3922.509 *** (1354.139)
R^2	0.5572	0.2546

注：*，** 和 *** 分别表示在10%、5%和1%的水平上显著；括号中的数字表示标准。

因此，基于以上分析，可以合理地得出结论，移民会采取减少消费的策略来减轻自然灾害的风险冲击，但是减少消费将影响到移民的生活水平和可持续发展能力。此外，自然灾害增加了贫困的发生率。由于贫困家庭的脆弱性高于非贫困家庭，自然灾害也给扶贫工作带来了障碍。

（4）脆弱性分解。

前一节的结果表明，自然灾害可以显著增加家庭消费量的脆弱性。本节将脆弱性分解为贫困、自然灾害和其他风险，并确定自然灾害各组成部分的影响因素。根据表9-3中自然灾害对消费的回归结果，可以计算出条件期望值，然后根据上述脆弱性分解公式计算出脆弱性各部分的值。

各部分的脆弱性值为：

$$U_h(z) - U_h[E(C_h)] = 0.3776652 \text{（贫困）}$$
$$U_h[E(Z)] - EU_h[E(C_h/M, F, W, D)] = 0.3393243 \text{（自然灾害）}$$
$$EU_h[E(C_h/M, F, W, D)] - EU_h[E(C_h)] = 0.2830105 \text{（其他风险）}$$

因此，根据上述计算，得到贫困占37.76652%，自然灾害风险占33.93243%，其他风险占28.30105%。根据这一比例，接下来分析各部分的影响因素。移民家庭的社会资本、人力资本和物质资本对农户的脆弱性有重要影响，因此将家庭里是否有村干部、教育、卫生和劳动力以及收入和家庭耕地面积等变量加入回归分析，此外，还需添加一个变量，表示一个家庭是否是纯农业家庭。①

回归方程如下：

$$V_{0ht} = \beta_0 + \beta_1 edu_{ht} + \beta_2 villagehead_{ht} + \beta_3 farmland_{ht} + \beta_4 Pure_{ht} + \beta_5 laborforce_{ht} + \beta_6 health_{ht} + \varepsilon_{1ht}$$

$$V_{1ht} = \alpha_0 + \alpha_1 edu_{ht} + \alpha_2 villagehead_{ht} + \alpha_3 farmland_{ht} + \alpha_4 Pure_{ht} + \alpha_5 laborforce_{ht} + \alpha_6 health_{ht} + \varepsilon_{2ht}$$

$$V_{2ht} = \gamma_0 + \gamma_1 edu_{ht} + \gamma_2 villagehead_{ht} + \gamma_3 farmland_{ht} + \gamma_4 Pure_{ht} + \gamma_5 laborforce_{ht} + \gamma_6 health_{ht} + \varepsilon_{3ht}$$

以上方程中，V_0 表示脆弱性的贫困部分，V_1 表示脆弱性的自然灾害风险，V_2 表示其他风险部分。这三部分的回归结果见表 9-9。

表 9-9　　　　　　　　脆弱性分解值的影响因素回归结果

变量	V_0	V_1	V_2
Health	0.01468 (0.02200)	0.01267 * (0.01898)	0.00803 (0.01203)
Village head	-0.00969 * (0.04610)	-0.00836 (0.03977)	-0.00530 (0.02521)
Pure agriculture	0.053316 * (0.03235)	0.04599 * (0.02790)	0.02916 * (0.01769)
Education	-0.08557 * (0.06958)	-0.07382 * (0.06002)	-0.04681 (0.03806)
Non-labor force	0.12042 (0.08863)	0.10388 (0.07645)	0.06587 (0.04848)
Farmland	0.00358 (0.00823)	0.00309 * (0.00710)	0.00196 (0.00450)
Income	-0.00002 *** (2.77)	-0.00001 *** (2.39)	-8.12 *** (1.51)
Constant	0.34846 *** (0.04880)	0.30060 *** (0.04210)	0.19060 *** (0.02670)
Hausnman	Prob > chi2 = 0	Prob > chi2 = 0	
R^2	0.5217	0.5217	0.5217

注：*、** 和 *** 分别表示在 10%、5% 和 1% 的水平上显著；括号中的数字表示标准。

---

① 通常，是否是纯农业家庭不仅仅是指家庭成员在农业领域就业。在这里，我们测算的纯农业家庭是指家庭年生产性纯农业收入占总收入的 80% 以上，或大部分劳动时间从事农业生产的农村劳动力（≥60%）。

首先，从短期的面板数据可以看出，教育、村干部和收入可以显著降低贫困带来的脆弱性，而纯农业家庭则增加了贫困带来的脆弱性（见 V_0 项）。这可能是因为人力资本可以提高移民的创收能力，而社会资本可以帮助他们在生计活动中拥有更好的社会网络来应对风险的影响，但如果他们的收入仅仅来自农业生产，他们就更有可能陷入贫困。其次，教育和收入可以大大降低自然灾害风险的脆弱性（见 V_1 项）。但耕地面积、家庭慢性病患者和纯农业家庭增加了自然灾害的脆弱性，在10%的水平上分别为0.00309、0.01267和0.04599。因此可以推断，自然灾害影响农业生产，这说明如果移民家庭仅仅依靠农业，那么他们就越容易受到自然灾害的影响，越有可能陷入贫困。相反，拥有高中或以上的教育水平和较高的家庭收入将大大降低脆弱性。这一结果进一步证明了人力资本在应对风险中的重要性。此外，在其他风险中（见 V_2 项），纯农业家庭变量也产生了显著的负面影响，进一步说明农村移民的脆弱性与农业生产本身的风险密切相关。

9.2.3 结论与启示

（1）研究结论。

消费的不确定性和波动性将影响家庭的福利。为了衡量这些因素对库区移民家庭福利的影响，本书采用利贡和谢克特的脆弱性定义，将其分解为贫困、自然灾害和其他风险。我们的分解方法与利贡和谢克特的显著区别在于，将总体风险和特殊风险合并为自然灾害风险。重点探讨自然灾害对库区移民家庭脆弱性的影响及其影响路径。研究成果将有助于政府采取必要措施，防止自然灾害对移民的不利影响。

本书假设家庭成员是风险厌恶者，并定义效用函数来反映风险对家庭福利的影响。计算了效用函数不同参数对家庭脆弱性的敏感性。利用2016年和2017年267户库区农户的面板数据，对其脆弱性进行了测算。脆弱性测试表明，它对效用函数参数 r 高度敏感。

之后分析了自然灾害对库区移民家庭脆弱性的影响及其影响路径，表明水灾、泥石流、风灾、干旱等自然灾害通过减少库区移民家庭消费的途径，可以显著增加库区移民家庭的脆弱性。研究发现，如果家庭遭受旱灾、风灾、水灾和泥石流的影响，与未受影响的家庭相比，人均消费分别减少1058.484元、864.494元、572.4元和1082.996元。研究结果表明，由于我国长江上游库区和移民安置区大多处于生态脆弱区，移民家庭通过削减支出来应对自然灾害的负面影响，这种做法可能已经持续了很长一段时间。在这些敏感地区，自然灾害是常态，本书认为这可能严重影响了农村移民家庭的生活水平。

自然灾害使农民人均纯收入显著下降。在自然灾害的影响下，移民的脆弱性越高，收入减少的风险就越大。此外，通过引入国家贫困线，本书研究发现自然灾害增加了水库移民的贫困发生率。贫困户的脆弱性高于非贫困户，说明自然灾害对扶贫工作造成了障碍。

通过对脆弱性的分解，本书发现，农作物种植面积越大，家庭对农业的依赖程度越高，越容易受到自然灾害的影响。然而，教育水平和收入越高的移民家庭在贫困和自然灾害两部分的脆弱性值越低。研究结果表明，增加移民人口的人力资本，为他们提供更多的创收机会，可以在一定程度上提高他们抵御自然灾害风险的能力。

（2）启示。

第一，移民农户容易陷入"风险—贫困—风险"的恶性循环。移民农户为应对未来的不确定性风险冲击，很可能做出"有限理性"的决策，即为了维持现有基本生存性消费，减少短期的生产性消费，由此将进一步增加农户自身风险暴露的可能，从而直接影响农户脱贫的稳定性，增大了返贫概率。此外，从化解风险和强化脱贫稳定性的途径看，要使贫困农户摆脱"风险—贫困—风险"的恶性循环，重点是需要强化农户家庭人力资本，促进农户多元化经营，着重强化库区和移民安置区生产性和非生产性保险。

第二，风险偏好与市场化直接影响到移民农户脱贫稳定性。从静态风险看，其中贫困、自然灾害风险及其他风险随着 r 值的增加而增大，因此在库区和移民安置区，随着移民农户风险偏好的增加，反而容易使其家庭暴露在风险之中，这从侧面反映出只有当移民农户具有一定抵御能力时，市场化、产业化的引导才能起到明显的积极作用。

第三，移民贫困农户在接受现金类转移性支付时容易出现脱贫"挤出效应"。在外部补贴"过度"的情况下，贫困人口自生能力会发生弱化，当外部补贴降低时，农户更容易暴露在风险中，因此在贫困人口政策支持层面，应适当考虑直接补贴量的范围和数量，进一步调整直接补贴的方式和途径，将更多资金瞄准于保障性和保险性的支持。

9.3 动态风险分析

9.3.1 风险分类及动态转化

（1）脱贫风险分类。

根据已有研究将贫困状态分为收入贫困和支出型贫困，将非贫困状态分为临界贫困和稳定脱贫状态。其中收入贫困是依据当下生活水平，核算当年家庭人均收入在贫困线以下的贫困群体，则为收入贫困。支出型贫困是指家庭人均收入位于贫困线之上，但因学、因病、因突发事件等特殊性支出的作用，使家庭实际生活水平处于绝对贫困状态。临界贫困是处于贫困线边缘的非贫困状态，虽然是非贫困状态，但是较容易陷入贫困。稳定脱贫是超出临界贫困的另一种非贫困状态。

从风险视角看，脱贫过程中的动态风险是贫困状态发生动态变化，导致扶贫瞄准困难、贫困加深的风险，包括非贫困状态转向贫困状态的风险，以及在各个贫困类型之间变化的风险。其中"显性风险"对应的是收入贫困，是指陷入收入贫困的可能性，该可能性越大代表显性风险越大。"隐性风险"是指陷入支出型贫困的可能性，该可能性越大代表隐性风险越大，处于隐性风险中的农户收入高于贫困线而无法被识别为贫困户，但其实际生活确实又处于贫困状态，是"隐性"的状态。按支出型贫困的成因，又可以将隐性风险细分为选择性风险和非选择性风险。选择性风险主要是指家庭或个人在消费和储蓄之间，为了满足某些刚性的需求（婚嫁、建房或购房等），而不得不降低基本生活支出，[①]从而可能导致其基本生活支出位于最低支出保障贫困线以下的贫困风险。非选择性风险则指个人或家庭由于重大疾病、突发意外等原因，可能导致出现"入不敷出"的贫困风险。

非贫困群体也可能面临着陷入贫困的风险。非贫困群体范围内，存在两条临界贫困线，一条是支出临界贫困线，另一条则为收入临界贫困线。非贫困群体位于临界贫困线附近则面临临界贫困风险。当有较大可能性出现收入高于临界贫困线时则为稳定脱贫状态（见图9-4和图9-5）。

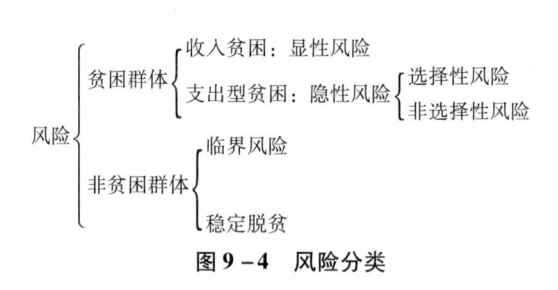

图9-4 风险分类

[①] 谢宇，谢建社. 发展型社会政策视角下的支出型贫困问题研究［J］. 学习与探索，2017（3）：40-47.

图 9-5 贫困及风险的分类

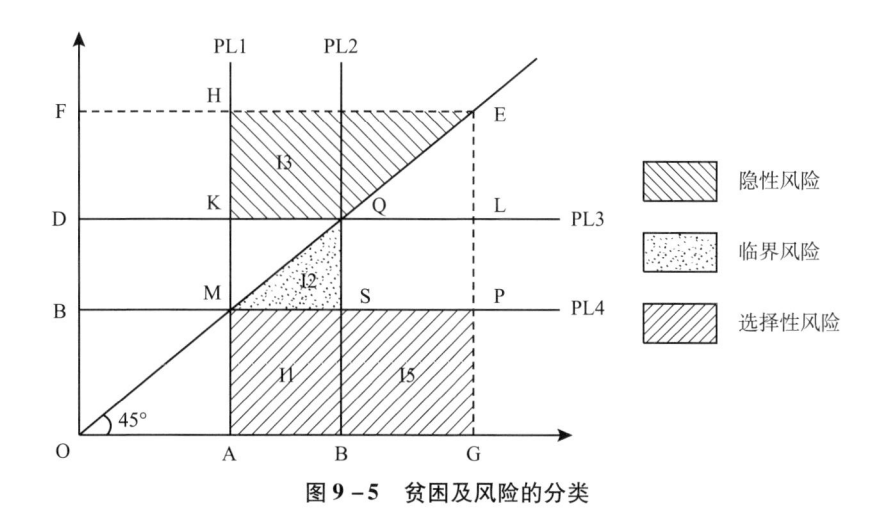

根据贫困的类型，在图 9-5 中，OE 为收支平衡线，PL1、PL4 为保障最低生活的收入、支出，PL3 为一条支出临界线，是临界风险区域，即当个人或家庭的支出处于这条线以上时，则此时的支出远远超过个人或家庭的收入，出现"入不敷出"的现象，如果在一定时期内无法平衡，则容易陷入贫困。PL2 是另一条临界线，即收入临界线，在界定和识别临界群体时，需要从收入处于这一范围的群体中来进行测算，EF、EG 为低收入线。

图 9-5 中贫困线 PL1 左边的三个区域，表示未来收入可能处于国家贫困标准以下，即显性风险区域。AOBM 区域由于收入在贫困线以下，且支出也在最低支出贫困线以下，因此可能出现严重贫困；MBDK 区域的群体，是中度贫困风险区域。这类人群从收入来看，属于贫困群体，但从支出来看，又不贫困，但结合两个维度来看，其处于收支平衡线以上，属于支出大于收入的范围，这种情况可以从两方面解析：一是此类群体无重大特殊支出，其他支出较多（人情、宗教等支出）；二是这部分群体中有借钱提前消费的现象。图 9-5 中 KDFH 区域的群体远离收支平衡线，支出处于临界贫困线之上，这类人群容易出现极度贫困的风险。

图 9-5 中 I1、I3、I5 区域为隐性风险区域，分为选择性风险、非选择性风险。MKQ 区域中虽然农户支出大于收入，但超过的范围并不多，且处于支出临界线以下，属于支出型贫困家庭。图 9-5 中 I2 区域为临界风险区域，这部分群体处于收支平衡线之下，收入在临界收入范围内，支出也处于最低支出保障线以上、支出临界线以下，无特殊重大支出，保持在低水平均衡状态。其他区域表示了暂不贫困群体的状态，虽然图 9-5 中 LQE 区域的支出超过了支出临界线，但因收入相对较高，且处于收支平衡线之下，因此被排除在了风险区域。

(2) 风险动态转化。

厘清贫困风险间的转化机理，对提前预判、精准治理具有重要的现实意义。家庭可能不断地在贫困与非贫困两种状态之间转换，[1][2] 从贫困动态变化过程来看，大致可分为脱贫、陷贫、持续贫困和绝不贫困四种动态过程。[3] 从不同类型贫困及其风险的视角进行动态比较研究，剖析三种类型贫困间的动态转化机理，从而提出贫困分类治理的政策建议，有效防止贫困间的相互转化，实现全面、高效、精准的脱贫。从图9-6中可以看出三种贫困间的基本转化包括：临界风险与显性风险的相互转化、临界风险与隐性风险的相互转化、显性风险与隐性风险的相互转化。

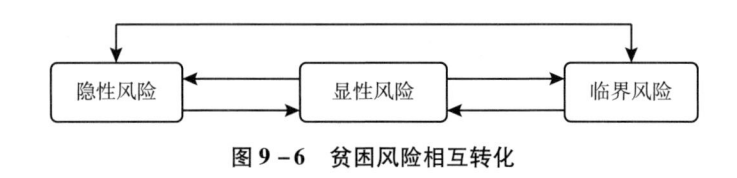

图9-6 贫困风险相互转化

9.3.2 数据来源与方法介绍

本部分利用课题组于2018年在两河口水电站、升钟水库和溪洛渡水电站开展的库区移民精准脱贫调研数据进行分析，调研的基本情况在前一部分已经做了介绍，此处不再赘述。本部分拟在数据分析中采用灰色预测法，瞄准于2020年脱贫时间截点，对长江上游大型水库移民农户的收入和消费进行预测。

9.3.3 结果及分析

首先，从组内收入预测结果看，长江上游大型水库移民农户稳定性比较高，处于贫困之上的移民农户稳定性较低，因此最低收入水平的移民农户面临较大的显性风险，而贫困线之上的移民农户面临较大的临界风险。这意味着，如果不强化扶贫措施，2017年最贫困的移民家庭中，有26%的人群在2020年有可能仍然处于最贫困的状态。2017年处于贫困线边缘的非贫困移民农户稳定性较弱，到2020年这部分人群中有27%的移民农户可能陷入贫困，因而面

---

[1] Herrera, J., Roubaud, F. Urban Poverty Dynamics in Peru and Madagascar, 1997–1999: A Panel Data Analysis [J]. International Planning Studies, 2005, 10 (1): 21–48.

[2] Bigsten, A., Shimcles, A. Poverty Trasition and Persistence in Ethopia: 1994–2001 [J]. World Development, 2008, 36 (9): 1559–1584.

[3] 叶初升, 赵锐武, 孙永平. 动态贫困研究的前沿动态 [J]. 经济学动态, 2013 (4): 120–128.

临较大的临界风险。水库移民家庭表现出的较高稳定性反映了一种较强的贫困惯性，而处于贫困线边缘的非贫困家庭不稳定性则较强，这可能和收入结构的不稳定性和增收的不稳定性有关，一方面非贫困家庭收入不稳定容易陷入贫困，另一方面贫困家庭收入变化小，脱贫有困难。这也说明脱贫进程中的显性风险人群主要是贫困家庭和临界贫困家庭，其中临界贫困家庭还没有相应的政策瞄准措施，因而更需要动态瞄准、动态施策。需要说明的是，考虑到长江上游大型水库移民贫困的深度和强度特征，在该部分的计算中没有列出收入较高的富裕家庭的转换情况，主要是在贫困户和临界贫困户之间进行的动态变化计算。

从组内消费预测结果看，在瞄准于2020年脱贫目标的背景下，在脱贫进程中农户最大的风险是非选择性风险，之后是选择性风险，其中非选择性风险化解最为困难，另外，在脱贫过程中移民农户脱贫稳定性还较弱，需要强化政策支持。具体而言，从2017~2020年，各种风险中，移民农户出现非选择性风险的概率达到24%，而出现选择性风险的概率为15%，出现临界风险的概率为10%。脱贫进程中的显性贫困组内动态变化见表9-10。

表9-10　　　　　脱贫进程中的显性贫困组内动态变化

	指标	脱贫目标期2020				
		$Y \leq 0.25PL$	$Y \leq 0.5PL$	$Y \leq 0.75PL$	$Y \leq 1PL$	$Y \leq 1.25PL$
观察基期 2017	$Y \leq 0.25PL$	0.2682	0.2071	0.1622	0.1138	0.0855
	$Y \leq 0.5PL$	0.2632	0.2348	0.1957	0.1904	0.1551
	$Y \leq 0.75PL$	0.1631	0.2719	0.2401	0.2814	0.1456
	$Y \leq 1PL$	0.1321	0.1783	0.2897	0.1889	0.2401
	$Y \leq 1.25PL$	0.1732	0.1078	0.1879	0.2841	0.1351

其中非选择性风险化解较为困难，从2017~2020年，约有76%的贫困家庭能够通过自身能力化解非选择性风险，另有约24%的贫困家庭无法通过自身能力化解非选择性风险。约有84%的贫困家庭能够通过自身能力化解选择性风险，另有约16%的家庭无法化解此类风险。在政策措施没有强化的情况下，能够稳定脱贫，完全避免隐性贫困风险的农户仅约为50%。脱贫进程中的隐性贫困组内动态变化见表9-11。

表 9-11　　　　　　　　脱贫进程中的隐性贫困组内动态变化

	指标	脱贫目标期 2020				
		M1	M2	M3	W	总占比
观察基期 2016	M1	0.3056	0.2697	0.2920	0.3023	0.1573
	M2	0.1944	0.3473	0.2132	0.2923	0.2402
	M3	0.2052	0.2286	0.3097	0.2054	0.1062
	W	0	0	0	0.2029	0.5062
	总占比	0.1573	0.2402	0.1062	0.5062	1.0000

注：表中 M1 为选择性贫困，M2 为非选择性贫困，M3 为临界贫困，W 为稳定脱贫。

然后，从组间贫困风险预测结果看，隐性风险大于显性风险和临界风险。结果表明，到 2020 年，各类风险中，显性贫困风险占比为 27%，隐性贫困风险占比为 30%，临界贫困风险占比为 16%。显性风险主要来源于 2017 年的隐性贫困家庭，之后是临界贫困家庭，而隐性风险的主要来源也是 2017 年的隐性贫困家庭，说明隐性贫困家庭存在显性与隐性双重风险，贫困状态极不稳定，贫困风险较强。临界贫困风险则主要来源于 2017 年的临界贫困家庭，说明临界贫困家庭容易陷入贫困，但陷入程度不深，风险家庭数量大，但脱贫难度相对较小。脱贫进程中的贫困风险组间动态变化见表 9-12。

表 9-12　　　　　　　　脱贫进程中的贫困风险组间动态变化

	指标	脱贫目标期 2020				
		F1	F2	F3	W	总占比
观察基期 2016	F1	0.2023	0.3610	0.1840	0.3327	0.1602
	F2	0.5919	0.4041	0.1130	0.3119	0.3038
	F3	0.2047	0.3044	0.2611	0.1783	0.2710
	W	0.0000	0.0000	0.0000	0.1771	0.2650
	总占比	0.1602	0.3038	0.2710	0.2650	1.0000

注：表中 F1 为显性贫困，F2 为隐性贫困，F3 为临界贫困（收入型临界贫困），W 为稳定脱贫。

总体而言，通过以上分析后得出的启示性发现如下：

第一，从贫困类型组内来看，在脱贫进程中贫困程度越深的移民农户越面临较大的显性风险，且存在脱贫"粘性"，需要政策外力将其推过脱贫"临界拐点"。从分析结果看,将这类移民家庭非转移性人均纯收入"托举"到贫困线的 0.75~1 倍时,这部分贫困移民人口才会初步具备内生脱贫能力,从而实现稳定脱贫。

第二,处于贫困线附近的非贫困移民农户面临着临界风险,其脱贫难度不大,陷入的贫困层级不深,但容易出现"风险恶化"的问题,一旦没有及时发现和识别出这类贫困,则这类家庭的脱贫将需要更多的帮扶资源和帮扶时间,从而降低了政策效率和脱贫时效。在脱贫进程中移民农户面临着较大的非选择性风险,且非选择性风险化解最为困难,有30%的贫困移民家庭无法通过自身能力化解非选择性风险,因此在脱贫过程中重点是要强化非选择性风险化解机制。

第三,从贫困类型组间来看,隐性风险大于显性风险和临界风险。隐性风险主要来源于前期的显性贫困家庭,这意味着长江上游大型水库移民农户自身抵抗风险能力较弱,从消费支出角度防范隐性贫困不仅是防止隐性贫困本身,而且是阻断显性贫困动态变化和贫困延续的重要手段。因此,在脱贫进程中需要将贫困的治理由"事后"转向"事前"的治理,由"收入型扶贫"向收入和支出双轮驱动的扶贫方式转变,重点针对隐性贫困和临界贫困进行事前的风险管理,调整差异化帮扶措施,扩大政策惠及对象和范围。

道路篇

第 10 章

水库移民多维治理模式和保障体系研究

长江上游大型水库移民的多维贫困状况既有与其他库区的共通性，也存在其独特性。因此，长江上游大型水库移民的多维贫困治理既需要借鉴国内外其他地区的贫困治理模式，也需要考虑其独特性，因地制宜施策。

10.1 水库移民多维治理模式

10.1.1 "两轮驱动"治理模式

"两轮驱动"治理模式是指将水库移民后期扶持与精准扶贫相结合，即做好水库移民后期扶持人口与建档立卡贫困户的有效衔接，将符合后期扶持条件的建档立卡贫困移民纳入水库移民后期扶持范围，将符合精准扶贫条件的水库移民后期扶持人口纳入精准扶贫范围。长江上游大型水库移民区和移民安置区与集中连片特困地区、民族地区和革命老区在地理分布上存在叠加，区域整体性贫困问题比较突出。后期扶持和脱贫攻坚二者的有效衔接是支持和帮助贫困移民人口摆脱贫困、发展致富的重要途径。

在水库移民的后期扶持方面，主要做法是根据贫困地区和贫困移民人口的具体情况，在水库移民后扶扶持中安排发展生产、易地搬迁、生态补偿、发展教育、社会保障兜底等"五个一批"项目，将具体的扶持措施落实到户，发展农村产业，拓宽致富门路、增强致富本领，促进移民收入增加；住房建设及配套工程的实施，改善了移民生活水平，实现了居住条件与移民村组居民同等水平；生产资料调整，为帮扶对象提供了基本的生产资料，提高了土地利用率和生产效率；移民培训项目的实施，提高了移民劳动技能和就业能力，促进了移民就业增收；新农合、新农保等社会保障补助以及最低生活保障政策的实施，提高了移民抵御风险的能力，为贫困移民提供了最基本的生活保障。

在贫困移民的脱贫攻坚方面，主要做法是：一是根据水利部移民开发局《关于要求提供水库移民后期扶持人口信息的函》和《关于开展大中型水库移民后期扶持人口信息与扶贫开发建档立卡人口信息对接工作的通知》等文件要求，积极与扶贫部门对接，对建档立卡贫困村、贫困移民进行精准识别，及时掌握贫困移民的数量分布、致贫原因、脱贫举措，为水库移民扶贫措施精准发力提供保障；二是"美丽乡村建设""新农村建设"项目重点向贫困村倾斜，改善贫困地区基础设施和公共服务落后的现状；三是通过扶持到户的生产开发项目，积极探索小额贷款、扶持贫困移民入股分红、移民干部结对帮扶等精准扶贫模式，促进贫困移民脱贫致富；四是聚焦"两不愁、三保障"标准，加大对贫困库区和安置区的倾斜力度，优先支持有移民工作任务、计划"摘帽"的贫困县，重点抓好未脱贫移民的精准帮扶和已脱贫移民的稳定脱贫工作；五是聚焦水利扶贫特点，深入开展产业帮扶、技术培训、技术帮扶等工作；六是加大对"三区三州"深度贫困地区水利扶贫工作支持力度，支持革命老区加快实施农村饮水安全巩固提升等民生水利工程建设；加强与相关部门沟通，共同推进长江上游水源地绿色发展等。

案例10-1：

重庆市合川区产业进村，光伏进门——凤山村精准扶贫方兴未艾

在合川区现有的10个市级贫困村中，凤山村位于三庙镇西北，地处龙多山台地。凤山村属于白鹤水库移民安置区，有水库移民131人。长期以来，"高人一等"的地势并没有给这里的村民尤其是移民带来"多人一些"的收入。交通不便带来的诸多问题，造成这里农村"空心化"、产业"空壳化"。新一轮的脱贫攻坚战中，区委主要领导联系凤山村，区委办公室、区水务局等部门不断帮扶指导，凤山村已经开始有了新的发展气象。

(1) 无花果进村，村民变股东。

无花果是一种经济价值很高的作物，但对水土条件要求较高。凤山村地势高低起伏，既缺水，又不利于引水灌溉，所以常年没人愿意搞大规模的种植业。水利局定点帮扶凤山村后，把解决当地用水问题作为重点工作。经过区水务局安排资金200万元实施高效节水灌溉项目，计划累计解决该村2000亩土地的灌溉问题，不仅节水，也大大节省了传统灌溉的劳动成本。

为此，三庙镇政府出资扶贫产业资金45万元入股与业主合伙经营，其中村集体占4%，村里占地农民占10%，镇里贫困户占18%，到时候都会参与利润分红。目前无花果长势良好，丰收在望，下一步计划扩大种植面积至1000亩，到时村集体和村民将会有更多收益。同时，村民可在村里引进的业主承包的400亩土地上务工，获取一定的务工收入。

（2）光伏板进门，每秒都赚钱。

脱贫攻坚，贵在实事求是，贵在因地制宜，贵在精准施策。地处龙多山台地的凤山村，高处带来的光照是天然的优势。凤山村的年日照约1300余小时，在全区日照时数较高，这将带来每年13.5万千瓦时的发电量。按照国家对光伏发电的补贴政策，上网标杆收购电价每度0.85元——一年将为村里带来11万余元的收入。

合川区水利局购置了光伏设备，使发电所得成为村里一笔稳定的经济收入，而且光伏设备使用周期长，15～20年都可以产生效益，基本是"每秒钟都在赚钱"——这对于村里救灾、救急、助学、完善基础设施，都十分有帮助。

脱贫离不开产业，产业需要电、路、水等要素，水和电自不必说——近三年移民后期扶持项目安排资金724万元，建成通畅公路13.88千米，人行便道3.6千米。经过不断帮扶，凤山村村内的路网密度俨然也成为全区最高的之一，这为产业进村和村民出行提供了极大便利。

水库移民后期扶持与脱贫攻坚相辅相成，后期扶持与精准扶贫工作相互促进，互为支撑，不断完善库区和移民安置区基础设施，推进了生产发展，促进了移民收入增加，不仅有效解决了贫困移民人口的温饱问题这一近期目标，更为从根本上解决移民长远发展问题奠定了基础。

（资料来源：课题组根据实地调查与当地相关部门提供的资料整合而成。）

10.1.2 "三位一体"治理模式

"三位一体"治理模式是融合移民避险解困、美丽家园建设和增收致富工作治理水库移民贫困的模式，统筹解决移民群众的生产与生活、安居与乐业问题，合力推进库区和安置区经济社会发展。

在移民避险解困方面，对于居住在山洪地质灾害易发区、"水上漂"、生存条件恶劣的特困移民，实施了大中型水库移民避险解困搬迁，对于彻底解决特困水库移民生存环境恶劣问题发挥了积极作用。避险解困项目的实施，让特困移民彻底告别了水面木棚和危旧土坯房，搬进设施全、品位高的小区，过去就医难等一系列难题都得到解决，人居环境得到极大改善，促进了城乡公共服务均等化，解决安居难题。具体做法是：一是在资金整合方面，充分利用扶贫搬迁、农村土坯房改造、城乡建设用地增减挂钩、农村危房改造、财政"一事一议"、新农村建设资金、"金蓝领""雨露计划"等政策和专项资金，整合地方各部门资金及资源，合力推动移民搬迁安置；二是在搬迁方式上，以异地搬迁为主，按照相对集中的原则，结合城镇化发展进程、新农村建设、现代农业建设、工业园区布局和当地实际，引导移民进城镇或中心村安置；三是在帮扶内容上，将一系列综合措施相结合，全面解决移民搬迁后居住环境、生活便利和生产发展问题；四是在保护移民权益方面，使移民原有土地权益不伤害、现有权益可增加、未来权益可预期。在移民美丽家园建设方面，结合新农村建设，有关省份实施了移民村"美丽乡村"整村推进项目，移民村的村容村貌焕然一新，形成了一批新农村建设示范村、样板点，极大推动了库区和移民安置区的建设发展，对移民安置区的社会稳定起到积极的作用。在增收致富方面，各地将加大生产开发力度作为后期扶持工作转型提质发展的突破口，纷纷制订实施移民收入倍增计划，加大移民生产开发扶持力度，通过大力发展现代农业，拓展电商、旅游、物业、加工等特色服务，增强劳动力培训转移就业，实施流转土地盘活资产等方式，多渠道、多途径增加移民收入。

案例 10-2：

云南省会泽县确定纳入第三批避险解困的帮扶对象为 1372 户、3974 人，芒市大中型水库移民避险解困试点方案帮扶规模为 221 户、867 人，陇川县避险解困的帮扶对象为 211 户、911 人。

一是帮扶方案。

（1）会泽县。

会泽县帮扶方案采取县城购房补助、集镇购房补助和集镇及中心村建房补助三种方式安置；对新建安置区内部场平、道路、给排水等进行配套建设；对帮扶对象进行种植、养殖和第二、三产业发展扶持；同时开展养殖技术、农业种植技术培训，对进集镇和城镇购房的帮扶对象进行第二、三产业发展技能培训。

（2）芒市。

芒市避险解困移民房屋建设主要以房屋重建的集中安置点和自主中心村安置；对新建安置区内部场平、道路、给排水等进行配套建设；对帮扶对象进行种植、养殖和第二、三产业发展扶持；同时开展养殖技术、农业种植技术培训。

（3）陇川县。

陇川县避险解困移民房屋建设主要为集中安置点建房及自主中心村建房，生产安置方案为帮扶对象人均配置 0.6 亩耕地，每人补助 2.5 万元，配置耕地由移民帮扶对象与当地群众自行协商流转，对帮扶对象进行养殖、种植、务工培训。此外，建设相应的附属配套设施，如道路硬化、供水管道改造、修建活动室等，以解决移民群众存在的居住不安全、生存环境恶劣、生活贫困等问题。同时发展产业扶持项目，改善移民生活条件，促进社会文明、和谐、稳定发展。

二是项目实施完成情况。

（1）会泽县。

会泽县第三批大中型水库移民避险解困项目在第一批大中型水库移民避险解困试点项目实施的基础上进行了总结，制定下发了《关于印发会泽县第三批大中型水库移民避险解困试点工作实施方案的通知》和《关于印发会泽县第三批大中型水库移民避险解困试点项目资金管理办法的通知》，对避险解困工作组织领导、实施范围、对象、时限以及资金管理相关要求进行了明确，有效保障了会泽县第三批大中型水库移民避险解困项目的实施。

截至2017年末，全县避险解困第三批试点项目帮扶对象共登记核定3398人，有576人正在核定和安置意愿选择中，避险解困工作正积极有序推进。

（2）芒市。

芒市移民住房建设、生产扶持、基础设施建设、教育培训等项目实施完成，安置点、村组道路、文化活动室等建设项目通过县级竣工验收并移交使用后，根据相关规定报请县（市）人民政府成立验收委员会对避险解困试点项目进行县级自验。芒市于2016年12月16日对第一批避险解困试点项目进行了自验，并编制了自验报告，报请州人民政府进行初验。州人民政府在县（市）自验的基础上，组织专家组对芒市第一批避险解困试点项目进行了初验，报省级主管部门进行终验。

（3）陇川县。

陇川县避险解困原规划上报已审批的避险解困项目帮扶对象为232户、911人，实际实施帮扶对象为232户、907人。因章凤镇甘蔗基地小组迁移到湖南省2人，死亡2人，故实际帮扶对象为232户、907人，完成落户任务171人。陇川县没有进行集中统一搬迁安置，而是在移民原住址上就地安置232户、907人。陇川县调整规划上报已审批的危房拆除重建帮扶对象为178户、740人，实际实施179户、743人，共计投入专项资金1213.5万元。基础设施项目共完成40项，完成总投资1179.6301万元。产业扶持按人均配置耕地0.6亩，共配置544.2亩，按照每人补助2.5万元，专项配置资金2267.5万元。教育培训按产业安置的帮扶对象、教育培训方案进行，帮扶对象均进行种植及务工培训，培训人数已达要求人数，共开展培训9期，培训1954人次，投入18.05万元。贫困户补助项目调整规划上报已审批的贫困户补助帮扶对象为13户，实际实施14户，兑付资金21万元。

高效、合理利用各种资源致力于脱贫攻坚工作是今后水库移民多维贫困治理的趋势。结合城乡规划、资源开发，不断改善居住环境，引进企业加强对周边劳动力、经济的带动，就业培训和转移就业指导对引导移民稳定增收无疑十分有效。

（资料来源：课题组根据实地调查与当地相关部门提供的资料整合而成。）

10.1.3 "产业多元化"治理模式

"产业多元化"治理模式是指充分考虑库区和移民安置区的实际状况，鼓励库区和移民安置区多元化探索脱贫致富道路。

案例10-3：

武宁县有"山水武宁"之称，以发展生态农业、绿色产业为主，后期扶持资金对生产开发项目的投入，围绕贫困移民精准扶贫、致富增收，因地制宜扶持发展休闲观光农业和特色种养业，扶持和引导发展一批农业特色产业基地，打造"一乡一业""一村一品"。2015年度，武宁县共投入移民产业发展资金1371.7万元，其中后期扶持资金1071.7万元，结余资金300万元（包含200万元的产业风险补偿金）。除200万元产业风险补偿金未实施，其他项目均已完工。

武宁县结合各试点村实际，主要扶持苗木基地、绿化果树、葡萄、吊瓜、油茶基地、油茶奖补、茶叶、水栀子等产业，积极推进"合作社+农户（贫困户、移民户）"的经营模式，共投入1171.7万元，完成种养加产业扶持项目213个、1370户，灌溉设施3处。这些生产项目的实施，有效地促进了移民产业的发展，带动了移民收入的增长。如清江乡塘里村按照"整村推进扶贫开发，构建和谐文明新村"总体要求和发展思路，突出农业结构调整发展特色高效农业产业为主题，以提高农民收入为目的，以实现繁荣、稳定、和谐发展为目标，大力推进"一村一品"特色产业发展。经村"两委"调研后，从浙江省引进杨梅20000棵，为坳背自然村打造一个350亩的杨梅基地，总投入资金85余万元，其中移民和扶贫资金53.1万元，该基地已种植优质"东魁"和"黑炭梅"为主的特色杨梅品种，打造休闲、观光、旅游产业特色，五年后可为该组移民人均增收4000元左右，提升了新农村建设水平，为全面实施贫困村的整村推进扶贫开发工作打下了坚实的基础。

武宁县将油茶产业建成重要扶贫产业和致富产业，实现精准扶贫和移民增收目标。按照生态红线原则、坚持因地制宜与因户施策相结合的原则、规划标准原则、推行"四统一分"的经验原则实施，分为整地阶段、整地验收阶段、栽植阶段、抚育管理阶段、检查验收阶段。验收采取GPS定位测量的方式对油茶种植面积进行实测实量，要求不少于1亩，同时对栽植苗木数量进行计量，要求达到110棵。

因地制宜发展多元化产业侧重于贫困移民人口和库区、移民安置区的生产性开发，与以往"输血式扶贫"不同的是，其重点在于"造血"，激发贫困移民人口内生动力。这种模式是与精准扶贫紧密结合的产业发展。

（资料来源：课题组根据实地调查与当地相关部门提供的资料整合而成。）

10.2 水库移民多维治理模式构建

10.2.1 "协同治理"模式

首先，从宏观区域层面看，协同治理模式有利于强化长江上游大型库区和移民安置区区域发展与脱贫的整体效果。一方面，长江上游大型水利水电工程主要分布在金沙江、岷江、雅砻江、大渡河、乌江、嘉陵江流域，跨省区市大型水利水电工程涉及40多座。其中，四川与重庆、云南、西藏、青海等四省区市就涉及10多座大中型跨省份水电工程。五省区市在贯彻执行国家宏观移民政策的基础上又分别颁布实施了本省区市配套建设征地移民规划安置和后期扶持政策体系，这样就造成"同库区不同政策，同移民不同标准"的现象。特别是当实物指标核算标准、移民人口统计口径、建设征地补偿补助政策、移民后期扶持标准等关乎移民切身利益的政策存在差异时，会导致部分移民农户无法得到预期的获得感，进而也会影响到政府的公信力和移民搬迁的号召力，不利于水库移民可持续的发展。另一方面，受到区域地域条件和移民安置环境容量不足的限制，长江上游大型水库移民多数采取后靠安置的方式，这就导致库区和移民安置区多处于省际交界地区，远离政府行政核心区域和市场交易中心，需要区域间的协同治理。其次，长江上游大型水库移民致贫因子和贫困特征相互交织，呈现多维特性，这就需要涉及各个维度的各个部门相互配合，统筹协调，集中用于库区和移民安置区建设，形成聚合效应。根据长江上游大型水库移民的贫困特点，构建了瞄准于持续、稳定脱贫的协同治理模式。

首先是区域间的协同。区域间的协同包括东西协作、省际协同和省内城乡协同。从资源配置来讲，东部发达地区对于移民的管理经验、库区和移民安置区区域开发模式和扶持措施、资金流入等有利于长江上游库区和移民安置区区域经济社会发展。强化东西部扶贫对接效率，充分发挥东部地区的能动性，可探索专门针对跨省份水利水电工程水库移民建立扶贫和可持续发展联席会议机制。在省内协同方面，在美丽乡村建设、避险解困和生态环境建设保护等方面促进城乡公共服务均等化，解决移民的安居问题。同时，将安置点住房、基础设施和公共服务等配套设施建设与生产扶持、教育培训等一系列综合措施相结合，全面解决移民搬迁后创业就业和生产发展问题，使移民原有权益不伤害、现有权益可增加、未来权益可预期，解决移民的乐业问题。

其次是部门间的协同。长江上游大型水库移民的贫困具有较强的多维性，这就决定了其扶贫需求也是多维的，涉及的部门也是多维的，一方面，在脱贫攻坚领导小组的指挥和协调下，需要覆盖扶贫全过程，特别要在资金整合、项目整合方面，充分发挥整体调动的能力，强化部门间信息共享和沟通机制，对于在某一维度贫困程度特别深的区域和贫困村，要能够协调资源统筹治理，对于在多个维度贫困深、强度大的区域和村，要能够集中资源综合治理。另一方面，完善部门考核机制，在大扶贫背景下，长江上游大型水库移民扶贫过程中对部门的考核需要根据库区和移民安置区稳定脱贫目标实现程度，从大扶贫角度出发，综合评价和考核，在贫困库区应减少单纯对各业务部门业务的考核，根据脱贫攻坚领导小组下达扶贫任务完成情况。

最后是社会协同。强化社会协同扶贫核心是强化社会各界参与扶贫的积极性和发挥市场化服务优势。一方面，需要完善社会扶贫信息工作平台，以后期扶持人口信息库和贫困人口建档立卡信息库为核心，以广播、电视、报纸、互联网为补充，构建社会扶贫信息工作平台，畅通社会扶贫信息渠道，多形式、多途径地为贫困群体、帮扶单位、爱心人士开通"扶贫济困直通车"。另一方面，强化参与激励机制，针对长江上游库区和移民安置区贫困状况，重点强化定点帮扶和非贫困群体、非移民群体、贫困人口家庭和贫困移民家庭的参与。特别是村内非贫困群体和非移民群体的参与有利于消解非贫困人口、非移民人口对扶贫及后期扶持工作的误解，有利于扶贫和扶持资源传递给贫困户和移民户时避免引发村内贫困人口和非贫困人口之间、移民人口和非移民人口之间的矛盾。促进贫困家庭的参与，重点是强化贫困家庭子女参与扶贫的积极性，强化家庭内源扶贫的动力。此外，应重视发挥市场机制作用，探索通过竞争的方式，由政府财政资金购买社会组织服务方式，推动社会组织打造社会扶贫精品项目和品牌。

10.2.2 "相机治理"模式

贫困移民家庭的地域性和个体性特征差异较为明显，他们的贫困特征与致贫因素都是动态的，不断变化的，而目前大多数后期扶持政策是将移民农户看作同质的静态的样本，易导致"因户施策、因人施策"政策精准度偏离。因此，本部分拟从家庭生命周期的角度来探寻移民家庭贫困动态循环的微观机理。

首先，构建家庭生命周期模型。关于家庭生命周期的研究是社会学与人口学研究的经典主题，有关农户家庭生命周期的定义，学术界分别从狭义和广义两个角度来进行归纳，从狭义上来看，费孝通认为家庭生命周期反映了家庭成员及其相互的关系，他将中国家庭生命周期划分为四类，分别是：核心家庭、主干家庭、联合家庭和残缺家庭。[1] 从广义上来看，家庭生命周期涵盖面较广，它反映了家庭成员关系、生存方式和家庭功能等众多特征，[2] 他将家庭结构分为单亲、未育、空巢等8种类型。但是，与一般的农村家庭相比，库区移民农户家庭存在着较大的差异。由于人多地少、耕地有限等安置区现实情况，移民劳动力向非农领域转移大幅度增长，据调查，成员外出务工半年以上的家庭比例超过60%，有两个及以上成员长期外出的比例超过40%，隔代家庭与单亲核心家庭比例较高。为了将划分界限的标志性事件刻画得更为准确，使家庭生命周期模型涵盖更多类型家庭，增加家庭生命周期模型对样本移民农户的覆盖率，本书对现有的家庭生命周期模型进行了重新划分，一共包括七种类型（见表10-1）。在此基础上，对调查样本的家庭生命周期类型进行了划分，结果显示，386户移民农户家庭被识别为不同的家庭结构类型，仅有2户家庭未被识别，本部分构建的家庭生命周期模型的识别率为99.48%。

表10-1　　　　　　　　家庭生命周期类型与移民农户构成

类型	家庭类型	家庭成员	频率	百分比（%）
Ⅰ	单人户	仅有一名家庭成员	7	1.81
Ⅱ	单亲核心家庭	夫妻一方与未婚子女（夫妻离异、配偶去世或长期离家）	71	18.39
Ⅲ	标准核心家庭	夫妻与未婚子女	121	31.35
Ⅳ	直系家庭	夫妻（双方或一方）、一个子女或/和其配偶、孙子女	60	15.55
Ⅴ	复合家庭	夫妻（双方或一方）、两个及以上已婚子女、孙子女	39	10.10

---

[1] 费孝通. 论中国家庭结构的变动 [A]//费孝通文集第八卷 [C]. 北京：群言出版社，1999.
[2] 王跃生. 中国城乡家庭结构变动分析——基于2010年人口普查数据 [J]. 中国社会科学，2013（12）：60-77.

续表

类型	家庭类型	家庭成员	频率	百分比（%）
Ⅵ	隔代家庭	夫妻（双方或一方）与未成年孙子女	83	21.50
Ⅶ	残缺家庭	未成年兄弟姐妹（父母去世或长期离家）	3	0.78
	其他		2	0.52

资料来源：课题组于 2016 年对金沙江、雅砻江、嘉陵江、大渡河等流域 386 户库区农村移民数据的实地调查和当地移民部门库区移民后期扶持人口统计数据。

其次，测算移民农户贫困脆弱性值。科恰尔（Kochar，1995）、德康和克里希南（Dercon & Krishnan，2000）根据脆弱性的前瞻性定义，运用消费期望值与贫困线之间的差来度量贫困脆弱性。相较于收入水平，消费因更具有稳定性而更能精确地度量移民家庭福利水平，揭示库区移民真实的生存状态，因而本书拟从移民农户消费的角度出发来测量其脆弱性。同时，乔杜里等（Chaudhuri et al.，2002），布朗夫曼（Bronfman，2017）等学者不断对贫困脆弱性估计方法进行了完善，在保障测算准确的前提下，降低了测算对数据要求。具体估计方法如下：

$$V_{it} = P(C_{i,t+1} \leq Z) \quad (10.1)$$

其中，$C_{i,t+1}$ 表示移民农户 i 在 t+1 时刻的家庭人均基本消费水平，Z 为贫困线，V_{it} 表示移民农户 i 在 t 时刻的贫困脆弱值，P 是农户 i 在 t+1 时刻的人均基本消费水平处于贫困线 Z 下的概率。

一般认为，对数正态分布比较适合描述低收入农户的消费水平，本书假设农户消费水平服从对数正态分布，因此，移民农户未来消费水平如式（10.2）所示：

$$LnC_i = f(H_i, X_i, \mu_i) = \beta_i H_i + \gamma_i X_i + \mu_i \quad (10.2)$$

其中，H_i 表示移民农户的家庭特征，X_i 表示移民农户的个体特征，γ_i、β_i 分别为 X_i 和 H_i 的估计系数，μ_i 表示均值为 0 的干扰项，它表示对消费的异质冲击。我们假定，在相对稳定的经济环境中，未来消费的变动是由 μ_i 的异质冲击造成的，我们估计 μ_i 的方差如式（10.3）所示：

$$Ln\delta_{\mu_i}^2 = \varphi_i H_i + \varphi_i' X_i \quad (10.3)$$

普通二乘法的参数估计结果可能会因为异方差而得到有偏估计，借鉴乔杜里

(2002) 的方法，利用三阶段可行广义最小二乘法（FGLS）[①]，分别对式（10.2）和式（10.3）中的系数 β_i、γ_i、φ_i、φ'_i 进行估计，进而得出移民农户 i 的预期消费及其方差，见式（10.4）和式（10.5）：

$$\hat{E}[LnC_i \mid H_i, X_i] = \hat{\varphi}_i H_i + \hat{\varphi}'_i X_i \tag{10.4}$$

$$\hat{V}[LnC_i \mid H_i, X_i] = \delta^2_{\mu_i} = \hat{\beta}_i H_i + \hat{\gamma}_i X_i \tag{10.5}$$

假设移民农户消费的对数服从标准正态分布，则贫困脆弱性可由以下公式得出：

$$V_{it} = P(C_{i,t+1} \leq Z \mid H_i, X_i) = \emptyset \left[\frac{LnZ - LnC}{\sqrt{\hat{\delta}^2_{\mu_i}}} \right]$$

$$= \emptyset \left[\frac{LnZ - (\widehat{\beta_i H_i} + \widehat{\gamma_i X_i})}{\sqrt{\widehat{\varphi_i H_i} + \widehat{\varphi'_i X_i}}} \right] \tag{10.6}$$

其中，$\emptyset[\ ]$ 为标准正态分布函数，概率值 V_{it} 即为贫困脆弱性值。据此测算出各农户家庭贫困脆弱性值，见图 10-1。

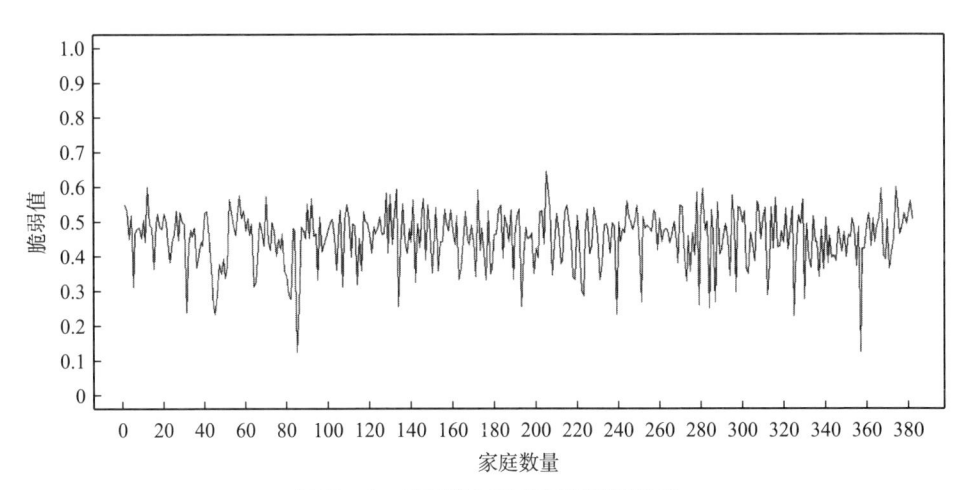

图 10-1 库区移民农户家庭脆弱性值

再其次，按照 7 种家庭生命周期类型分别列出了贫困脆弱性值和脆弱性的严重程度的分布情况。将贫困脆弱性值按照移民家庭贫困脆弱性的严重程度进行了

---

① Dercon, Krishnan. Vulnerability, Seasonality and Poverty in Ethiopia [J]. Journal of Development Studies, 2000 (6): 25-53.

划分，借鉴相关研究，将其临界值设定为 0.5①，即将移民贫困脆弱值 V_{it} 低于 0.5 的家庭定义为低度脆弱的家庭，将 V_{it} 大于或等于 0.5 的家庭定义为高度脆弱性的家庭，以此来识别出具有贫困脆弱性特征的移民农户中，脆弱性差距在不同家庭生命周期类型的分布。由表 10-2 可知，高脆弱性比率最高的家庭为单人户，占比 71.43%，据调查，单人户家庭主要是大龄单身汉、孤寡老人、残疾人和寡妇，他们增收渠道单一，收入多不稳定，老人和残疾人主要生活来源为政府救助和库区后期扶持每年 600 元的现金直补资金，都仅能维持基本生活水平，风险抵御能力较低。排第二位的是残缺家庭，高脆弱性占比为 66.67%，所调查的 3 户残缺家庭，均为父母长年在外打工，家中未成年子女托由邻居亲戚照顾。排第三位的是隔代家庭，占比 44.58%。调查的 7 种家庭结构类型中，高脆弱性比率最低的是标准核心家庭，为 21.49%，其次是直系家庭、单亲核心家庭与复合家庭，高脆弱性比率依次为 21.67%、26.76% 和 28.21%。由上述结果可知，不同家庭结构类型的贫困脆弱性值和高频脆弱性比率分布存在较大差异。

表 10-2　　　　各家庭结构类型移民农户贫困脆弱值情况

项目	家庭结构类型	平均值	最小值	最大值	标准差	户数	高脆弱性频率	高脆弱性比率（%）
Ⅰ	单人户	0.5901	0.0423	0.6104	0.1045	7	5	71.43
Ⅱ	单亲核心家庭	0.5049	0.2761	0.6007	0.2422	71	19	26.76
Ⅲ	标准核心家庭	0.4637	0.1302	0.5747	0.2128	121	26	21.49
Ⅳ	直系家庭	0.3732	0.2079	0.5821	0.1453	60	13	21.67
Ⅴ	复合家庭	0.4978	0.2741	0.6017	0.3294	39	11	28.21
Ⅵ	隔代家庭	0.5142	0.4013	0.6147	0.1286	83	37	44.58
Ⅶ	残缺家庭	0.5747	0.4976	0.6641	0.1690	3	2	66.67

最后，对贫困脆弱性的生成机理进行分析，来探寻贫困动态循环的微观机理。我们将家庭生命周期类型作为影响移民农户贫困脆弱性的重要变量，在家庭生命周期类型划分的基础上，来探究移民农户贫困脆弱性的主要影响因素。本部分选取户主个人特征、家庭特征作为自变量，移民农户贫困脆弱性值为因变量，各变量的定义和描述性统计见表 10-3。

---

① 杨龙，汪三贵.贫困地区农户脆弱性及其影响因素分析［J］.中国人口·资源与环境，2015（10）：150-156.

表 10 – 3　　　　　　　　　　变量统计描述

类别	变量名称	变量说明	平均值	标准差
因变量	贫困脆弱性 V_i	移民农户贫困脆弱性值	0.47	0.32
自变量（户主特征）	健康状况 X_1	不健康 = 1，身体健康 = 0	0.57	0.50
	政治面貌 X_2	群众 = 0，党员和民主党派人士 = 1	0.17	0.38
	务工地点 X_3	外地 = 1，本地 = 0	0.37	0.31
自变量（家庭特征）	受教育年限 X_4	家庭劳动力平均受教育年限	7.20	4.08
	人均耕地面积 X_5	家庭人均耕地面积（亩）	0.79	3.13
	劳动力 X_6	劳动力占家庭总人口比重（%）	0.61	0.71
	技能培训 X_7	参加培训 = 1，未培训 = 0	0.34	0.47
	村干部 X_8	家庭成员是否担任村干部，是 = 1，否 = 0	0.21	0.98
	是否纯农业户 X_9	是 = 1，否 = 0	0.57	0.43

构建基本模型如下：

$$V_i = \beta_0 + \beta_1 X_8 + \beta_2 X_2 + \beta_3 X_3 + \cdots + \beta_9 X_9 + \varepsilon_i \quad (10.7)$$

其中，V_i 为农户贫困脆弱值，β_0 表示截距项，X_i 为解释变量，β_i 为待估系数，ε_i 为随机误差项。

通过分析，我们发现在不同的家庭结构类型中，库区移民农户的贫困脆弱性生成机理存在差异。第一，从户主个人特征来看，对于除直系家庭以外的移民农户而言，户主的健康状况对其家庭贫困脆弱性具有显著的影响，此处健康变量为户主个人自评的健康状况，健康状况是反映人力资本水平的重要指标之一，在农村地区，尤其对于低收入家庭来说，户主作为一家之主，往往是家庭主要的劳动力，据调查，移民普遍教育水平偏低，平均受教育年限仅为 7.2 年，在生产经营活动中他们对体力劳动的依赖性更强，健康的身体对于其家庭增收减贫的边际贡献较大。实证结果显示户主身体越健康，其家庭贫困脆弱性越低。党员作为户主政治资本的代理变量，对标准核心家庭与直系家庭的贫困脆弱性具有显著的负向影响，这也验证了其他学者的研究结果：户主为党员的家庭，其陷入贫困的可能性更低。[①] 同时，户主在外地务工分别在 10%、5% 和 10% 的水平下显著降低单亲核心家庭、标准核心家庭和复合家庭的贫困脆弱性值，在库区人多地少的背景下，非农经济活动使得移民农户收入渠道扩大，家庭收入不仅仅来自农业，还有

---

① 王美艳. 农民工的贫困状况与影响因素——兼与城市居民比较 [J]. 宏观经济研究，2014（9）：3 – 16.

一部分来自非农产业，并且务工收入显著高于务农的收入，这表明多元化的收入构成对于减少家庭贫困脆弱性发挥了重要的作用。

第二，从移民家庭特征指标来看，教育程度、劳动力水平、村干部指标能显著减少家庭贫困脆弱性值。其中，平均受教育年限分别在10%、10%、5%和1%的显著水平下减少单亲核心家庭、标准核心家庭、直系家庭和复合家庭的贫困脆弱性值。与健康一样，教育也是反映人力资本存量的重要指标，对于增加农户风险抵御能力具有显著作用。程名望等（2014）的实证研究表明，由于教育需要长期累积，短期内难以立竿见影显著提升人力资本从而缩小农户间的收入差距，但从长期来看有助于农户收入增长。对于大多数农村家庭来说，劳动力占比是减少贫困、降低脆弱性的主要因素。村干部作为社会资本的代理变量，有村干部的标准核心家庭、直系家庭、复合家庭和隔代家庭贫困脆弱性值分别显著降低了25.7%、32.1%、2.4%和3.1%，说明在乡村社会家庭成员的社会地位与社会关系网络能有效应对脆弱性的风险冲击，同时也表明家庭成员的个人素质与能力能增加家庭整体抗逆力。

分析结果发现，就业技能与实用技术培训作为后期扶持主要的形式之一，没有显著降低移民农户的贫困脆弱性，实施效果并未达到预期。据移民群众反映，技能培训时间往往较短，频次偏低，一年最多两次，每次仅为7~10天，培训内容实用性与操作性均不强，并不能解决实际问题。人均耕地面积对于不同家庭类型贫困脆弱性值的影响不一致，人均耕地面积每增加1%，使直系家庭和隔代家庭贫困脆弱性值分别增加3.9%和5.1%，可能的解释在于一方面耕地面积越大，农业生产投入的劳动力和劳动时间越多，而直系家庭和隔代家庭，老人小孩劳动能力不足，家庭劳动力占比较低，导致农业产能下降，同时农业生产挤占了非农经济活动的时间，收入来源单一。另一方面也说明单纯地依靠农业生产，陷入贫困的可能性更高，这个推论也从是否纯农业户对贫困脆弱性的影响分析中得到了验证。分析结果表明，除单人户与残缺家庭以外，纯农业户会显著增加其余五种家庭结构类型的贫困脆弱性值。各家庭结构类型中移民农户贫困脆弱性生成机理参数估计结果见表10-4。

表10-4　各家庭结构类型中移民农户贫困脆弱性生成机理参数估计结果

变量名称	单亲核心家庭	标准核心家庭	直系家庭	复合家庭	隔代家庭
健康状况	0.712 *** (0.218)	0.072 ** (0.142)	0.021 (0.014)	0.347 * (0.011)	0.471 ** (0.013)
政治面貌	0.021 (0.033)	-0.013 ** (0.014)	-0.017 * (0.092)	0.023 (0.215)	-0.017 (0.031)

续表

变量名称	单亲核心家庭	标准核心家庭	直系家庭	复合家庭	隔代家庭
务工地点	-0.091* (0.015)	-0.331** (0.213)	0.026 (0.043)	-0.023* (0.061)	0.047 (0.076)
平均受教育年限	-0.1221* (0.712)	-0.145* (0.078)	-0.103** (0.242)	-0.451*** (0.037)	-0.012 (0.034)
人均耕地面积	0.1791 (0.014)	-0.012 (0.213)	0.039* (0.117)	-0.264** (0.317)	0.051* (0.093)
劳动力	-0.159* (0.216)	-0.047 (0.121)	-0.059** (0.215)	-0.035** (0.092)	-0.069 (0.062)
技能培训	0.017 (0.413)	-0.228 (0.047)	-0.056 (0.083)	0.0124 (0.027)	0.081 (0.042)
村干部	-0.232 (0.125)	-0.257** (0.024)	-0.321** (0.252)	-0.024* (0.054)	-0.031* (0.184)
是否纯农业户	0.257* (0.097)	0.241** (0.211)	0.013** (0.095)	0.317 (0.212)	0.215* (0.141)
截距项	5.907	4.723	4.247	4.416	3.137
观测值	71	121	60	124	37
R-squared	0.073	0.027	0.054	0.042	0.081

注：括号中为标准误；***、**、*分别表示在1%、5%和10%的显著水平下显著。

通过对上述不同类型家庭生命周期脆弱性生成机理的分析，健康状况、受教育程度和劳动能力是影响家庭脆弱性的重要因素，该研究结论对于单人户和残缺家庭来说同样适用。从调查所掌握的信息来看，这两种类型的家庭高脆弱性比率分别达到71.43%和66.67%，其中，7户被调查的单人户中仅有2户不属于高脆弱性家庭，而这2户都是具有劳动能力的壮年单身汉。属于高脆弱性家庭的家庭成员主要为老人、残疾人、妇女和儿童，这与庄天慧等（2019）的研究结论一致，即老年人、残疾人、妇女与儿童由于其家庭及个体特征极易成为贫困脆弱性高发群体。[1] 最主要的原因在于他们的健康状况、受教育程度和劳动能力均处于较低水平，自我发展能力不足，增收难度较大，导致自我发展空间受限。

---

[1] 庄天慧等. 四省藏区多维贫困及其治理对策研究［M］. 北京：科学出版社，2019.

据调查，单人户的孤寡老人和残疾人是政府重点实施"医疗救助"和"低保政策兜底"的建档立卡贫困户，是贫困治理中重点关注的特殊对象。但是长期以来，我国的贫困治理实践和库区移民后期扶持政策都缺乏对于妇女与儿童的关注。[1] 而事实表明，贫困人口具有很强的社会和生理特征，[2] 妇女与失依儿童作为高脆弱性群体更容易陷入贫困。农村寡妇在经济活动、政治参与和信息获取等方面较男性处于劣势，这可能与妇女性别特征、参与社会发展能力较差及主体性缺失等问题相关。[3] 调查的2户单人户寡妇具有相似的情况，文化程度较低，配偶因病早逝，膝下尚无子女，由于缺乏劳动技能和相应的有效就业条件，家庭主要收入来源为务农收入和家禽销售收入，前景堪忧。另外，残缺家庭中的失依儿童由于父母长年在外打工，长期无法得到成年人的正式照顾，只能交由亲戚邻居代为管教。他们面临着生活困难、情感脆弱等现实问题。其中有2户残缺家庭中较为年长的子女初中毕业或未读完高中便辍学在家操持家务或外出打工补给家用、供养弟妹读书，反映出失依儿童并未得到针对性的关怀。

本书在家庭生命周期的视角下测量了不同类型家庭生命周期的库区移民农户的贫困脆弱性值，在比较分析不同类型家庭生命周期的移民农户贫困脆弱性差异性表现的基础上，分析了移民农户的贫困脆弱性的生成机理，得到如下结论：第一，不同家庭生命周期类型农户的贫困脆弱性值存在较大差异，因此可以推断其脆弱性生成机理与路径的不一致。第二，从不同类型家庭生命周期的脆弱性生成机理来看，户主健康状况、家庭教育水平和劳动力占比是影响农户贫困脆弱性的重要因素。健康、教育、劳动力三者均为反映人力资本存量的重要指标，在逻辑上具有一致性。由于受教育程度普遍较低，移民农户收入的增加对劳动者身体条件依赖性较强，因此，政策取向应优先考虑改善提升移民农户的健康状况。同时，社会资本也有助于移民农户降低贫困脆弱性。第三，户主外出务工可以显著降低单亲核心家庭、标准核心家庭和复合家庭的贫困脆弱性值，多元化的收入构成有助于增收减贫，但是拓宽收入渠道的就业技能与实用技术培训的成效却不显著，未达到预期效果。第四，耕地面积越大，收入来源越单纯依靠务农，家庭劳动力占比越低的移民农户，贫困脆弱性值越高。第五，老年人、残疾人、妇女与儿童由于其家庭及个体特征极易成为贫困脆弱性高发群体，而在现行的库区移民

---

[1] 黄森慰，姜畅，郑逸芳. 妇女多维贫困测量、分解与精准扶贫——基于福建省"巾帼扶贫"五年攻坚计划调研数据 [J]. 中国农业大学学报，2019（4）：211-218.

[2] 张赟. 多维视角下的贫困群体的实证分析——以贫困儿童和流动妇女为样本 [J]. 经济问题，2018（6）：64-69.

[3] 马东平. 社会性别视角下的少数民族妇女贫困问题研究 [J]. 甘肃理论学刊，2011（5）：79-84.

后期扶持政策中，主要力量仍然用于解决面宽、量大的普遍性问题，对于特殊群体的特殊困难未给予针对性的扶持。

10.3 水库移民多维治理保障体系研究

10.3.1 强化利益联结机制保障

随着精准扶贫、精准脱贫的深入开展，面向2020年后巩固拓展脱贫攻坚成果，全面推进乡村振兴，长江上游大型水库移民的贫困治理机制和政策体系已经清晰，即围绕精准识别、精准帮扶、精准管理、精准考核和水库移民规划、安置补偿、后期扶持等措施而形成了一系列政策体系，其内容涵盖了贫困治理的各个维度。目前，应当坚决坚持好现有贫困治理机制和政策方向，积极强化、落实和完善好现有贫困治理机制和政策体系，着力盘活好现有政策资源，变被动帮扶为主动减贫的"造血型"帮扶，提升贫困主体自我发展能力，并为发挥其自我效用提供更广阔的空间。其中，重点需要完善和强化库区和移民安置区产业发展与移民减贫增收的利益联结机制。

产业发展作为贫困治理和水库移民后期扶持的重要手段被普遍接受与推广，其在促进贫困地区经济发展、提升贫困人口自我发展能力、增加农民家庭收入中发挥着重要作用。产业是脱贫之基、富民之本、致富之源，一个地方要发展，就必须有产业支撑。习近平总书记明确指出，产业扶贫是最直接、最有效的办法，也是增强贫困地区造血功能、帮助群众就地就业的长远之计。要加强产业扶贫项目规划，引导和推动更多产业项目落户贫困地区。[1] 这一重要论述，深刻阐述了产业扶贫在打赢脱贫攻坚战中的重要作用。产业扶贫也肩负着贫困地区"一次性扶贫"向"可持续性扶贫"迈进的重要使命，既要因地制宜、体现特色、突出比较优势、增强市场适应性和竞争性，更要探索扶贫产业的健康运营机制，凸显扶贫产业发展益贫性。2016年5月，国家九部委联合印发《贫困地区发展特色产业促进精准脱贫指导意见》，明确提出发展特色产业是提高贫困地区自我发展能力的根本举措。《中共中央　国务院关于坚持农业农村优先发展做好"三农"工作的若干意见》也提出要注重发展长效扶贫产业，着力解决产销脱节、风险保障不足等问题，提高贫困人口参与度和直接受益水平。

---

[1] 以产业扶贫增强贫困地区造血功能[EB/OL]. 2019-06-19. http://theory.people.com.cn.

(1) 利益联结机制的基本要求。

一是合理布局产业项目，提升益贫效应。产业发展项目的布局优化是一项复杂的系统工程，与区域经济、社会、环境以及资源禀赋等方面有着复杂的联系，提升库区产业发展项目的益贫效应仍然需要放在整个库区区域经济发展的大背景下去布局。一方面，根据不同库区区域发展的不同特点，下沉区域发展单元，选择特定的产业空间布局作为区域经济发展的增长极，将库区移民产业项目开发与避险解困、美丽家园建设结合起来，促进区域经济发展。如前所述，库区移民后期扶持产业的支持政策效果取决于政策本身与地区禀赋的契合度，因此，未来产业发展项目的布局应立足于当前库区区域发展战略，根据不同库区，库区内乡、村的资源禀赋，促进生产要素在地理空间上的高度聚集，形成库区经济发展的增长极，最大程度地发挥产业开发项目的益贫效应。另一方面，需要进一步明确区域功能定位，确定主体功能区的后期扶持产业发展项目布局，提升产业发展精准度。长江上游库区是自然灾害频发的生态脆弱区，绝大部分集中在限制开发和禁止开发区域，特别是在涉藏地区，98.12%的面积属于限制或者禁止开发区域。"生态贫困陷阱"凸显，加上库区部分水库库岸不稳，侵蚀不断，滑坡和塌岸现象时有发生，生态环境恶化与贫困深化共生共存，常规的产业发展模式面临严峻挑战。这些地区资源环境承载能力较低，重要任务是提供生态产品，发展绿色产业。应在充分利用本地能源特别是水电、风能、地热等资源优势的过程中增强项目的本地益贫性，将自然资源可持续利用与本地移民农户可持续受益相结合，将生态环境保护与产业发展项目有机结合，探索在"绿水青山"和"金山银山"之间良性互动的绿色产业发展模式，实现经济益贫和生态保护双重目标的有机统一。具体逻辑见图10-2。

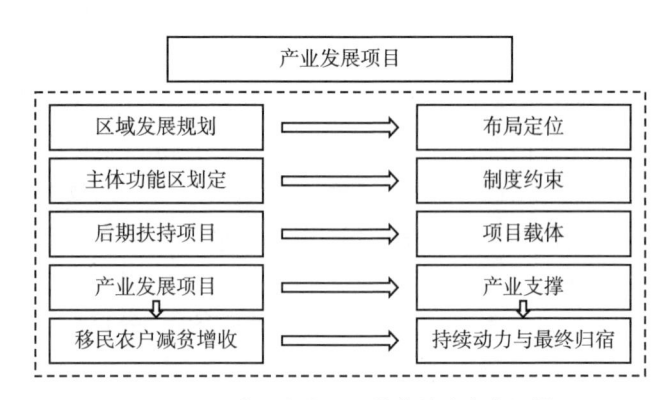

图10-2 产业发展项目益贫效应内在逻辑

二是以多维减贫为视角,提升增收联结机制内涵精准度。对于贫困的认识无论是理论界还是实践界都经历了从收入贫困到能力、权利、文化等多维贫困的变迁。阿马蒂亚·森的"可行能力"理论被公认为是多维贫困理论的基础,他认为贫困最大的根源是"可行能力"的被剥夺。[①] 产业发展项目的利益联结机制,除了帮助移民农户解决收入维度的问题,还要着眼于长远的生计可持续发展,那么如何赋予与保障移民农户"可行能力"也是其所要考虑的重要问题。因此,从增收减贫联结机制的内涵效果来看,也要关注移民农户的能力、权利、文化等多维减贫的问题。重点应关注两个方面的维度。一是人力资本维度。人力资本既是库区经济可持续发展的重要保障,也是移民农户生计可持续发展的基础。移民家庭、个体所拥有的人力资本的数量、质量以及流动性,基本决定移民家庭和个体是否能够持续减贫增收。二是市场机制维度。移民区和移民安置区大多处于市场机制不健全的区域,从区域发展的实践来看,这些地区的发展长期依赖于政府的支持,有必要引入市场机制,将市场意识、市场化操作等方式引入到库区的产业发展当中,把库区与中心市场连接起来,增强库区的内生动力,培育库区内源发展的核心力量。

(2) 利益联结机制的实施对策。

产业发展项目的利益联结机制,源于移民农户与企业、合作社等形成的利益和风险之间的对称关系,即主体间"利益共享、风险共担"的合作,这种关系既要保障移民农户减贫增收,又要考虑企业的利益跟社会的福利。构建"政策撬动、市场拉动、项目促动、能人带动"新型的利益联结机制,有利于促进移民农户减贫增收和产业发展项目联结的完善。其中外部机制包括政策保障和市场机制两个层面,内在机制包括"能人带动"和"项目拉动"两个方面。具体机制构建如图10-3所示。

一是双轮驱动,提升后期扶持政策精准度。敏捷管理(agile management)是利益保障的基础性工作,利益保障又是敏捷管理的目标和任务。敏捷管理,即政府移民部门根据辖区内产业发展项目状况的变化对后期扶持项目进行及时动态调整,建立省市县三级项目管理机制、反馈调节机制和奖励机制,形成调整周期短、信息反馈快、可视化程度高等政策保障措施。具体来说,由受移民管理机构委托的监测评估部门承担反馈调节任务,其主要职责为阶段性监测和系统性评估。阶段性监测包括生产开发项目立项、审批、实施、效果;系统性评估包括移民管理系统和移民村、组及个户操作系统,其工作成果报告将作为各部门工作改

---

① 阿马蒂亚·森. 贫困与饥荒 [M]. 王宇森译. 北京:商务印书馆,2001.

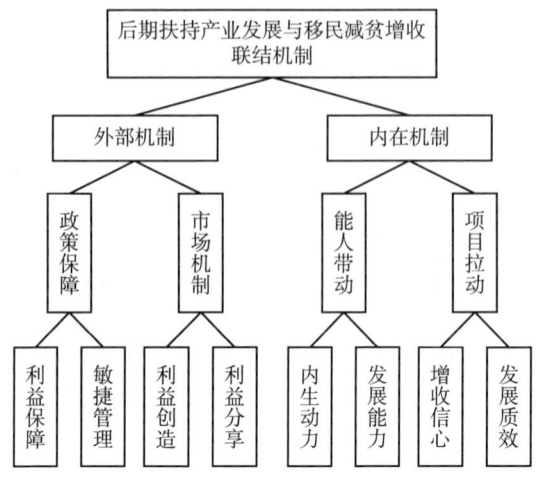

图 10-3　后期扶持产业发展与移民减贫增收联结机制

进和调整的重要依据。再者，对生产生活困难的移民农户进行兜底保障，开展移民产业发展项目小额贷款贴息试点，设立专项贴息资金、专项风险补偿金等，降低移民农户产业发展经济损失，提升利益保障。同时，移民后期扶持工作实行目标管理责任制，由各级人民政府进行目标考核，组建产业发展项目成果评审小组，打造移民产业发展项目的名牌产品。

二是以市场为动力、经济效率为准绳，增强产业发展项目的可持续性和经济益贫性。产业发展模式关系到营运效率、分配机制，将会受到市场经济的严格检验，如果不能在市场竞争中谋求发展，移民产业发展项目所形成的原有机制将被淘汰。然而，只有在市场竞争中，才能使移民产业发展项目的发展机制得到不断完善。尽管从价值创造的角度来看，利益的分配必须围绕着关键或必需的资源进行有差异的分享，但有差异的分享应在合理的范围内，衡量合理与否的关键是相关参与主体对所获利益的认可，这就要求在利益具体分配过程中，需要保证制度安排和实施程序的公正与透明，移民农户、企业等参与主体彼此承认对方的合理诉求，并在互惠互利中创造价值。[1] 在发挥市场作用的同时，也应看到在分配领域的市场失灵，因此单纯地依靠市场机制无法保证利益分享上的合理平衡，还需要发挥政策在利益分配上的调节作用，明晰市场与政府的治理边界，保障移民群众的利益。

三是发挥"能人"带动作用，突破人力资本"瓶颈"，提升自我发展能力。

---

[1] 李东升，杜恒波，唐文龙. 国有企业混合所有制改革中的利益机制重构 [J]. 经济学家，2015 (9)：33-39.

移民农户减贫增收主要依赖于移民人口及地区自我发展能力的提升。自我发展能力包括自然生产力和社会生产力两个方面，是对自然资本、物质资本、人力资本和社会资本积累情况的总体性概括。自我发展能力的培养与提升，在移民农户增收致富中处于基础性的地位，扶智激励是构建移民农户长效增收机制的关键环节。大多数移民农户人力资本匮乏，市场竞争能力不足，需要长期的学习与积累才能弥补生产效率低下的缺口。而在广大农村，最好的学习与效仿的对象就是"能人"，他们通常是经营致富效应的典范，获取有效信息的渠道更为丰富，并且具备良好的经济实力。他们已经迈过了生产效率的门槛，在产业链中具有一定的议价能力与话语空间，在生产与经营方面的示范性会依附地缘关系而向其他移民农户扩散，并产生正向激励作用。[1] 当外部环境推动（政策扶持、平台保障）提供适当的契机时，对利益的追求和自我发展能力提升的强烈愿望会促使移民农户成为产业发展项目的响应者和参与者。一方面，以市场为导向培养乡土人才。在普及农业实用技术的同时，针对库区移民农业生产技能，第二、三产业创业就业技能等方面存在的问题和发展需要，充分利用移民再就业培训、远程教育等资源，培养"致富能人"与"技术能手"等一批农村产业领头人。另一方面，给予"能人"一定的政策倾斜与资金扶持。鼓励他们作为领头人发展合作社，带动移民农户发展，增强在产业链中的议价能力，获取更大的利润空间。

四是突出项目拉动，提升发展质效。坚持将项目建设作为拉动库区经济发展的主引擎，优化产业发展项目结构，增强发展后劲。库区是一个自然环境、生态功能和人口分布都较为特殊的地区，以往后期扶持的产业发展项目安排由于缺乏因地、因户、因人的精准性，很多真正贫困的群体无法有效参与和利用，容易遭受排斥。因此，需要根据具体情况精准施策，提升项目发展质效。将产业发展项目的维度拓宽，不再只是瞄准移民群体的经济收入，而是注重将资源投入到促进教育发展、拓宽移民群体就业面、提高移民人口劳动技能以及低成本、高效益的产业项目上，增强其"造血功能"和增收信心，放大他们在后期扶持工作中的主体性、重要性。另外是强化纠偏能力。库区移民减贫增收的需求具有较强的多维性，强化部门间信息共享和沟通机制，尤其对于重复建设、建设项目和发展需求不对接的情况要及时发现和纠偏。

在确保库区移民"搬得出、稳得住、能致富"的宏伟目标下，移民减贫增收任务重、难度大、见效慢。从经济发展的角度来看，该机制的逻辑起点在于经济

---

[1] 李君，陈长瑶. 农村合作经济组织发展中的农村能人带动效应 [J]. 资源开发与市场，2013 (5)：486–490.

新常态背景下库区后期扶持产业发展项目的精准定位，其取决于库区产业自有的内生发展资源和外部的政策资源、市场环境，在此基础上才能够构建契合实际情况的移民减贫增收联结机制，此机制能够最大限度上解决现行后期扶持产业发展项目与移民减贫增收联结机制的"嵌入失败"，消解现行机制中的"短板"，大幅度提升产业发展项目益贫效率，解决内生动力、发展能力等要素障碍，更好地促进库区区域经济发展。

10.3.2　强化协调联动组织保障

移民工作事关民生、发展和稳定大局，是一项规模宏大的系统工程，涉及社会、经济、文化、环境等多个领域，矛盾多、任务重。要建立健全责任落实机制和工作推进机制，协调整合相关方面力量，共同做好移民工作。

（1）进一步强化主体责任。

移民是非自愿移民，移民工作属于典型的社会管理，要发挥好政府主导和行政推动作用，不断完善"政府领导、分级负责、县为基础"移民管理体制，逐级分解、精准落实移民工作任务。市、县是移民工作的责任主体、工作主体、实施主体，党委政府要总揽全局、协调各方，建好机制、搭好平台，加强目标管理和检查考核，做到组织到位、措施到位、责任到位。移民任务重的市、县要统筹各类资源，整合各种政策，举全市全县之力推进移民工作。市、县党政主要负责同志要亲自过问、亲自部署，分管负责同志要具体谋划、协调解决遇到的困难，确保移民工作严要求、高水平、高质量推进。

（2）进一步强化协同联动。

各级移民管理机构要切实履行管理监督、统筹协调职能，用好移民轮值会议制度，定期组织会商，加强一线指导，当好党委、政府的参谋和助手。各相关部门要按照职能职责，切实担当责任，既各负其责又密切配合、协同联动。规划设计单位要发挥好技术支撑作用，统筹考虑移民安置和后续发展，做到"安居"与"乐业"同步规划、同步推进、同步落实；监督评估单位要严格认真履职，全面细致做好移民安置实施的质量、进度等情况的跟踪监督，开展好相关评价工作，及时发现问题，提出意见建议。项目业主要主动介入、全程参与，全面履行职责。在工作中要充分尊重移民意愿，坚持尊重和引导并重，广泛倾听移民意见，发挥其自我管理作用，形成联动共治的移民工作大格局。

（3）进一步强化培训宣传。

各级移民管理机构、项目法人等单位要加大对移民干部的培训，不断提升移民干部队伍和从业人员的业务素质和工作能力。要认真践行群众路线，要加强移民工作正面宣传，利用各种媒体手段，采取生动活泼、通俗易懂的形式，加强移民政策和工作宣传，在更广层面赢得群众的理解支持，推动移民工作法治化、规范化。

10.3.3 强化统筹整合资金保障

大力加强移民后期扶持基金和库区基金的征收力度，积极争取国家相关部委的支持和政策倾斜，同时有效整合各方面资金，探索多级次、多形式的项目资金整合渠道，加大对移民区和移民安置区的投入，尤其是整村推进示范，构建多元化投资体系，形成了政府主导、农民主体、社会参与的建设管理模式，为移民区和移民安置区经济社会可持续发展提供了有力的资金保障。

（1）稳定后期扶持资金来源。

区域内各省市（州）后期扶持资金按国家规定统一筹集、统筹安排，切实保障后期扶持直补资金和项目资金的及时到位，稳定资金来源。省级财政部门按照省人民政府批复的后期扶持人口规模下达资金，上级下达的移民资金由移民专户管理，各项资金的使用能严格执行文件规定，遵照程序拨付，确保资金安全有效。同时，省级财政部门给各市（州）及县（市、区）下达大中型水库移民后期扶持政策实施工作专项补助经费，为移民后期扶持工作的顺利开展创造有利的条件。

（2）统筹行业部门资金，提高扶持资金规模和效率。

区域内各省市（州）扶持规划统筹考虑其他行业部门资金，积极争取和利用财政转移支付、扶贫开发、农业综合开发等相关资金，结合后期扶持工程项目，实行"捆绑式"扶贫与开发，重点解决移民"六难"问题。

（3）积极调动移民积极性，促进移民自力更生。

区域内各省市（州）在后期扶持基金、库区基金和捆绑其他部门资金之外，在不增加移民区和移民安置区群众负担的基础上，还要充分发挥村民自治的作用，保证项目资金的安全；采取群众投工投劳方式，解决移民项目资金投入不足的问题。让移民充分参与到项目的决策、实施过程中，充分尊重移民意愿，调动移民的积极性。

10.3.4 强化过程监管制度保障

从深层次看，移民工作中出现的一些问题，主要是因为法规制度不健全、政策界限不清楚、执行监督不严格造成的。第一，要进一步加强制度建设，以《大中型水利水电工程移民工作条例》（以下简称《条例》）为依据，废、改、立并举，制定完善移民工作各类管理办法，构建起以《条例》为统领、规章为框架、若干规范性文件为支撑的移民工作法规政策体系。要按照前期工作有量化指标、中期工作有流程规范、后期工作有配套政策的思路，合理界定各阶段的实施内容、分步流程、标准要求和实施主体，推动移民工作标准化、精细化管理。要加强重点领域、薄弱环节的制度建设，建立健全移民工作管理制度，优化移民设计变更管理工作流程，研究完善"先移民、后建设"管理办法。要充分发挥稽查、审计和社会第三方评估的作用，全面推行"县自查、市（州）交叉检查、省抽查"监管模式，加强对移民安置实施、项目资金等全过程监管，定期督导检查移民安置规划的执行情况和实施效果。

第二，要统筹抓好移民融入和信访维稳制度建设。移民过程中，原有的社会环境、生活条件、生产习惯、文化习俗等社会人文关系被打破，存在融入难、适应难等问题。要始终把引导帮助移民融入当地社会作为工作重点，要做实做细移民信访稳定工作，落实阳光信访、责任信访、法治信访要求，强化持续监测、动态跟进、研判预警和高效处置，特别是加强对瀑布沟、向家坝、白鹤滩等大型电站的移民信访工作力度，确保不发生群体性信访事件。要研究解决好移民诉求，对不符合政策、不合理的诉求，积极做好耐心细致的解释说服工作；对一些特殊困难，要采取有针对性的特殊办法帮助解决。要坚持依法治访，对危害社会秩序行为的少数人员，要严厉打击，坚决防止以访谋私利，无理缠访、闹访现象发生。

第三，结合新修订的《土地管理法》，加强移民条例修订的前期研究工作。深入研究移民安置方式创新、后期扶持生产开发、户籍制度改革、失地农民社会保障、推进移民村乡村振兴等热点、难点问题，把行之有效的创新举措以制度的方式固定下来，以适应新形势的要求。研究制定移民安置实施监督、后期扶持基金绩效、移民安置后评价、后期扶持监测评估等管理制度，并对移民安置前期管理、移民安置验收管理、监督评估管理、后期扶持人口核定登记和政策实施稽查、水库移民统计调查等制度规定展开修订，进一步推进水库移民工作的法制化、规范化进程。加强水库移民信息化建设，研究制定全国水库移民管理信息化建设指导意见，按照"实用、安全"的原则，继续完成水库移民后期扶持管理信息系统升级改造，提升系统性能与安全防护能力，加强数据迁移和更新，进一步提升数据质量，为推动水库移民管理能力和水平上台阶打牢基础。

第四，加强当前涉及移民工作的征地补偿、多元化安置、解困增收、户籍制度改革、新型城镇化、长期补偿等一系列热点、难点问题研究，通过实践与理论创新的突破，不断寻求移民工作的客观规律，为健全移民政策法规体系提供有力的理论保障，推动移民工作的新发展新提升。总结提炼各地在水库移民工作中的经验和教训，不断完善水库移民安置和后期扶持的规章制度和管理办法，研究提出修改水库移民政策法规的意见和建议，对移民条例相关配套规范性文件、技术标准进行修订，不断完善移民政策法规框架体系，为水库移民工作开展提供制度保障。在移民安置方面，修订出台移民安置验收办法、移民安置前期工作管理办法，研究提出移民规划设计重大变更处理方案。对重大水利工程搬迁安置逐项建立台账和月报制度，跟踪了解移民搬迁安置实施情况，加强分析研判，及时掌握动态，协调解决移民安置中存在的重大问题。在移民后期扶持方面，全面加强后期扶持资金和项目管理，落实《大中型水库移民后期扶持监测评估导则》行业标准，研究制定加强移民行业信息化建设的指导性意见，完善移民统计报表制度。遵照执行《中央水库移民扶持基金绩效管理暂行办法》，科学有序组织开展绩效评价工作，全面落实奖惩措施，切实提高资金使用效益。

第 11 章

水库移民可持续发展对策与展望

11.1 对策

11.1.1 统筹推进长江上游库区和移民安置区发展与精准扶贫，解决区域性不平衡

长江上游大型库区和移民安置区存在区域经济发展不足、脱贫经济基础脆弱等问题，经济发展带动减贫的效应仍有较大空间，通过区域发展提升公共服务供给水平，促进包容性发展，实现益贫性增长。第一，必须尽快破解"三区三州"深度贫困县的交通"瓶颈"，尽快实现县县通高速公路；第二，鉴于区域整体贫困的现实，在改善移民村的同时，不能忽视非移民村的道路硬化等建设，项目预算要充分考虑高海拔地区基础设施建设成本高、维护成本也高的现实，财政投入要统筹考虑建设与维护；第三，处理好"聚焦区域的政策"和"聚焦人的政策"之间的关系，要将精准扶贫置于向落后地区倾斜的区域政策框架下，如西部大开发政策。

11.1.2 统筹扶贫资金投入与提升使用效益，显著提升后期扶持成效

第一，探索强化实施扶贫资源投入倍增计划，越到后期脱贫成本越来越高，难度越来越大，必须超常规扶持，集中优势资源，实施扶贫投入倍增计划。以扶贫制度创新为基础，集中政策资源、优势技术、精英人才、金融资源等，进一步加强对处于深度贫困移民农户的扶持力度，为其脱贫和发展提供强有力的助推力和支撑力。第二，不断优化脱贫攻坚政策的落地环境，降低扶贫资源向下传递的交易成本，提高扶贫资金的使用效益。

11.1.3 统筹脱贫攻坚与防止返贫举措，加快构建巩固拓展脱贫攻坚成果同乡村振兴的有效衔接机制

脱贫攻坚具有明确的时间约束，强调扶贫任务完成的限期性；时间压力下的扶贫举措，容易犯急功近利、"近视化"倾向，搞突击式扶贫、拔苗助长式扶贫（把贫困户托举到贫困线以上），注重"输血"手段，忽视"造血"工具，稳定脱贫长效机制缺乏，扶贫政策退出时常伴随着返贫现象。一方面，精准扶贫政策中的医疗、教育等惠民政策，即使攻坚期结束，也应该继续保留下来；同时，作为瞄准建档立卡贫困户特惠政策的扶贫政策，可以考虑作为深度贫困地区的"三农"政策，惠及更广的深度贫困地区群众。另一方面，更加注重对个人可行能力的早期开发，注重"第二代"发展式扶贫支持，要加大对儿童营养改善、医疗保障和教育投入，提高人力资本发展；实施女童教育"优先"发展计划，保证女童的受教育权利，提高女性的知识文化水平。

11.1.4 统筹安排各类扶持资源投入，切实发挥资源使用益贫效应

加大各级财政投入，同时广泛动员社会力量共同参与后期扶持，可以考虑对社会组织在深度贫困库区和移民安置区参与精准扶贫的资金上提供优惠支持，积极推进社会组织在深度贫困库区和移民安置区开展针对学前儿童教育和营养、养老和特殊群体救助以及改善这些地区卫生服务和贫困村内基础设施等方面的工作，并建立社会帮扶的协调机制，为社会组织开展慈善捐助和社会服务创造条件。

11.2 展望

据水利部移民司统计，全国贫困移民由 2012 年底的 498.34 万人减少至 2017 年底的 55.1 万人，累计减少 443.24 万人，平均每年减少 88.6 万多人，贫困发生率由 2012 年的 20.8% 下降至 2017 年的 2.2%，精准扶贫、精准脱贫深入民心，贫困移民群众获得感和幸福感不断增强。党的十九大报告进一步提出新时代我国扶贫事业的新目标，要求坚持精准扶贫、精准脱贫，重点攻克深度贫困地区脱贫任务，确保移民稳定脱贫，做到脱真贫、真脱贫。2020 年中国绝对贫困人口脱贫和贫困县摘帽，并不意味着贫困的消失和反贫困工作的终结，值得注意的是，我国进入消除绝对贫困转向缓解相对贫困的战略转型"窗口期"，减贫工作的艰巨性、长期性、复杂性仍然存在，以巩固拓展脱贫攻坚成果为抓手、缓解相对贫

困为主线的反贫困工作还将继续向着高标准、高质量脱贫目标迈进。随着减贫事业的发展，长江上游大型水库移民的脱贫将面临新的挑战，还须纳入乡村振兴实现长效治理。从战略协同推进来看，脱贫攻坚具有突击性和紧迫性，是短期内必须实现的政治目标，而乡村振兴则是一项需要长期坚持的历史性任务，更加强调其战略指引和科学规划。目前，构建相互支撑、协同推进、有机衔接的良好格局，是实现脱贫攻坚"啃下深贫硬骨头"、水库移民后期扶持"助力可持续发展"和乡村振兴"完成制度框架和政策体系"目标任务的有效保障。

11.2.1 巩固拓展脱贫攻坚成果

当前，库区仍有部分移民徘徊在贫困线周围，即所谓的边缘贫困人口，这一部分人生计脆弱，一旦遭遇天灾人祸极易陷入贫困，所以，在脱贫之后建立相应的稳定脱贫的长效机制显得尤为重要。"十四五"时期，水库移民贫困治理工作的首要任务是巩固拓展脱贫攻坚成果，一方面，要实现脱贫人口稳定脱贫不返贫，不产生新的贫困人口，下好巩固成效开局的"先手棋"；另一方面，在保证现有成果的基础上，要对脱贫攻坚的质量进行全方位地提升，这是开启库区可持续发展的前提和基础。

（1）保持主要帮扶政策总体稳定。

保持现有帮扶政策、资金支持、帮扶力量总体稳定。对脱贫不稳定户、边缘易致贫户进行常态化监测，完善快速发现和响应机制，及时纳入帮扶政策范围，采取有针对性的帮扶措施，做好易地搬迁后续帮扶工作，加强就业、产业扶持和后续配套设施建设，确保搬迁群众稳得住、有就业、逐步能致富，促进脱贫提质增效。

（2）优先支持与重点帮扶。

脱贫攻坚就重点帮扶对象的设置与动态调整形成了一套行之有效的办法，重点帮扶对象与内源式发展动力同向互构，形成一幅贫困群体语境的乡村扶贫蓝图。借鉴此方法，长江上游库区需要提前谋划乡村振兴优先和重点关注的区域、群体，作为巩固拓展脱贫攻坚成果的着力点和突破口，在坚持农业农村优先发展的总方针下，充分调动农民的积极性、主动性和创造性，加快实现由"被动扶"到"主动兴"的转变。

（3）健全防止返贫动态监测与帮扶机制。

明晰预警返贫风险点是动态监测和及时帮扶的基础和关键，坚持灵通信息、综合研判、全面分析，科学确定收入型、保障型、发展型三类主要返贫风险点。坚持"以块为主、条块结合"的方式，通过农户申报、镇村走访核查、行业部门重点监测等筛查途径展开"五个一批行动",实现全方位监测,最终由县级审定监测对象。以全国扶贫建档立卡信息系统为依托,开发具有库区地域特色的大数据扶贫系统平台,将未来 3 年作为脱贫户保障的重点"观察期",做好跟踪支持和保障服务工作,动态更新低收入人口的收入、支出、产业发展、成员健康、政策帮扶成效等信息,并对其陷贫风险进行评估,及时捕捉潜在短期或长期生计动荡因素并予以纠正,对于风险级别呈上升趋势的移民,应秉持"脱贫不脱政策、脱贫不脱帮扶"方针,提前介入,完善后续帮扶和跟踪支持。

(4) 做好移民安置后续扶持工作。

结合农业园区、旅游景区和小城镇建设,引导搬迁群众向第二、三产业就业转移,因地制宜从事商贸、家政、交通运输、乡村旅游等服务业,就地就近创业创新。加强搬迁户劳务输出培训力度,确保有意愿的移民群众至少接受一次职业培训,掌握一项就业技能,提升就业能力。优先安排就业困难的移民进入安置区卫生保洁、巡防、电力维修等岗位,鼓励农业龙头企业聘用移民群众就业。

11.2.2 与乡村振兴相衔接

"十四五"时期是中国特色社会主义进入新时代、开启全面建设社会主义现代化国家新征程的第一个五年,也是《国务院关于完善大中型水库移民后期扶持政策的意见》所确定 20 年后期扶持期限的最后五年。"十一五""十二五""十三五"连续三个五年对大中型水库移民后期扶持政策的实施,切实解决了大部分移民安置区基础设施落后、移民饮水困难等问题,同时在基础设施建设、配套水利设施等项目移民后期扶持工作中取得了一定的成绩,库区和移民安置区生产生活条件得到了较大改善,群众收入也大有提升,经济发展水平与当地社会经济发展水平的差距在不断缩小。从政策演进的过程看,巩固拓展脱贫攻坚成果同乡村振兴有效衔接是"十四五"时期开启全面建设社会主义现代化国家进程中做出的重大战略部署,在实践中既要总结、吸取并推广脱贫攻坚时期积累的工作经验,又要把乡村振兴的战略思想融入区域"强短补弱"的工作中去,与此同时,水库移民后期扶持政策旨在将外部资源有效转化为水库移民社区发展的动力,进而实现水库移民"脱贫致富""全面小康"和"共同富裕"的综合目标。因此,长江上游地区大型水库可持续发展要推动巩固拓展脱贫攻坚成果、水库移民后期扶持与乡村振兴相衔接,在全面把握三者衔接基本逻辑的基础上,突出问题导向、目标导向、需求导向和市场导向,遵循乡村发展规律,推动理念衔接、目标衔接、成果衔接、作风衔接和政策衔接,强化战略规划引领、政府市场协同、资源要素保障、体制机制创新和风险防范化解,释放政策红利。

(1) 实现水库移民巩固拓展脱贫攻坚成果与乡村振兴相衔接。

在脱贫攻坚、乡村振兴两大战略政策叠加期、交汇期和转轨期中，理解和把握巩固拓展脱贫攻坚成果同乡村振兴的深刻内涵和理论联系，进而提出有效衔接的实践路径，具有重要的理论意义和实践指导价值。

一是构建统筹协调机制。推进巩固拓展脱贫攻坚成果同乡村振兴的组织衔接，要做好脱贫攻坚同乡村振兴的组织领导体制机制工作的有机结合，强化"五级书记"抓乡村振兴的制度责任与保障；出台工作机制落实的相应细则，确保短期注重坚持脱贫攻坚同乡村振兴一起抓，长期注重解决相对贫困问题同乡村振兴齐推进。接续推进巩固拓展脱贫攻坚成果同乡村振兴有效衔接，需要传好"接力棒"，分阶段梯次开展，着重做好观念、规划、体制机制和政策的有效衔接。在库区后期扶持规划编制中，充分考虑和协调脱贫攻坚需提档升级的工农业、旅游扶贫、生态建设等发展项目，以及水、电、路、网等基础建设项目，通过多规合一，解决目前各类规划之间内容冲突、各阶段衔接不畅等问题，实现库区乡村振兴与巩固拓展脱贫攻坚成果"同频共振"。

二是构建可持续发展机制。充分利用脱贫攻坚积累的组织经验和人才资源，以强化党组织功能为抓手，以人力资本开发为切入点，重构水库移民社区社会动员机制，增强集体行动能力。持续加大东西部扶贫协作力度，广泛并高效动员起第一书记、驻村工作队、帮扶责任人以及企业、社会组织等社会力量合力攻坚。兼顾好减贫投入的持续性和乡村投入的均衡性，依靠提高财政资金使用效率、引导金融资本和社会资本投入等途径，强化金融扶贫创新，为低收入人口及各类新型经营主体提供充足的生产性资金。坚持精准施策、到村到户到人，针对水库移民的产业基础及文化、技能、年龄、性别差异等，重点支持地区根据资源禀赋条件发展特色种养业和传统手工业，积极发展休闲农业和乡村旅游等新产业新业态，同时依据市场条件和需求选择产业规模和质量，注重从产业项目、支撑体系、融资方式三方面把握和推进。在稳定增收能力上，坚持移民主体、激发内生动力，广泛调动包括移民、新型经营主体等在扶贫项目设计、实施及管理、分配等各关键环节的参与，激发水库移民的内生发展动力，并通过产业项目挖掘出真正有利于当地长期发展的契机。

三是统筹水库移民后期扶持措施。紧紧围绕水库移民稳定增收目标，加大创新力度，建立完善后期扶持台账，把重点放在精准支持水库移民发展特色产业、促进转移就业上，根据水库移民在家庭结构和就业能力等方面的差异性，采取多元化扶持措施。确保水库移民后期扶持规划与产业发展规划、乡村振兴规划同轨并行，围绕水库移民社区布局产业，将乡村振兴有关政策举措向水库移民社区倾斜，确保形成一套产业和增收举措。突出抓好衔接期内水库移民的生计问题，分类落实就业服务、创业指导和产业等帮扶措施，通过设立公益岗位、生活补助、临时救助等短期性方式，防范水库移民的短期生计动荡风险，对于家庭无劳动力的水库移民，通过项目带动、社会保障等兜底保障措施化短期为长期，为可持续发展赢得时间和空间。设计多元化金融产品和融资方案，全方位支持水库移民社区建设和水库移民就业增收，为水库移民提供以后期扶持资金为先导、以后续产业发展和就业服务为延伸的"一揽子"金融服务。

四是促进水库移民社会融入。加强水库移民社区基层社会治理，提高基础设施和公共服务供给保障水平，增强水库移民的安全感、归属感和幸福感。坚持"缺什么、补什么"的原则，加快完善水库移民社区基础设施和公共服务配套建设，实现与外界交通干线串联，让水库移民能够就近享受城镇已有的教育、医疗等公共服务，实现互联互通。健全水库移民社区管理体制，研究安置区物业费补助方式，探索安置区物业管理新模式，合理划分出水库移民社区自治单元，对于大型安置社区要参照城市社区模式进行管理，并及时足额保障运行经费。尽量避免打破原有社会结构，采取多种方式让水库移民参与社区管理，提升自我管理、自我服务能力，提升安置区管理服务水平。做好医疗、社会保障及养老保险等统筹衔接工作，更多采取互联网手段，构建"一站式"综合服务平台，确保社会保障不断档、不脱节。营造开放包容的社区文化，做好水库移民及安置社区文化传承与保护工作，尤其要尊重安置区少数民族风俗习惯和民族感情，结合移民群众和当地风俗习惯，组织开展群众喜闻乐见的文化活动，提高水库移民的社会融入程度。

（2）实现水库移民后期扶持与乡村振兴相衔接。

水库移民遗留问题的压力、开发扶贫理念的转型和规章制度的衔接等要求直接催生了后期扶持政策的出台，在经历了起步、确立、发展与完善四个阶段的漫长调整后，后期扶持方式更趋多元，瞄准靶向的精确性不断提升，依托脱贫攻坚"渐进式"解决水库移民贫困问题。就库区移民后期扶持政策执行效果而言，以往被水库移民社区繁荣发展表象遮蔽的隐疾逐步浮现，个体贫困与水库社区发展并存的现象时有发生。因此，应当深化水库移民后期扶持政策与乡村振兴战略的耦合互嵌，在水库移民后期扶持政策、"三农"和减贫领域各项专门政策的引导协调下，确保外部资源精准输入水库移民社区或水库移民家庭。其中，直接输入水库移民家庭的扶持资源更多地关注短期内存在特殊困难的水库移民，守住底线公平，而输入水库移民社区的扶持资源则更多地通过项目形式进行集约整合运作，使水库移民分享外部资源输入的溢出性效益，辅之以更加灵活的工作方式，提高外部扶持资源转化为发展动力的效能，从而实现水库移民社区的整体性可持续发展。

一是制定科学合理的后期扶持规划。要在扶持观念上做出改变，将移民安置、生态建设、经济发展同乡村振兴相结合，实现移民安置区与搬迁安置前生产生活的有效衔接。确立合理的扶持期限，坚持市场经济原则，接受因经济发展带来的物价上涨，适时增加移民补偿资金，有重点地采取移民自主创业、小微贷款、税收政策优惠等多种方式鼓励移民致富。立足新发展阶段、贯彻新发展理念、融入新发展格局，水库移民后期扶持既注重在政策框架中统筹形成规范一致的执行合力，又强调基层实践对顶层制度安排的反馈及调试，在与乡村振兴的衔接过程中，以水库移民为核心受众、水库移民社区为发展平台、后期扶持项目为关键依托，由消极补偿转为积极创业，由救济生活转为扶持生产，由短期恢复转为长效发展，并在整合、传导、承接、运用的制度化运作链条中，将后期扶持和其他国家战略资源有效转化为水库移民社区发展的动力和基础，进而实现水库移民可持续发展、共同富裕和共享乡村全面振兴成果的综合目标。

二是加强水库移民的社会支持网络体系建设。全面考虑水库移民的生产生活对信息化的需求，完善其社会保障网络信息体系，充分利用网络体系对移民安置政策、移民资金使用管理进行解读和宣传。鼓励龙头企业发挥资源优势，结合政府的税收优惠政策，增加移民的结业机会。同时鼓励水库移民自主创业，主动就业，主动学习新技术，在企业带动和政府扶持下实现社会关系向收入增长的价值转化。

三是健全水库移民后续帮扶保障。完善的帮扶措施可以在一定程度上缩小水库移民与其他社会群体之间的差距，不仅要依靠政府的主导，还需鼓励和带动多元社会力量为水库移民提供多样化服务，充分发挥社会支持功能。推动金融、卫生、民政、社会保障等多部门的通力合作，为水库移民社会保障提供资金、技术和人员支持，提高社会保障的扶贫效能。积极引入和发挥市场化商业保险的减贫作用，利用市场力量实现保障主体多元化。在医疗保障方面，以大病、长期慢性病保障制度为蓝本，强化基本医疗保险、政策性大病保险的全覆盖，加快建立重大疾病和慢性病救助体系，健全完善大病住院"先诊疗、后付费"和"一站式"结算等优惠政策。创新统筹乡村振兴和水库移民后期扶持项目，在已有缓解生存性、就业型等风险的基础上，持续推进农业生产性保险、老年群体定向社会保障服务等项目，针对劳动能力低下或不具备劳动能力的老、弱、病、残、孤等特殊困难人口强化社会保障兜底，着手建立有针对性、保障性程度高的社会保障体系，包括社会救助、生活照料、养育等服务。

四是提升水库移民社区基础设施建设和公共服务水平。缩小水库移民社区与发达地区的公共服务差距是乡村振兴背景下水库移民后期扶持的重要内容。加快建立融合发展的体制机制和政策体系，将水库移民社区公共服务优先列入民生实事工程，推进重大民生资源均衡配置。补足水库移民基本公共服务"短板"，继续加大优质教育资源向农村倾斜的力度，促进义务教育均衡发展；进一步提高合作医疗和医疗救助水平，对重点医疗救助对象实行"二次救助"，建立健全因病致贫返贫保障体系，提高水库移民群众的健康水平；加速推进综合性移民社区文化设施管养，满足水库移民日益发展的精神需求。发展农村互助式养老，多形式建设日间照料中心，改善失能老年人和重度残疾人护理服务。

11.2.3 本章小结

为了应对水库移民贫困治理中的外部挑战与内部阻力，有必要深入开展前瞻性研究，探究水库移民社区和水库移民由单维度贫困为主向多维度贫困扩展背景下的可持续发展体制机制设计，及时、紧密地结合治理实践和国家政策指引提前研判，提出针对性政策选择路径。综合来看，在以巩固拓展脱贫攻坚成果与乡村振兴相衔接为核心的后扶贫时代，需要建立一套切实可行的理论体系来更好地指导长江上游库区移民后期扶持实践。总体上看，水库移民巩固拓展脱贫攻坚成果、后期扶持与乡村振兴相衔接是一项系统化的工作，从构成要素来看，包括主体、客体、载体三个方面。

（1）面向主体的治理。

一是塑造水库移民遭遇风险时的抗逆力。水库移民后期扶持政策实施以来，移民仍然面临一定的生计风险，表现为疾病、灾害等不确定因素，水库移民主要通过规避风险、化解风险的能力和方式来构筑抗逆力，也通过内生动力的发展和提升来验证。提高水库移民社区的社会凝聚力、基本公共服务供给、生产服务水平，可以增强水库移民的抗逆力，有效确保生计结构的稳定性并减小其返贫的可能性。

二是水库移民自我发展能力、可行能力、内生动力的提升。在脱贫后的过渡期内，水库移民享受的各种扶贫政策不变，即所谓的脱贫不脱政策、不脱帮扶、不脱责任、不脱监管。从当前的实践来看，水库移民因为长期享受后期扶持政策，部分贫困移民还享受扶贫政策，对政策产生了一定的依赖心理，从而丧失了自我发展的能力，所以在后期扶持中需要有效地引导水库移民提升自我发展的能力与可行能力。一方面，通过国家对乡村振兴战略持续不断的支持来提升自我发展的意识，加强水库移民发展意识和权益保障的扶持力度，加快转变观念。另一方面，通过培训学习生产技能提高增收能力，建立水库移民与后期扶持项目间的利益联结机制，补足发展后劲。在此过程中国家的引导发挥着巨大的作用，水库移民可持续发展未来还要依托国家政策的有力嵌入来实现自我发展能力的提升。

三是提升水库移民遭遇各种不确定因素后的恢复力。水库移民在搬迁后原有的生计资本和生计转换能力被打乱重组，在遭遇一些不确定因素的影响时，其生计能力将遭受极大地削弱，要想恢复必须付出极大的努力，而恢复力的提升主要靠外力的作用来实现。如在很多地方，水库移民因为缺资金而很难通过产业发展来增收致富，国家通过小额信贷等方式来帮扶。培养水库移民遭遇不确定因素时的恢复力，可以通过提高受教育年限增加职业可选择机会；购买农业保险、医疗保险、养老保险、失业保险等增加风险承受能力；加强基础设施建设、改善生活环境增加抵抗能力。

四是构建水库移民多位扶持大格局。以水库移民工作规划设计、安置补偿和后期扶持项目为前提，以实现水库移民社区可持续发展为目标，后期扶持首先要瞄准水库移民社区，尤其是生态环境脆弱或气候敏感的地区，进一步瞄准拥有一定自然资源使用权或具备劳动能力并愿意参与后期扶持项目开发的水库移民，因地制宜、实事求是地采取切实可行的扶持措施，增加水库移民受益与发展的机会。

（2）面向客体的治理。

一是地域维度政策和制度的差异性。弱势累积不仅影响水库移民生计资本重构能力的提升，而且不断强化区域性整体生计系统转化结构的限制性。面向长江上游水库移民需要建立专门化、针对性地后期扶持政策和制度保障体系，这种政策的差异性主要表现在：乡村振兴中针对优先发展地区和重点帮扶地区要建立具有异质性、差异化的政策体系。

二是时间维度政策和制度的异质性。自水库移民后期扶持政策提出以来，水库移民的生计方式发生了相应的改变，尤其是脱贫攻坚和乡村振兴实施以来，更多的外部力量投射到水库移民的微观发展语境，基于三者间的紧密联系，保障移民后期扶持，借力移民后期扶持模式精准扶贫、改善水库移民生活质量，助力后续减贫治理以及乡村全面振兴。"十四五"时期还将高质量推进"美好家园建设""产业转型升级""创业就业能力建设""散居移民基础设施建设"等转向任务。因此，在脱贫攻坚之后的水库移民后期扶持政策需要进行相应的调整，汇集各方面的资源形成综合动能。

三是政策和制度的衔接性。从水库移民后期扶持与乡村振兴的内容来看，二者在一定程度上相互促进，水库移民的可持续发展也是乡村振兴的重要内容，在目标导向、政策内容、主体作用和体制机制等方面都存在共同点。移民后期扶持巩固需要通过拓展脱贫攻坚成果、乡村振兴的一系列措施来强化，实现政策和制度的衔接将是后续发展的先决问题。从长江上游库区发展的基本特征来看，个别水库移民社区发展薄弱，主要表现在产业发展起步较晚、新型农业经营主体带贫作用较弱、产业发展后劲不足。无论是产业发展还是教育发展、生态保护、社会保障等都需要通过政策的衔接来实现对于帮扶的延续和后续支持。

（3）面向载体的治理。

第一，自然生态是人所依靠的重要资源和载体，必须通过有效的途径来实现人与自然的和谐相处，从而推进自然环境的可持续发展。尤其是在实施水库搬迁的地方，其自然生态环境较差，水库移民受自然生态的影响较大，建立人与自然和谐相处的关系成为后续可持续发展需要考虑的重要议题。在面向载体及生态自然的治理中，水库移民社区发挥后发优势促进产业结构向第二、三产业关联，也是实现绿色、可持续发展的目标需求。

第二，在载体方面的治理还表现在移民对自然生态的包容性上。某些水库移民安置地区自然生态条件较差，耕地资源稀少，可利用土地面积较小，这在很大程度上阻碍了水库移民生计的发展和从土地中获得资源，影响了其经济收入。在此过程中，需要建立包容性的机制，实现生态环境与水库移民后期扶持的有效耦合，即通过国家相应的生态补贴来减少水库移民从自然生态中获取资源，加强生态环境建设与乡村振兴的有机结合，实现移民水库社区生态环境改善与可持续发展的"双赢"目标。

参 考 文 献

[1] 阿弗里德·马歇尔. 经济学原理: 珍藏本 [M]. 廉运杰译. 北京: 华夏出版社, 2012.

[2] 阿马蒂亚·森. 贫困与饥荒 [M]. 王宇, 王文玉译. 北京: 商务印书馆, 2001.

[3] 阿玛蒂亚·森. 论经济不平等 [M]. 王利文, 于占杰译. 北京: 社会科学文献出版社, 2006.

[4] 阿玛蒂亚·森. 以自由看待发展 [M]. 任颐, 于真译. 北京: 中国人民大学出版社, 2002.

[5] 曾维希, 李媛, 许传新. 城市新移民的心理资本对城市融入的影响研究 [J]. 西南大学学报 (社会科学版), 2018, 44 (4): 131 - 9, 97.

[6] 陈健生. 生态脆弱地区农村慢性贫困研究 [D]. 成都: 西南财经大学, 2008.

[7] 陈立梅. 基于扩展线性支出系统模型的我国农村居民信息消费结构分析——来自 1993~2009 年的经验数据 [J]. 管理世界, 2013 (9): 180 - 181.

[8] 陈琦. 连片特困地区农村贫困的多维测量及政策意涵——以武陵山片区为例 [J]. 四川师范大学学报 (社会科学版), 2012 (3).

[9] 陈祎, 成媛. 脱贫攻坚背景下宁夏生态移民心理距离与交往意愿实证研究 [J]. 西南民族大学学报 (人文社会科学版), 2019, 40 (7): 186 - 191.

[10] 陈银娥, 王毓槐. 微型金融与贫困农民收入增长——基于社会资本视角的实证分析 [J]. 福建论坛 (人文社会科学版), 2012 (2): 12 - 17.

[11] 程广帅, 庞会, 戢琨. 强制性社会变迁、人力资本失灵与收入分层 [J]. 浙江社会科学, 2013 (12): 44 - 52, 156.

[12] 程名望, Jin Yanhong, 盖庆恩等. 农村减贫: 应该更关注教育还是健康?——基于收入增长和差距缩小双重视角的实证 [J]. 经济研究, 2014 (11): 130 - 144.

[13] 邓曦东, 段跃芳. 中国非志愿移民的补偿制度创新研究——基于利益

相关者视角的分析 [J]. 经济学家, 2008 (3): 65-70.

[14] 段世江, 石春玲. "能力贫困"与农村反贫困视角选择 [J]. 中国人口科学, 2005 (s1).

[15] 段跃芳. 印度水资源开发过程中的非自愿移民问题 [J]. 南亚研究季刊, 2006 (4): 19-24.

[16] 方迎风, 张芬. 多维贫困测度的稳定性分析 [J]. 统计观察, 2017 (24): 84-89.

[17] 费孝通. 论中国家庭结构的变动 [A]. 费孝通. 费孝通文集第八卷 [C]. 北京: 群言出版社, 1999.

[18] 冯娇, 陈勇, 周立华, 侯彩霞, 王睿. 基于可持续生计分析框架的贫困农户脆弱性研究——以甘肃省岷县坪上村为例 [J]. 中国生态农业学报, 2018, 26 (11): 1752-1762.

[19] 冯伟林, 李树茁. 人力资本还是社会资本?——移民社会适应的影响因素研究 [J]. 人口与发展, 2016 (22): 2-9.

[20] 付少平, 赵晓峰. 精准扶贫视角下的移民生计空间再塑造研究 [J]. 南京农业大学学报 (社会科学版), 2015 (11): 8-16, 136.

[21] 冈纳·缪尔达尔. 世界贫困的挑战——世界反贫困大纲 [M]. 顾朝阳等译. 北京: 北京经济学院出版社, 1991.

[22] 龚霄侠. 西部民族地区反贫困: 绩效评估与未来取向 [J]. 西北人口, 2009, 30 (4): 117-121.

[23] 龚一莼, 姚凯文, 张丹, 朱东东. 水库移民家庭支出型贫困问题研究 [J]. 水利发电, 2019 (7): 1-7.

[24] 巩师恩. 收入结构、消费结构与恩格尔定律: 基于中国农村居民的实证研究 [J]. 社会科学研究, 2013 (6): 27-31.

[25] 郭君平, 谭清香, 曲颂. 进城农民工家庭贫困的测量与分析——基于"收入—消费—多维"视角 [J]. 中国农村经济, 2018 (9): 94-109.

[26] 国务院扶贫办: 贫困人口脱贫要做到"两不愁、三保障" [EB/OL]. https://www.sohu.com/a/128131110_114731. 2017-03-07.

[27] 何得桂, 党国英, 张正芳. 精准扶贫与基层治理: 移民搬迁中的非结构性制约 [J]. 西北人口, 2016 (6): 55-62.

[28] 何思妤, 曾维忠, 庄天慧. 长江上游大型库区移民多维贫困的空间分布特征及影响因素 [J]. 四川师范大学学报 (社会科学版), 2019 (5): 63-71.

[29] 何思妤, 曾维忠. 后期扶持产业发展与库区移民减贫增收利益联结机

制研究——基于四川省的调查数据[J]. 经济体制改革, 2019（3）：195-200.

[30] 何思妤, 曾维忠. 老水库移民多维贫困测量[J]. 农村经济, 2017（5）：66-71.

[31] 何思妤, 崔丹蕾, 陈相伸. 库区农村移民对后期扶持满意度实证分析——基于长江上游大型库区1575个农村移民的调查数据[J]. 农村经济, 2018（7）：108-113.

[32] 何思妤, 黄婉婷. 库区移民贫困脆弱性与精准脱贫方略重构——基于长江上游386户库区农村移民的分析[J]. 农村经济, 2018（12）：49-55.

[33] 何思妤. 家庭结构视角下移民贫困脆弱性及后期扶持益贫性优化研究——基于长江上游库区386户农村移民实地调查[J]. 软科学, 2019（10）：139-144.

[34] 何志扬, 张梦佳. 气候变化影响下的气候移民人力资本损失与重构——以宁夏中南部干旱地区为例[J]. 中国人口·资源与环境, 2014, 24（12）：109-116.

[35] 胡大伟. "权利贫困"及其纾解——水库移民利益补偿的困境与出路[J]. 大连理工大学学报（社会科学版），2012（6）：114-118.

[36] 胡静, 杨云彦. 大型工程非自愿移民的人力资本失灵——对南水北调中线工程的实证分析[J]. 经济评论, 2009（4）：74-80.

[37] 黄承伟. 深刻领会习近平精准扶贫思想, 坚决打赢脱贫攻坚战[EB/OL]. http://dangjian.people.com.cn/n1/2017/0823/c412885-29489835.html. 2017-08-23.

[38] 黄洪坤, 张春美, 王丽君. 基于DEA的水库移民后期扶持政策绩效分析——以江西省为例[J]. 新疆农垦经济, 2014（6）：22-26

[39] 黄健. 复杂系统视角的水库移民社会网络研究[J]. 统计与决策, 2012（11）：69-71.

[40] 黄森慰, 姜畅, 郑逸芳. 妇女多维贫困测量、分解与精准扶贫——基于福建省"巾帼扶贫"五年攻坚计划调研数据[J]. 中国农业大学学报, 2019（4）：211-218.

[41] 贾生华, 陈宏辉. 利益相关者的界定方法述评[J]. 外国经济与管理, 2002（5）：13-18.

[42] 江媛. 社会资本理论下的贫困代际传递问题研究[D]. 南昌：南昌大学, 2015.

[43] 柯江林, 孙健敏, 李永瑞. 心理资本：本土量表的开发及中西比较

[J]. 心理学报, 2009, 41 (9): 875-88.

[44] 拉维·坎布尔, 项龙. 发展经济学与补偿原则 [J]. 国际社会科学杂志: 中文版, 2004 (1): 27-35.

[45] 劳承玉, 张序. 四川藏区水电移民安置的特殊性及政策路径探索 [J]. 中共四川省委省级机关党校学报, 2014 (1): 96-100.

[46] 李纯龙. 长江上游大规模水库群综合运用联合优化调度研究 [D]. 武汉: 华中科技大学, 2016.

[47] 李聪, 柳玮, 黄谦. 陕南移民搬迁背景下农户生计资本的现状与影响因素分析 [J]. 当代经济科学, 2014, 36 (6): 106-112, 126.

[48] 李文静, 帅传敏, 帅钰, 等. 三峡库区移民贫困致因的精准识别与减贫路径的实证研究 [J]. 中国人口资源与环境, 2017, 27 (6): 136-44.

[49] 李文静. 三峡库区贫困移民的精准识别与减贫策略研究 [D]. 武汉: 中国地质大学, 2018.

[50] 李晓嘉, 蒋承. 农村减贫: 应该更关注人力资本还是社会资本? [J]. 经济科学, 2018 (5): 68-80.

[51] 李晓明. "断裂"与"重构": 资本转换视角下水库移民的精准脱贫 [J]. 河海大学学报 (哲学社会科学版), 2017 (10): 13-19.

[52] 李雪, 付文革, 韩一军. 粮食政策对主产区贫困户收入影响的实证研究——基于冀鲁豫农户调研数据 [J]. 中国农业资源与区划, 2019, 40 (9): 151-159.

[53] 李增元. 分享与融合: 转变社会中的农民流动与社区融合——基于温州的实证调查 [D]. 武汉: 华中师范大学, 2013.

[54] 林南, 张磊. 社会资本: 关于社会结构与行动的理论 [M]. 上海: 上海人民出版社, 2005.

[55] 林萍, 吴贵明. 心理资本培育: 大学生就业能力提升的应有之题 [J]. 福建论坛 (人文社会科学版), 2011 (12): 215-218.

[56] 刘娜, 向冠春. 高等教育与个体社会资本、生活资本获得研究 [J]. 学术论坛, 2010 (8): 189-192.

[57] 刘伟, 黎洁, 李聪, 李树茁. 移民搬迁农户的贫困类型及影响因素分析——基于陕南安康的抽样调查 [J]. 中南财经政法大学学报, 2015 (6): 41-48.

[58] 刘小峰, 周长城. "熟人社会论"的纠结与未来: 经验检视与价值探寻 [J]. 中国农村观察, 2014 (3): 73-81.

[59] 刘小鹏，苏胜亮，王亚娟. 集中连片特殊困难地区村域空间贫困测度指标体系研究 [J]. 地理科学，2014（4）：447-452.

[60] 卢海阳，郑逸芳，黄靖洋. 公共政策满意度与中央政府信任 [J]. 中国行政管理，2016（8）.

[61] Michael M. Cernea，郭建平，施国庆. 风险、保障和重建：一种移民安置模型 [J]. 河海大学学报（哲学社会科学版），2002（2）：1-15.

[62] 马东平. 社会性别视角下的少数民族妇女贫困问题研究 [J]. 甘肃理论学刊，2011（5）：79-84.

[63] 孟凡杰，修长百，安旭涛. 民族地区产业结构变迁对城乡收入差距的影响——来自内蒙古的经验证据 [J]. 中央民族大学学报（哲学社会科学版），2019，46（5）：136-145.

[64] 牟立. 水库移民后期扶持效果评价 [D]. 北京：清华大学，2014.

[65] 潘云良. 关于当前农村教育的思考 [J]. 福建教育，2005（4A）：12-14.

[66] 皮埃尔·布迪厄. 实践与反思反思社会学导引 [M]. 李猛，李康译. 北京：中央编译出版社，1998.

[67] 邱玲玲，曾维忠. 精准扶贫视角下县域农村收入差距问题研究——基于四川省88个贫困县的分析 [J]. 中国农业资源与区划，2017，38（8）：151-157.

[68] 沈茂英. 试论农村贫困人口自我发展能力建设 [J]. 安徽农业科学，2006，34（10）：2260-2262.

[69] 盛济川，施国庆. 水库移民贫困原因的经济分析 [J]. 农业经济问题，2008（12）：43-46.

[70] 施国庆. 水库移民学初探 [J]. 水利水电科技进展，1999（2）：47-57.

[71] 石培礼，吴波，程根伟，罗辑. 长江上游地区主要森林植被类型蓄水能力的初步研究 [J]. 自然资源学报，2004（3）：351-360.

[72] 世界银行. 贫困与对策 [M]. 北京：经济管理出版社，1996.

[73] 世界银行编. 贫困与对策：1992年减缓贫困手册 [M]. 陈胜华，杜晓山，周慧嫒译. 北京：经济管理出版社，1996.

[74] 水利部等4部委联合印发水库移民脱贫攻坚工作指导意见，中国政府网，www.gov.cn/xinwen/2016-05/05/content_5070460.htm，2016年5月5日.

[75] 宋先超. 长江上游民族地区生态环境与经济协调发展研究 [D]. 重

庆：重庆大学，2008.

[76] 苏静，肖攀，阎晓萌. 社会资本异质性、融资约束与农户家庭多维贫困 [J]. 湖南大学学报（社会科学版），2019，33（5）：72-80.

[77] 孙良顺，王理平. 项目制下各利益主体博弈及其解释——以水库移民后期扶持项目为分析对象 [J]. 河海大学学报（哲学社会科学版），2015（12）：55-59，99.

[78] 孙良顺. 水库移民贫困成因与反贫困策略：基于文献的讨论. 河海大学学报（哲学社会科学版），2016，18（4）：77-83，92.

[79] 孙良顺. 水库移民后期扶持项目运作中的政策执行失准 [J]. 湖湘论坛，2018（6）：123-132.

[80] 孙良顺. 水库移民后期扶持政策的演进过程与扶贫取向 [J]. 求索，2019（3）：97-103

[81] 孙良顺. 水移民社会区发展中的精准扶贫：从形式合理性到实质合理性 [J]. 河海大学学报（哲学社会科学版），2017（6）：76-80.

[82] 孙美璆. 少数民族自我发展能力和乡村文化建设——以云南省乡村文化业为例 [J]. 黑龙江民族丛刊，2009（3）：127-132.

[83] 唐传利. 关于水库移民工作几个重大问题的思考——在全国水库移民期刊工作暨理论研讨会上的讲话 [J]. 老区建设，2014（1）：14-21.

[84] 田官平，张登巧. 增强民族地区自我发展能力的探讨——兼对湘鄂渝黔边民族地区发展的思考 [J]. 吉首大学学报（社会科学版），2001，22（2）：7-11.

[85] 汪芳，郝小斐. 基于层次分析法的乡村旅游地社区参与状况评价——以北京平谷区黄松峪乡雕窝村为例 [J]. 旅游学刊，2008，23（8）：52-57.

[86] 汪三贵，张伟宾，陈虹妃等. 少数民族贫困变动趋势、原因和对策 [J]. 贵州社会科学，2012（12）：85-90.

[87] 王春萍. 可行能力视角下城市贫困与反贫困研究 [M]. 西安：西北工业大学出版社，2008.

[88] 王景新. 农户经济能力与西部大开发 [J]. 开发研究，2002（1）：37-40.

[89] 王科. 中国贫困地区自我发展能力解构与培育——基于主体功能区的新视角 [J]. 甘肃社会科学，2008（3）：100-103.

[90] 王美艳. 农民工的贫困状况与影响因素——兼与城市居民比较 [J]. 宏观经济研究，2014（9）：3-16.

[91] 王三秀,高翔. 民族地区农村居民多维贫困的分层逻辑、耦合机理及精准脱贫——基于2013年中国社会状况综合调查的分析 [J]. 中央民族大学学报(哲学社会科学版). 2019 (1): 19-30.

[92] 王文鹏,陈元芳,刘波. 长江上游时空相关气候要素的区域趋势诊断 [J]. 河海大学学报(自然科学版), 2017, 45 (1): 14-21.

[93] 王小林, Sabina Alkire. 中国多维贫困测量: 估计和政策含义 [J]. 中国农村经济, 2009 (12): 4-10, 23.

[94] 王小强, 白南风. 富饶的贫困 [M]. 成都: 四川人民出版社, 1986.

[95] 王雁飞, 门晓会, 朱瑜. 领导心理资本对员工绩效的影响机制——变革型领导行为与组织承诺的作用研究 [J]. 华南理工大学学报(社会科学版), 2017 (6): 47-54.

[96] 王跃生. 中国城乡家庭结构变动分析——基于2010年人口普查数据 [J]. 中国社会科学, 2013 (12): 60-77.

[97] 王卓. 论暂时贫困、长期贫困与代际传递 [J]. 社会科学研究, 2017 (2): 98-105.

[98] 武拉平, 郭俊芳, 赵泽林, 吕明霞. 山西农村贫困脆弱性的分解和原因研究. 山西大学学报(哲学社会科学版), 2012 (6): 95-100.

[99] 西奥多·W. 舒尔茨. 人力资本投资——教育和研究的作用 [M]. 蒋斌, 张蘅译. 北京: 北京经济学院出版社, 1990.

[100] 习近平. 把乡村振兴战略作为新时代"三农"工作总抓手 [J]. 社会主义论坛, 2019 (7): 4-6.

[101] 习近平. 决胜全面建成小康社会 夺取新时代中国特色社会主义伟大胜利——在中国共产党第十九次全国代表大会上的报告 [N]. 人民日报, 2017-10-28 (1).

[102] 习近平总书记"如约"到延边 [EB/OL]. 中国新闻网, http://www.chinanews.com/gn/2015/07-17/7410393.shtml. 2015-7-17.

[103] 肖立. 我国农村居民消费结构与收入关系研究 [J]. 农业技术经济, 2012 (11): 91-99.

[104] 谢家智, 王文涛. 社会结构变迁、社会资本转换与农户收入差距 [J]. 中国软科学, 2016 (10): 20-36.

[105] 谢沁怡. 人力资本与社会资本: 谁更能缓解贫困? [J]. 上海经济研究, 2017 (5): 51-60.

[106] 谢宇, 谢建社. 发展型社会政策视角下的支出型贫困问题研究 [J].

[107] 辛岭, 蒋和平. 农村劳动力非农就业的影响因素分析——基于四川省1006个农村劳动力的调查. 农业技术经济, 2009 (6): 19-25.

[108] 邢成举. 乡村扶贫资源分配中的精英俘获——制度、权力与社会结构的视角 [D]. 北京: 中国农业大学, 2014.

[109] 徐怀东. 移民的多样化安置与可持续生计体系构建——基于四川小井沟水利工程移民项目的案例研究 [D]. 成都: 西南财经大学, 2014.

[110] 徐君. 四川民族地区自我发展能力建设问题 [J]. 西南民族大学学报 (人文社科版), 2003, 24 (6): 41-46.

[111] 薛华梁. 水库移民贫困问题研究——以钟祥市柴湖镇为例 [D]. 武汉: 华中师范大学, 2016.

[112] 严登才, 施国庆. 农村水库移民贫困成因与应对策略分析 [J]. 水利发展研究, 2012 (2): 24-28.

[113] 严登才. 搬迁前后水库移民生计资本的实证对比分析 [J]. 现代经济探讨, 2011 (6): 59-63.

[114] 严登才. 广西岩滩库区移民贫困成因与可持续生计路径分析 [J]. 广西民族研究, 2013 (2): 142-147.

[115] 杨帆, 庄天慧, 龚荣发, 曾维忠. 青海藏区县域多维贫困测度与时空演进分析 [J]. 统计与决策, 2017, 22.

[116] 杨浩, 庄天慧, 蓝红星. 气象灾害对贫困地区农户脆弱性影响研究——基于全国592个贫困县53271户的分析 [J]. 农业技术经济, 2016 (3): 103-112.

[117] 杨科. 论农村贫困人口的自我发展能力 [J]. 湖北社会科学, 2009 (4): 61-64.

[118] 杨龙, 汪三贵. 贫困地区农户脆弱性及其影响因素分析 [J]. 中国人口·资源与环境, 2015 (10): 150-156.

[119] 杨龙, 徐伍达, 张伟宾等. 西藏作为特殊集中连片贫困区域的多维贫困测量——基于"一江两河"地区农户家计调查 [J]. 西藏研究, 2014 (1): 69-77.

[120] 杨文, 孙蚌珠, 王学龙. 中国农村家庭脆弱性的测量与分解 [J]. 经济研究, 2012 (4): 40-51.

[121] 杨旋旋. 大中型水库移民后期扶持绩效评价研究 [D]. 郑州: 华北水利水电大学, 2019

[122] 杨雪璐. 水库移民后期扶持配套政策框架体系 [M]. 郑州: 黄河水利出版社, 2017: 37.

[123] 杨玉萍. 健康的收入效应——基于分位数回归的研究 [J]. 财经科学, 2014 (4): 108-118.

[124] 杨云彦, 石智雷. 家庭禀赋对农民外出务工行为的影响 [J]. 中国人口科学, 2008 (5): 66-72.

[125] 杨振, 江琪, 刘会敏等. 中国农村居民多维贫困测度与空间格局 [J]. 经济地理, 2015 (12): 148-153.

[126] 叶初升, 罗连发. 社会资本、扶贫政策与贫困家庭福利——基于贵州贫困地区农村家户调查的分层线性回归分析 [J]. 财经科学, 2011 (7): 100-109.

[127] 叶初升, 赵锐武, 孙永平. 动态贫困研究的前沿动态 [J]. 经济学动态, 2013 (4): 120-128.

[128] 尹文静, 王礼力, McConnel. 农民生产投资的影响因素分析——基于监督分组的主成分回归分析 [J]. 农业技术经济, 2011 (2): 19-26.

[129] 于米. 人力资本、社会资本对女性农民工体面劳动的影响——心理资本的调节作用 [J]. 人口学刊, 2017, 39 (3): 97-105.

[130] 余慧. 个体性社会资本、集体性社会资本与心理健康——一项关于城市居民的实证研究 [D]. 上海: 复旦大学, 2008.

[131] 张兵. 贫困代际传递理论发展轨迹及其趋向 [J]. 理论导刊, 2008 (4): 46-49.

[132] 张付梅, 卫建华, 周会玲. 水库非自愿移民后期扶持方式探索 [J]. 现代农业, 2013 (9): 67.

[133] 张红芳, 吴威. 心理资本、人力资本与社会资本的协同作用 [J]. 经济管理, 2009 (7): 155-161.

[134] 张积良. 中国特色社会主义共同富裕理论与实践研究 [D]. 济南: 山东大学, 2018.

[135] 张建清, 卜学欢. 人力资本三维要素与城乡减贫成效差异——基于 CHNS 微观调查数据的实证研究 [J]. 软科学, 2016, 30 (10): 43-48.

[136] 张阔, 张赛, 董颖红. 积极心理资本: 测量及其与心理健康的关系 [J]. 心理与行为研究, 2010, 8 (1): 58-64.

[137] 张庆红, 阿迪力·努尔. 新疆南疆三地州农村多维贫困程度及特征分析 [J]. 干旱区资源与环境, 2015, 29 (11): 32-36.

[138] 张全红, 周强. 多维贫困测量及述评 [J]. 经济与管理, 2014 (1): 24-31.

[139] 张世勇. 生命历程视角下的返乡农民工研究——以湖南省沅江镇的返乡农民工为表述对象 [D]. 武汉: 华中科技大学, 2011.

[140] 张信宝, 文安邦, D. E. Walling, 吕喜玺. 大型水库对长江上游主要干支流河流输沙量的影响 [J]. 泥沙研究, 2011 (4): 59-66

[141] 张赟. 多维视角下的贫困群体的实证分析——以贫困儿童和流动妇女为样本 [J]. 经济问题, 2018 (6): 64-69.

[142] 张昭, 杨澄宇, 袁强. "收入导向型" 多维贫困的识别与流动性研究——基于CFPS调查数据农村子样本的考察 [J]. 经济理论与经济管理, 2017 (2): 98-112.

[143] 赵旭, 田野, 段跃芳. 二重社会变迁视角下的库区移民介入型贫困问题研究 [J]. 农业经济问题, 2018 (3): 108-118.

[144] 赵雪雁, 巴建军. 牧民自我发展能力评价与培育——以甘南牧区为例 [J]. 干旱区地理, 2009, 32 (1): 130-138.

[145] 郑瑞强. 大中型水库移民后期扶持政策绩效及影响因素分析 [J]. 水电能源科学, 2012 (11): 141-145, 218.

[146] 周晓春, 风笑天. 三峡农村移民的潜在贫困风险 [J]. 统计与决策, 2002 (2): 31-42.

[147] 周晔馨. 社会资本在农户收入中的作用——基于中国家计调查 (CHIPS2002) 的证据 [J]. 经济评论, 2013 (4): 47-57.

[148] 周真刚, 周松柏, 胡晓登. "黔电送粤中" 水电真实移民成本问题研究 [J]. 中南民族大学学报 (人文社会科学版), 2003 (5): 102-104.

[149] 庄天慧, 孙锦杨, 杨浩. 精准脱贫与乡村振兴的内在逻辑及有机衔接路径研究 [J]. 西南民族大学学报 (社会科学版), 2018 (12): 113-117.

[150] 庄天慧, 杨帆, 曾维忠. 精准扶贫内涵及其与精准脱贫的辩证关系探析 [J]. 内蒙古社会科学 (汉文版), 2016 (3): 6-12.

[151] 庄天慧等. 四省藏区多维贫困及其治理对策研究 [M]. 北京: 科学出版社, 2019.

[152] 邹薇, 方迎风. 关于中国贫困的动态多维度研究 [J]. 中国人口科学, 2011 (6): 49-59.

[153] Aline C, Jesko S. Hentschel Q T. Wodon Q. Poverty Measurement and Analysis [M]. Washingtong D. C: World Bank, 1999.

[154] Alkire S, Foster J. Counting and Multidimensional Poverty Measurement [J]. Journal of Public Economics, 2011 (11): 476 – 487.

[155] Alkire S. Choosing Dimensions: The Capability Approach and Multidimensional Poverty [J]. Social Science Electronic Publishing, 2007, 76 (5): 89 – 119.

[156] Bank W. World Development Report 1996. From Plan to Market. [J]. Oxford England Oxford University Press, 1996.

[157] Bank World. World Development Report 1996. From Plan to Market [J]. Oxford England Oxford University Press, 1996.

[158] Bebbington A J, Carroll T F. Induced Social Capital and Federations of the Rural Poor in the Andes. In Christian Grootaert and Thierry Van Basterlaer. The Role of Social Capital in Development: An Empirical Assessment [M]. Cambridge University Press, 2002.

[159] Bigsten A, Shimclcs A. Poverty Trasition and Persistence in Ethopia: 1994 – 2001 [J]. World Development, 2008, 36 (9): 1559 – 1584.

[160] Bronfman J. Measuring Vulnerability to Poverty in Chile Using the National Socio Economic Characteristics Panel Survey for 1996, 2001, 2006 [EB/OL]. https://www.researchgate.net/publication/283214199, 2017 – 3 – 29.

[161] Cemea M M. Involuntary Resettlement In Development Projects: Policy Guidelines in World Bank – Financed Projects [M]. World Bank Publications, 1988.

[162] Cernea M M. Risks, safeguards, and reconstruction: a model for population displacement and resettlement [J]. Economic & Political Weekly, 2000, 35 (41): 3659 – 3678.

[163] Chakravarty A. On Shorrock's Reinvestigation of the Sen Poverty Index [J]. Econometrica, 1997.

[164] Chambers R. Poverty and Livelihoods: Whose Reality Counts? [J]. Environment & Urbanization, 1995, 7 (1): 173 – 204.

[165] Chaudhuri S, Jalan J, Suryahadi A. Assessing Household Vulnerability to Poverty from Cross-sectional Data: A Methodology and Estimates from Indonesia [R]. Columbia University, Economics Department Discussion Papers, 2002.

[166] Christiaensen L, Boisvert R N. Measuring Household Food Vulnerability: Case Evidence From Northern Mali [R]. Department of Applied Economics and Management, Cornell University, Working Paper 2000205, 2000.

[167] Dercon S, Krishnan P. Vulnerability, Seasonality and Poverty in Ethiopia

[J]. Journal of Development Studies, 2000 (6): 25 -53.

[168] Dodd M. E. For Whom are Corporate Managers Trustees? [J] Harvard Law Review 45 (1932): 1145 -1163.

[169] Downing T E, Downing C G. Routine and Dissonant Culture: A Theory About the Psycho - Socio - Cultural Disruptions of Involuntary Displacement and Ways to Mitigate Them Without Inflicting Even More Damage [J]. Development and Dispossession: The Anthropology of Displacement and Resettlement, 2009.

[170] Duflo E, Pande R. Dams [J]. The Quarterly Journal of Economics, 2007, 5: 601 -646.

[171] Elbers C, Gunning J W. Estimating Vulnerability, Department of Economics. [R]. Free University of Amsterdam Working Paper, 2003.

[172] Fernandes W. Displacement and Rehabilitation [J]. Economic & Political Weekly, 1995, 30 (39): 2460 -2472.

[173] Freeman R E. Strategic Management: A Stakeholder Approach [M]. Pitman, Boston, 1984.

[174] Gloede, O. et al. Shocks, Individual Risk Attitude, and Vulnerability to Poverty Among Rural Households in Thailand and Vietanam [J]. Hannover Economic Papers, 2012 (71): 54 -78

[175] Gordon D et al. Povety and Social Exclusion in Britain [M]. York: Joseph Rowntree Foundation, 2000.

[176] Hagenaars A. A Class of Poverty Indices [J]. International Economic Review, 1987 (28): 583 -607.

[177] Herrera J, Roubaud F. Urban Poverty Dynamics in Peru and Madagascar, 1997 -1999: A Panel Data Analysis [J]. International Planning Studies, 2005, 10 (1): 21 -48.

[178] Imai K S et al. Does Non - Farm Sector Employment Reduce Rural Poverty and Vulnerability? [J]. Journal of Asian Economics, 2015 (36): 47 -61.

[179] Jalan J, Ravallion M. Behavioral Responses to Risk In Rural China [J]. Journal of Development Economics, 2001 (66): 23 -49.

[180] Knack S, Keefer P. Does Social Capital Have an Economic Payoff? A Cross - Country Investigation [J]. The Quarterly Journal of Economics, 1997, 112 (4): 1251 -1288.

[181] Kochar A. Explaining Household Vulnerability to Idiosyncratic Income

Shocks [J]. American Economic Review, 1995 (2): 159 – 164.

[182] Ligon E, Schechter L. Measuring Vulnerability [J]. The Economic Journal, 2003 (486): C95 – C102.

[183] Luthans F, Youssef C M, Avolio B J. Psychological Capital: Developing the Human Competitive Edge [M]. Oxford, UK: Oxford University Press, 2007.

[184] Luthans F, Youssef C M. Human, Social, and Now Positive Psychological Capital Management: Investing in People for Competitive Advantage [J]. Organizational Dynamics, 2004, 33 (2): 143 – 160.

[185] Mohanty B. Displacement and Rehabilitation of Tribals [J]. Economic & Political Weekly, 2005, 40 (13): 1318 – 1320.

[186] Morris M D. Measuring the Condition of the World's Poor: The Physical Quality of Life Index [M]. New York: Pergamon Press, 1979.

[187] Naughton B. The Chinese Economy: Transitions and Growth [M]. Massachusetts Institute of Technology Press. 2007.

[188] Nee V. A Theory of Market Transition: From Redistribution to Markets in State Socialism [J]. American Sociological Review, 1989, 54 (5): 663 – 681.

[189] Rowntree B S, Hunter R. Poverty: A Study of Town Life [J]. Charity Organisation Review, 1902, 11 (65): 260 – 266.

[190] Sanders P, Naidoo Y, Megan B. Towards New Indicators of Disadvantage: Deprivation and Social Exclusion in Australia [J]. Social Policy Research Centre, November 2007.

[191] Satya R, Chakravarty A. On the Watts Multidimensional Poverty Index and its Decomposition [J]. World Development, 2008: 366.

[192] Seligman M E P. Positive Psychology, Positive Prevention, and Positive Therapy [M]. New York: Oxford, 2002.

[193] Sen A. Editorial: Human Capital and Human Capability [J]. World Development, 1997, 25 (12): 1959 – 1961.

[194] Sen A K. Commodities and Capabilities [M]. Amsterdam: North – Holland, 1985.

[195] Sen A K. Development as Freedom [M]. Oxford: Oxford University Press, 1999.

[196] Sen A. Poverty and Famines: An Essay on Entitlement and Deprivation [M]. Oxford University Press, 1981: 1 – 9.

［197］Thukral E G. Development, Displacement and Rehabilitation: Locating Gender ［J］. Economic & Political Weekly, 1996, 31（24）: 1500 – 1513.

［198］Todaro M P, Smith S C. Economic Development（10th Edition）［M］. The Pearson Series in Economics, 2000, 47（4）: 278 – 280.

［199］UNDP. Human Development Report（1990）.

［200］UNDP. The Millennium Development Goals Report 2015 ［J］. Working Papers, 2015, 30（10）: 1043 – 1044.

［201］UNDP: Human Development Report 1997, http: //hdr. undp. org, 1997.

［202］Zhang Y, Wan G. The Impact of Growth and Inequality on Rural Poverty in China ［J］. Journal of Comparative Economics, 2006, 34（4）.

后　　记

　　水库移民问题是新时期我国调整能源结构、构建和谐社会、实施乡村振兴战略需要解决的重要社会经济问题。在我国水利水电开发向偏远高山峡谷发展，向长江上游延伸，向少数民族腹心地区和界河挺进，大力实施巩固拓展脱贫攻坚成果，全面推进乡村振兴战略之际，将课题研究成果付梓成书，以期能够为关注、关心、参与和推动水库移民问题研究和实践的人们，在积极参与水利水电工程建设的进程中，推动水利水电资源开发，更多地为移民人口受益和发展创造机会提供参考与启发，为中国乃至世界实现水利水电资源开发和移民可持续发展的"双赢"尽绵薄之力。

　　本课题的研究得到了众多人士和机构的悉心指导、无私帮助和倾力支持。包括但不限于国家乡村振兴局中国扶贫发展中心黄承伟研究员，中国人民大学汪三贵教授，北京师范大学张琦教授，西南财经大学赵德武教授，四川大学蒋永穆教授，四川省社会科学院杜受祜、郭晓鸣、张克俊研究员，成都市社会科学界联合会杨继瑞教授，美国路易斯安那州立大学 Krishna P. Paudel 教授，原水利部移民司唐传利司长、刘青处长，长江水利委员会林彤处长，四川省乡村振兴局（原扶贫开发局）降初局长、唐义副局长、都勤总工程师、李庆友二级巡视员和张兵处长，宜宾市乡村振兴局李毅书记、刘毅局长，广元市政协罗星原副主席，甘孜藏族自治州乡村振兴局扎西副局长，中国电建集团成都勘测设计研究院席景华、邓益、汪奎、何生兵高级工程师，以及云南省昭通市移民开发局，绥江县政府，四川凉山彝族自治州雷波县，四川阿坝藏族羌族自治州汶川、茂县，甘孜藏族自治州康定、泸定、雅江县和乐山市峨边县、沙湾区，南充市南部县，雅安市汉源县、石棉县、宝兴县，宜宾市屏山县和广元市旺苍县等的领导和工作人员，在此一并表示诚挚感谢。借此机会，还要感谢我所在的团队——西南减贫和发展研究中心师生在课题入户调研、资料收集、数据处理和报告撰写等过程中付出的汗水和艰辛。最需要感谢的当属我们的重点研究对象，那些为国家水利水电工程建设做出重大贡献的库区移民。正因如此，我们有义务，更有责任，通过扎实客观的研究和实践，让他们生计得到可持续的发展。

本书在撰写过程中，尽最大努力将所参考的文献资料列示在每页下方，以表达对原作者所做工作的敬意和感谢。尽管我们试图将自己的作品打造成精品，但由于学识和水平有限，疏漏和欠缺敬请读者批评指正。本书的出版得到了经济科学出版社的大力支持，在此特别感谢。

从项目批准立项、完成研究报告，到成书出版，项目组全体人员召开了多次研讨会，对研究思路、技术路线、研究难点、调研提纲、问卷设计、理论框架、章节大纲等进行了深入讨论，它是一项集体劳动、协作攻关的成果。本书各章节的主要写作分工及其修订完善如下：何思妤负责第1章、第2章、第3章、第10章；李后建负责第4章、第11章；曾维忠负责第5章、第6章、第9章；蓝红星负责第7章、第8章。除此之外，参与本书研究和写作的人员还有戴小文、郭丽丽、张华泉、杨浩、申云、张海霞、胡海、陈光燕、张正杰、郑勇、刘艳、臧敦刚、李洪、李玖洲、黄婉婷、刘中宝、胡成、蒋龙志、曾小琴、周蕾、阚鑫等。在各章节写作基础上，由何思妤、曾维忠对专著全稿进行了补充、修订和润色。

水库移民问题是规划设计、安置补偿、后期扶持和监测评估等多领域研究的综合命题和实践课题。课题研究工作不仅面临长江上游库区移民安置区幅员辽阔，点多面广，部分地区自然环境恶劣、生态脆弱的困难，而且面临少数民族地区移民农户居住分散、语言沟通障碍、交通不便、调研成本高等诸多困难。纵然如此，我们的研究依然得到了顺利推进，取得了初步成果，这是最令我感到欣慰的。我们将继续和各界同道并肩前行，期望能抛砖引玉，有更多的成果问世，更好地推动实现水利水电资源开发和移民可持续发展的"双赢"。

谨以此书献给所有为水利水电资源开发和移民可持续发展事业辛勤工作、默默付出的人们！

何思妤

2021年6月于成都